auf andere achten

Ethik 7/8

Ein Arbeitsbuch für den Unterricht
in Ethik/Werte und Normen
sowie Praktischer Philosophie
im 7. und 8. Schuljahr

Verlag Moritz Diesterweg
Frankfurt am Main

auf andere achten
Ethik 7/8

Herausgegeben von Uwe Gerber, Helmut Hanisch,
Peter Lehmann und Heinz Schmidt
unter Mitarbeit von Reinhold Mokrosch,
Friederike Taut-Müller und Werner Müller

Ein Buch für die Fächer Ethik, Werte und Normen o. ä. soll ethische Urteilsbildung im Blick auf Fragen der Lebensführung unterstützen. Es ist daher nicht wertneutral – im Sinne moralischer Beliebigkeit –, sondern versucht, Werte und Normen verständlich und plausibel darzustellen, die als Bestandteile eines *ethischen Mindestkonsenses* auch dem Grundgesetz der Bundesrepublik und den Verfassungen der Länder zugrunde liegen. Insbesondere sind zu nennen: Toleranz, Solidarität, Gerechtigkeit, Frieden, Gewaltfreiheit soweit möglich, Verantwortung für die Mit- und Umwelt, Wahrhaftigkeit und Nächstenliebe. Solche Werte werden nicht aufgrund von Anordnung oder Deduktion zu Werthaltungen. Aus Erfahrung und Überlieferungen gewonnen, müssen sie ihre Tragfähigkeit an Situationen und Orientierungsproblemen erweisen. Daher sind sie in diesem Buch mit konkreten Handlungssituationen, gesellschaftlichen Problemen, mit Überlieferungen und Denkmodellen unterschiedlicher Herkunft verknüpft und sollen an diesen erarbeitet und überprüft werden.

Umweltschonendes Papier
weil aus chlorfrei gebleichtem Zellstoff
mit Holzschliff

ISBN 3-425-05563-1

Umschlaggestaltung: André Assenmacher Design, Köln
Umschlagabbildung: Hannah Höch, Kubus 1926, © VG Bild-Kunst, Bonn 1995
Foto: Berlinische Galerie, Landesmuseum für Moderne Kunst, Photographie und Architektur
Illustrationen: Thomas Dankoff, Wiesbaden
Satz: Fotosatz Otto Gutfreund GmbH, Darmstadt
Druck: aprinta, Wemding
Bindearbeiten: Großbuchbinderei Monheim GmbH, Monheim

Inhaltsverzeichnis

* Dieses Kapitel wurde leicht gekürzt und vereinfacht übernommen aus *ethik 9/10. Ein Arbeitsbuch für den Ethikunterricht im 9. und 10. Schuljahr* (Verlag Moritz Diesterweg/Kösel Verlag, Frankfurt am Main/München 1986), und *Das neue Kursbuch Religion 9/10. Arbeitsbuch für den Religionsunterricht im 9./10. Schuljahr* (Calwer Verlag/Verlag Moritz Diesterweg, Stuttgart/Frankfurt am Main 1988).

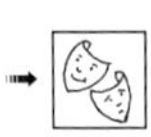

S.133

Dieses Zeichen zeigt: In dem Kapitel, zu dem dieses Bild gehört, könnt ihr auf der angegebenen Seite etwas Weiterführendes finden.

Zum Titelbild dieses Buches

Zur Person: Hannah Höch

In ihrem Garten in Heiligensee vergrub sie zu Beginn des II. Weltkrieges Gemälde, Zeichnungen und Schriften ihrer Freunde, die zur Künstlergruppe der **„Dadaisten"** gehörten. Deren Arbeiten wurden von den Nationalsozialisten Hitlers zerstört, wenn immer sie ihrer habhaft wurden. Auch bei Hannah Höch führten sie Hausdurchsuchungen durch und belegten die Künstlerin mit einem Ausstellungsverbot.
Die Liebhaber von Marschkolonnen und Uniformen haßten die kritische Kraft dieser Kunstrichtung, die es verstand, allen verlogenen Pomp und leere Phrasen der Lächerlichkeit preiszugeben. „Dada" heißt im Französischen „Hottemax" oder „Steckenpferd". Schon der Name war ein Signal für den rebellischen Geist der Dadaisten. Die Diktatur ließ dafür keinen Raum.
Die Arbeiten der 1889 in Gotha geborenen und 1978 in Berlin gestorbenen Künstlerin fanden erst spät die Aufmerksamkeit und Anerkennung der Kunstkritik. Während sie zunächst zur Entwicklung des „Dadaismus" beigetragen hatte, erfand sie schon in den zwanziger Jahren des Jahrhunderts einen eigenwilligen Stil und eine besondere Zeichen- und Symbolsprache, die sich nicht einfach in die vorhandenen Schubladen der Kunstgeschichte einordnen ließ.

Zum Bild:

„Kubus" aus dem Jahr 1926 ist ein ausdrucksstarkes Beispiel für ihre Kunst. Viele Einzelheiten sind zu entdecken, deren Anordnung offensichtlich durchdacht ist: eine Katze im Vordergrund, üppig wuchernde Pflanzen, Maschinenteile, eine Fabrikanlage, ein Regenbogen ...
Ein großer Würfel beherrscht das Zentrum des Bildes, dessen Titel auf ihn verweist (Kubos, griechisch = Würfel). In Farbe und Form unterscheidet er sich deutlich von der Umgebung. In seinen Oberflächen spiegeln sich Teile eines menschlichen Gesichtes.
Wie Menschen mit ihrer Arbeit und Technik in die Mitwelt eingreifen und sie gestalten, ist entscheidend für die Zukunft der Menschheit und der ganzen Erde. Hannah Höch war sich des oft widersprüchlichen und zwiespältigen Verhältnisses zwischen Natur und Technik, zwischen Umwelt und Menschen bewußt.
Der Katze scheint es zu gelingen, sich aufmerksam und geschmeidig zwischen den Welten zu bewegen. Der Regenbogen ist ein altes Symbol der Versöhnung. Kann er auch heute noch als Zeichen der Versöhnung zwischen Mensch und Mitwelt gesehen und gedeutet werden?

Barbara Robra

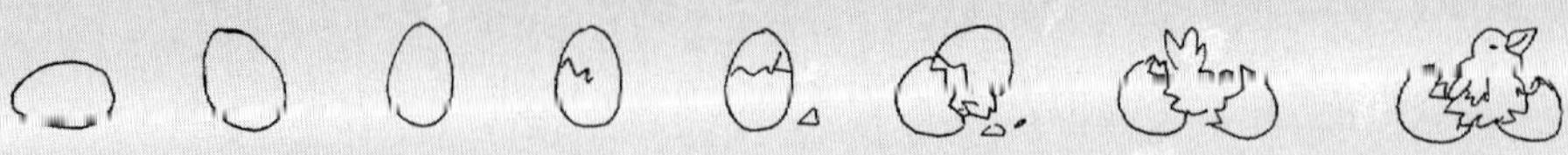

Selbständig werden

Bei ihrer Suche nach Eigenständigkeit und Unabhängigkeit stoßen Jugendliche auf viele Fragen. Am Anfang dieses Buches geht es daher um folgende Themen:

Lebenslauf

Welche Gegebenheiten beeinflussen mein Leben?
Welche Folgen haben sie?
Worin unterscheidet sich mein Leben von dem Jugendlicher in früheren Jahrzehnten oder in anderen Ländern?

Lebensabschnitte

Welche Riten gibt es beim Übergang von einer Lebensphase zur anderen?
Worin ähneln und unterscheiden sie sich?
Unter welchen Gesichtspunkten entscheide ich mich für ein Fest?

Jugendliche und ihre Eltern

In welchen Fragen bin ich mit meinen Eltern nicht einer Meinung?
Wie gehe ich mit ihren Erwartungen um?
Was erwarte ich von meinen Eltern?
Welche Vorstellungen habe ich von meinem weiteren Leben?

Auf der Suche nach Orientierung

– an Autorität	Was ist Autorität? Wie kommt sie zum Ausdruck?
– an Vorbildern	Welche Vorbilder habe ich? Weshalb entscheide ich mich für sie?
– in Gruppen	Was erwarte ich von einer Gruppe?
– am Okkulten	Weshalb probieren manche Jugendliche okkulte Techniken aus?

Neue Verheißungen

Was versprechen neue religiöse Gruppen? Wie verhalte ich mich dazu?

Herausforderungen suchen

Was veranlaßt Jugendliche, gefährliche Situationen im Sport oder in der Freizeit zu suchen?

Suchtgefährdung durch Drogen

Wie gehen Jugendliche mit Drogen um?
Was erwarten sie vom Drogengebrauch?
Wie kann ich mich gegen Drogen stark machen?

Marie Marcks, Vater und Sohn

Lebenslauf

Das Leben jedes Menschen wird durch vieles beeinflußt: Geschlecht, Eltern, Schulbildung, Beruf. Daneben spielen geschichtliche Ereignisse und wirtschaftliche Verhältnisse eine große Rolle. In all diesen Gegebenheiten ist es von entscheidender Bedeutung, daß der Mensch lernt, eigene Entscheidungen zu treffen, sie zu begründen und ihnen entsprechend zu leben.

Zum Beispiel: Der Arbeiter Paul Löbe erzählt

Paul Löbe wurde 1875 in Schlesien geboren. Er wuchs in einer Arbeiterfamilie auf, in der der Vater in der Fabrik arbeitete und die Mutter durch Heimarbeit zum Unterhalt der Familie beitrug. Er berichtete:

Am Tisch saß die Mutter und nähte bis in die tiefe Nacht hinein auf Holzrahmen mit Eisenstiften wollene Mützen und Kapuzen, bis ihr die müden Augen zufielen. Oder sie häkelte Umhängetücher, womit sie zwei bis drei Mark in der Woche verdiente. War am Sonnabend das geforderte Pensum in der Wollwarenfabrik abgeliefert, dann begann die Reinigung der kleinen Wohnung, das Waschen und Flicken von Kleidern und Unterzeug, das auch ihren Sonntag, den „Feiertag", meist ausfüllte.

Wir Kinder mußten bald bei der Heimarbeit helfen, doch die eintönige, langweilige Näherei im engen Gelaß trieb die Älteren von uns auf die Suche nach einer abwechslungsreicheren Tätigkeit. Morgens, ehe die Schule begann, trugen wir Frühstücksgebäck aus, nachmittags Zeitungen, zwischendurch schlichen wir zum Bahnhof, um den Dienstmännern unlautere Konkurrenz zu machen, indem wir Reisenden ihre Koffer in die Stadt brachten. Wir waren glücklich, wenn wir dabei mit 20 Pfennig fürstlich belohnt wurden, aber auch zufrieden, wenn nur ein mageres Fünfpfennigstück die Mühe lohnte …

Wir verrichteten all diese Arbeiten nicht widerwillig, waren im Gegenteil stolz, wenn wir der Mutter, die doch für alles sorgen mußte, ein paar Groschen bringen konnten. Nur wenn wir in schönen Sommerabendstunden gleichaltrige Kinder im Spiel frohlocken hörten, während wir unserer „Berufsarbeit" nachgingen, beschlich uns manchmal ein leises Weh.

❑ Vergleicht die Lebensbedingungen Paul Löbes mit euren.
❑ Informiert euch, wie Jugendliche in anderen Kontinenten leben.

❑ Betrachtet die drei Fotos auf der nächsten Seite. Denkt an Menschen aus eurer Familie. Erkundigt euch, wie sie zur gleichen Zeit gelebt haben.
❑ Erzählt Beispiele aus eurem Leben: Wie beeinflussen geschichtliche Ereignisse, die wirtschaftliche Situation, das Berufsleben der Eltern, die Schule usw. den Lebenslauf?

1941

1974

1995

Marie Marcks, Urformen des Weibes

❑ Gestaltet eine Collage über das Leben einer Frau von heute.

Lebensabschnitte

Innerhalb des Lebenslaufes gibt es einige Punkte, an denen jeweils ein neuer Abschnitt beginnt.

I --------I------------------I---------------------I---------------------------I------------------>
Geburt Schulbeginn Ausbildungsbeginn Berufstätigkeit Ende der Berufstätigkeit

Wichtige Punkte können auch sein:
- Eheschließung
- Geburt der Kinder
- ...

❑ Nennt weitere Ereignisse, die innerhalb des Lebens einen neuen Abschnitt einleiten.
❑ Erklärt, wie sich das Leben in den jeweiligen Etappen verändert.

In Deutschland stehen Konfirmation, Firmung oder Jugendweihe am Beginn eines neuen Lebensabschnitts.

❑ Bringt in Erfahrung, wie die Feste ablaufen.
❑ Erkundigt euch bei Jugendlichen, weshalb sie die Feste feiern und was sie ihnen bedeuten.

Jugendliche und ihre Eltern

Wenn Jugendliche von ihrer Familie erzählen, spielt besonders das Verhältnis zu ihren Eltern eine große Rolle. Sie vergleichen sich mit ihnen und ihren Überzeugungen. Einige berichten von Übereinstimmungen, andere von Meinungsverschiedenheiten. Manchmal kommt es zu Mißverständnissen und zu Streit. Deswegen ist es wichtig zu überlegen, an welchen Punkten es zu Auseinandersetzungen kommt und wie wir mit Konflikten umgehen können.

Tja, ich bin also Egon.
Ich glaube, ich bin ein ganz normaler Jugendlicher. Ich mein, das heißt in mir steckt sehr viel, was den meisten Jugendlichen auch heutzutage eigen ist. Zum Beispiel rassel ich dauernd mit meinen Alten zusammen: Fragen die doch dauernd, was ich mache, wo ich hingehe usw. Ich kapier nich, was die das angeht. Was mir noch auf'n Wecker geht, sind diese ewigen Vorschriften und Regeln. Ganz grauenvoll sind vor allen Dingen irgendwelche Anstands- und Höflichkeitsregeln und Tischmanieren und so'n Keks. Mann, Mann, Mann. Mittelalterlich kann ich da nur sagen. Aber das erstmal den Alten begreiflich machen ... Apropos begreifen: Die kapieren doch tatsächlich manchmal erst beim 2. Mal, was ich zu denen sage. Als hätten wir zwei verschiedene Sprachen. Wirklich, Mann, das finde ich doch echt bratzig, do.

Egon

Wünsche der Eltern	Wünsche einer/eines Jugendlichen
Meine Eltern wünschen sich besonders, daß ich	Ich wünsche mir, daß ich
– gute Leistungen in der Schule zeige	– in der Schule ...
– ein Musikinstrument lerne	–
– nicht aus der Rolle falle	–
– sparsam bin	–
– mir früh überlege, was ich beruflich machen will	–
– Bücher lese	–
– ihnen gehorche	–
– mache, was mir Spaß macht	–
– die Empfindungen anderer Menschen verstehe	–
– ordentlich und sauber gekleidet bin	–
– kreativ bin	–
– selbständig bin	–

❑ Diskutiert, ob die Aussagen für euch zutreffen.
❑ Erläutert, wie ihr euch gegenüber den Wünschen eurer Eltern verhaltet.
❑ Erstellt eine Liste eurer wichtigsten Wünsche und begründet sie.

Jugendliche und ihre Eltern sind nicht immer einer Meinung. Im Mittelpunkt stehen in vielen Familien die gleichen Probleme:

... mit welchen Freundinnen bzw. Freunden ich umgehen sollte
... ob ich in meinem Alter schon einen Freund bzw. eine Freundin haben darf
... wann ich am Abend zu Hause sein soll
... was ich in der Schule leisten soll
... was ich mir kaufen darf
... was ich anziehen soll
... wie ich mich benehmen soll
... wieviel Taschengeld ich bekomme

❑ Bei welchen dieser Themen stimmst du mit deinen Eltern überein, bei welchen nicht?
❑ Tragt zusammen, welche Argumente Eltern und Jugendliche gebrauchen, um ihre Meinung zu begründen. Von welchen Werten und Normen lassen sie sich leiten?
❑ Überlegt Lösungen, die beiden Seiten gerecht werden.

„Du wirst Leithammel wie dein Vater und dein Großvater und hörst sofort auf damit!“

❑ Erfindet eine Geschichte zu dem Bild.
❑ Überlegt verschiedene Möglichkeiten, wie die Geschichte ausgehen könnte.

Auf der Suche nach Orientierung

Jugendliche wollen sich eine eigene Meinung bilden. Sie lehnen es ab, Überzeugungen durch Eltern oder Lehrer „aufgedrückt“ zu bekommen. Die eigene Meinung kann durch den Vergleich verschiedener Positionen entstehen. Häufig wird sie durch Personen beeinflußt, die als Vorbilder oder Autorität angesehen werden.

Autorität

In der Gesellschaft gibt es unterschiedliche Formen der Autorität, z. B. beim Militär, in Kirchen, in Parteien, in Vereinen, in der Wirtschaft, in der Kultur, in der Bildung, in der Familie.
Der Begriff geht auf das lateinische Wort auctoritas = Ansehen, Vollmacht, Würde, Urheberschaft zurück. Im römischen Staat wurde mit dem Wort die Stellung der Senatoren bezeichnet. Die Autorität einer Person kann auf den verschiedensten Eigenschaften, z. B. Alter, Geschlecht, Intelligenz, Überzeugungskraft, Besitz oder Fachwissen beruhen. Die Autorität eines Amtsträgers kann sich aber auch aus seinem Amt ergeben.
Eine Autorität anerkennen bedeutet, die Überlegenheit von Personen, Institutionen, Normen oder Können anzuerkennen und sich diesen freiwillig unterzuordnen.

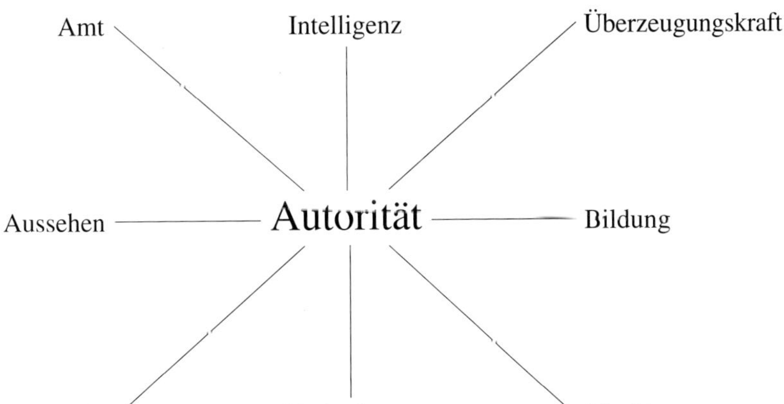

- ❑ Ergänzt die Stichworte.
- ❑ Erklärt, aus welchen Stichworten sich für euch die Autorität einer Person ergibt. Begründet eure Aussagen.
- ❑ Sucht Beispiele zu den Stichworten.
- ❑ Auch ihr könnt Autoritäten sein. Findet Beispiele.

Ein Grieche erzählt von seiner Kindheit:
Für alle Familienmitglieder gab es eine wöchentliche Zusammenkunft: das Kaffeetrinken am Sonntagnachmittag. Das fand im Haus des Großvaters statt. Anwesend waren seine vier Söhne mit ihren Frauen und uns Kindern.
Wir saßen an kleinen Tischen in einem großen Raum. Es gab für uns Saft und Gebäck. Die Erwachsenen redeten. Aber es sprachen nur die Männer. Alle anderen hörten zu. Etwas anderes sollten sie auch nicht.
Einmal hatte Großvater etwas erzählt. Mein Vetter, damals 17 Jahre alt, war anderer Meinung. Er sagte das und begründete seine Sicht.
Da stand Großvater auf – ohne ein Wort –, ging zu ihm und schlug ihn auf die Wange. Danach setzte er sich wieder. Die Männer würdigten meinen Vetter keines Blicks und setzten ihre Unterhaltung fort, als wäre nichts geschehen.

❑ Beurteilt das Verhalten des Großvaters und der übrigen Gesprächsteilnehmer. Welches Verständnis von Autorität haben sie?
❑ Vergleicht die beschriebene Situation mit euch bekannten Familiensituationen; beschreibt die Unterschiede und begründet sie.

Vorbilder

Als Vorbilder werden lebende oder geschichtliche Personen bezeichnet, die Leitbilder für die eigene Entwicklung und Lebensgestaltung sind.
Für kleine Kinder sind es die Eltern, Kindergärtnerinnen oder Lehrer, deren Verhalten sie nachahmen oder deren Anschauungen sie übernehmen. Später beginnen viele Jugendliche, sich für eine gewisse Zeit an Künstlern, Stars oder Sportlern zu orientieren. Mit zunehmendem Alter werden die Vorbilder immer bewußter ausgewählt. Den eigenen Interessen entsprechend können das Persönlichkeiten sein, die etwas Großartiges geleistet haben, die sehr viel wissen, sich moralisch vorbildlich verhalten, einen starken religiösen Glauben haben oder politisch aktiv sind.

❑ Untersucht einige Zeitschriften für Jugendliche. Welche Vorbilder werden dort angeboten?
❑ Nennt Persönlichkeiten, die als Vorbilder dienen könnten. Beschreibt sie und begründet eure Wahl.

Die Geschichte vom jungen Krebs

Ein junger Krebs dachte bei sich: Warum gehen alle Krebse in meiner Familie rückwärts? Ich will vorwärts gehen lernen, so wie die Frösche, und mein Krebsschwanz soll mir abfallen, wenn ich es nicht fertigbringe.

Und heimlich begann er zwischen den großen Steinen seines heimatlichen Bächleins zu üben. In den ersten Tagen kostete ihn dieses Unternehmen ungeheure Kräfte. Überall stieß er sich und quetschte sich seinen Krebsschwanz. Unaufhörlich verfing sich ein Bein in das andere. Aber von Mal zu Mal ging es ein bißchen besser. Denn: Alles kann man lernen, wenn man will.

Als er seiner Sache sicher war, stellte er sich vor seine Familie und sagte: „Jetzt schaut mir einmal zu." Und er machte einen ganz prächtigen Lauf vorwärts.

„Selin", brach seine Mutter in Tränen aus, „bist du denn ganz verdreht? Komm zu dir, geh so, wie es dich dein Vater und deine Mutter gelehrt haben. Gehe wie deine Brüder, die dich lieben!"

Seine Brüder jedoch lachten ihn nur aus. Der Vater schaute ihn eine gute Weile streng an und sagte dann: „Schluß damit! Wenn du bei uns bleiben willst, gehe wie alle Krebse. Rückwärts! Wenn du aber nach deinem eigenen Kopf leben willst – der Bach ist groß –, geh fort und komm nie mehr zurück!"

Der brave junge Krebs hatte die Seinen zwar zärtlich lieb, war aber sehr sicher, er handle richtig, daß ihm nicht die geringsten Zweifel kamen. Er umarmte seine Mutter, sagte Lebewohl zu seinem Vater und zu seinen Brüdern und machte sich auf den Weg in die Welt.

Als er an einem Grüppchen Kröten vorbeikam, erregte er großes Aufsehen. Sie hockten unter den Blättern einer Wasserlilie, um ihren Schwatz zu halten. „Jetzt geht die Welt verkehrt herum", sagte eine dicke Kröte. „Schaut euch nur den jungen Krebs an! Da müßt ihr mir recht geben!" „Ja, Respekt gibt es überhaupt nicht mehr", sagte eine andere. „Pfui, pfui", sagte eine dritte.

S.94f.

Doch der junge Krebs ließ sich nicht anfechten und ging aufrecht die Straße weiter, man muß es wirklich sagen. Plötzlich hörte er, wie ihn ein alter Krebs, an dem er vorüberging, anrief. Der sah ganz melancholisch aus und hockte allein auf einem Stein.

„Guten Tag", sagte der junge Krebs.

Der Alte betrachtete ihn lange. Schließlich sagte er: „Was glaubst du, was du da anstellst?! Als ich noch jung war, wollte ich auch den Krebsen das Vorwärtsgehen beibringen. Sieh mal, was mir das eingebracht hat! Ich muß ganz alleine leben, und die Leute würden sich lieber die Zunge abbeißen, als ein Wort an mich richten. Hör auf mich, solange noch Zeit ist! Bescheide dich, lebe wie die anderen! Eines Tages wirst du mir für meinen Rat dankbar sein!" Der junge Krebs wußte nicht, was er antworten sollte, und blieb stumm. Aber im Innern dachte er: „Ich habe doch recht! Ich habe recht!" Und nachdem er den Alten freundlich gegrüßt hatte, setzte er stolz seinen Weg fort.

Ob er weit kommt? Ob er sein Glück macht? Ob er alle schiefen Dinge dieser Welt geradeichten kann?

Gianni Rodari

❑ Schreibt diese Geschichte weiter.

Irgendwann

Irgendwann werd' ich mal
etwas ganz Großes tun,
sagte der Junge am Nachmittag zu sich.
Hat das Geringste nur vom Tage getan.
Haut sich aufs Sofa hin
und träumt in die Luft.
Träumt von Ehre und Heldenmut.
Einmal wird es geschehn.
Einmal etwas ganz Großes tun,
ja, die werden schon sehn.
Vater, Mutter bleiben ehrfürchtig stehn
und alle Mädchen wollen gleich mit ihm gehn.
Einmal etwas ganz Großes tun.

Irgendwann werd' ich mal
etwas ganz Großes tun,
sagte der Junge am Nachmittag zu sich.

Kurt Demmler

- ❑ Phantasiert mit dem Jungen: Was möchtet ihr „Großes" tun?
- ❑ Vergleicht eure Vorstellungen und überlegt, an welchen Vorbildern ihr euch orientiert.
- ❑ Versetzt euch in das Mädchen auf dem Foto. Wovon könnte sie träumen?

Gruppen

Viele Jugendliche suchen Kontakt zu Jugendgruppen und gehören diesen eine Zeitlang an. Es gibt sehr unterschiedliche Richtungen. Manche Jugendliche probieren mehrere nacheinander aus: Fußballfans, Fans von Musikgruppen, Motorradfans, Computerfans, Umweltgruppen, Dritte-Welt-Gruppen, Gruppen mit alternativer Lebensweise, Anarchos/autonome Gruppen, Skinheads, Punker...

- ❑ Ergänzt die Liste durch euch bekannte Gruppierungen.
- ❑ Erklärt, was Jugendliche an den Gruppen anzieht – oder abstößt.

Die Prinzessin aus einer anderen Welt

Sie sieht aus wie eine Märchenfee. Arachnophelia läuft nicht, sie schwebt. Ihre Augenlider sind gesenkt, nur wenn sie spricht, huscht ein scheues Lächeln über ihr Gesicht. Sie spielt das unschuldige, zerbrechliche Wesen aus einer anderen Welt so perfekt, daß man Angst hat, sie könnte sich bei einem zu lauten Wort in Luft auflösen. Aber sie spielt nur. Beim letzten Wave- und Gothic-Treffen war sie die einzige unter den 2000 schwarzbewandeten Besuchern in einem weißen Kleid. Denn: „Auffallen ist alles", selbst unter denen, die ohnehin alle Blicke auf sich ziehen.

„Wenn Gothics behaupten, sie würden sich nur für sich selbst so kleiden und schminken, dann lügen sie wie gedruckt", ist sich die 19jährige sicher. „Natürlich macht man es auch für sich selbst, aber man will doch vor allen Dingen die Phantasie, die man in sich trägt, nach außen demonstrieren. Jeder soll wissen, daß ich in einer anderen Welt lebe, darum habe ich mir auch diesen Namen gegeben. Ich interessiere mich besonders für das Mittelalter und habe viel darüber gelesen."

Angezogen hat sie vor allem die düstere Romantik der Wave- und Gothic-Bewegung. „Die tollen Kleider, die Musik – ich hab mich auf einmal so zu Hause gefühlt."

Anja Busse

❑ Stellt euch vor, „Arachnophelia" wäre eure Freundin. Was würdet ihr zu ihr sagen?

Achim – seit vier Jahren Punk – erzählt:

„In den Elternhäusern der Punks läuft ganz schön viel Scheiße ab und sie entziehen sich dem, ohne große Erklärungen dafür anzubieten. Das ist rein spontan und gefühlsmäßig, wenn ich auf etwas Bock habe, dann mach ich das halt. Die Jungs haben gut Selbstbewußtsein. Sie kennen keine Hemmungen, andere Leute anzumachen, zu provozieren.

Das heißt nicht ohne Grund: aus der Ohnmacht die power! Weißt du, diese Kraft kommt aus einem Ohnmachtsgefühl heraus.

Mit den Vorurteilen gegenüber Punk ist das doch ganz einfach. Es ist doch immer die gleiche Reaktion: das kennt man nicht und wird abgetan als bekloppt. Da befällt die älteren Leute ein Befremden, soll's ja auch.

Die endlos lange Diskussion der Müslis über Emanzipation und Geschlechter-Rollen gibt's bei uns nicht. Solche Sachen haben für uns kaum solch eine Bedeutung. Weißt du, alles egal, das letzte noch aus dem Leben herausholen, und dann kommt eh der Endzeitknall. Da stürzen sich viele lieber ins letzte besinnungslose Vergnügen. Tanz vor dem letzten Vulkan."

❑ Beschreibt, was Achim bei den Punks gefällt.

❑ Setzt euch mit seiner Meinung auseinander.

❑ Das Foto zeigt Jugendliche, die einen Hilfstransport entladen. Tragt Informationen über Vereine, Gruppen und Organisationen zusammen, in denen sich Jugendliche für soziale und humanitäre Ziele einsetzen.

❑ Macht als Klasse bei einem Projekt mit.

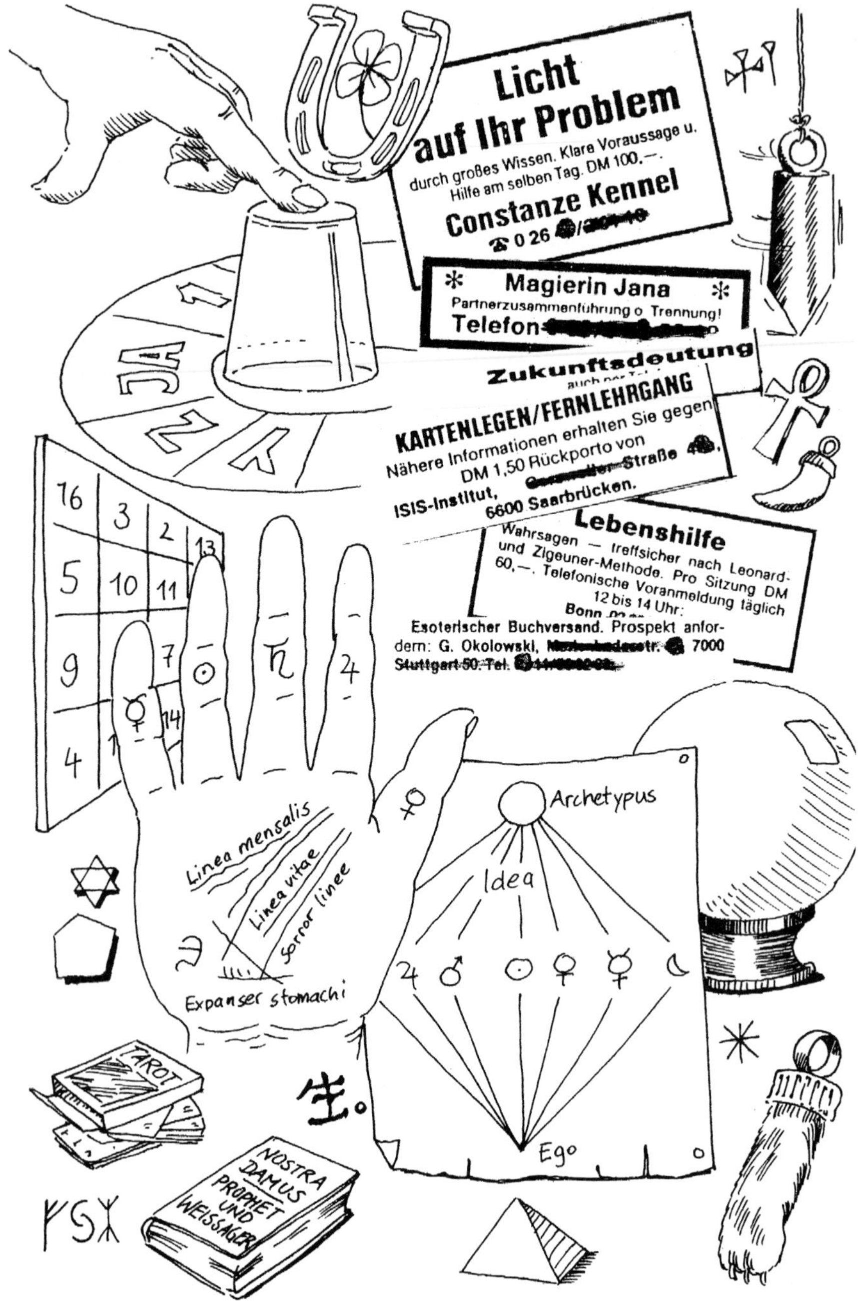

❑ Erstellt eine Liste mit den Themen der Anzeigen.
❑ Erklärt, was in den Anzeigen versprochen wird.

Beispiel Wahrsagen
Herr Reichstein ist krank. Er hat starke Schmerzen in der Herzgegend. Vor allem nachts schlägt der Puls manchmal sehr unregelmäßig. Das macht ihm große Angst. Die Ärzte sprechen von einem Herzklappenfehler und raten ihm zu einer Operation.
Zufällig trifft er einen Schulfreund. Dieser erzählt ihm, daß er sich in schwierigen Situationen von einem Wahrsager beraten läßt. Auch Herr Reichstein geht zu ihm. Er bekommt ein langes Leben vorhergesagt. Daraufhin hört er nicht mehr auf seinen Arzt. Den Kontakt zu seinen besorgten Kindern bricht er fast völlig ab.

❑ Versetzt euch in Herrn Reichstein und beschreibt seine Empfindungen.
❑ Stellt euch vor, wie die Kinder von Herrn Reichstein auf seine Entscheidungen reagieren. Erfindet ein Gespräch.

Beispiel Kartenlegen
In einer Zeitschrift war das Kartenlegen beschrieben. Das wollten wir auch probieren. Wir trafen uns bei Petra. Auf einem Tisch legten wir das Alphabet von A bis Z, die Zahlen von eins bis zehn und je eine „Ja"- und „Nein"-Karte. Wir setzten uns um den Tisch und legten den Zeigefinger auf das in der Mitte stehende Glas. Erst klappte es nicht. Dann aber bewegte sich das Glas. Wir fragten nach unseren Namen, der Klassenarbeit des nächsten Tages usw. Wir haben viel gelacht und Witze gemacht, aber komisch war es schon.
In den folgenden Wochen wiederholten wir das Spiel. Einmal brachte der „Geist" eine Nachricht, die mich lange beschäftigte. Zuerst hieß es, einer der Anwesenden werde sehr krank werden. Dann deutete alles darauf, daß ich gemeint sei. In meinem 22. Lebensjahr würde ich schwer krank, eventuell sterben. Mehr war nicht in Erfahrung zu bringen. Ich ging sehr verwirrt nach Hause. Immer wieder sagte ich mir, daß alles Blödsinn sei, aber konnte ich sicher sein?

❑ Nennt die Gründe, warum die Jugendlichen das Kartenlegen ausprobieren.
❑ Versetzt euch in Katja. Was wird sie auf dem Heimweg gedacht haben?

Beispiel Pendeln
Beim Pendeln wird eine Schnur mit einem Pendel, Ring oder ähnlichem über einen Finger gelegt und eine Bewegung des Pendels abgewartet. Der Ausschlag des Pendels nach links, nach rechts oder im Kreis wird als Antwort auf eine vorher geäußerte Frage gedeutet.

❑ Warum bewegt sich das Pendel?
❑ Von welchen anderen okkulten Praktiken habt ihr schon gehört?

Beispiel Astrologie

Leserbrief:

Seit einiger Zeit schon glaube ich zu fest an Horoskope. Ich glaube, daß man nicht beim Essen an der Tischecke sitzen darf, da man sonst nicht heiratet. Auch bringen Geldstücke, die auf dem Boden liegen, Pech. Schlimmes Unglück bringt es, jemandem vor seinem Geburtstag zu gratulieren. Langsam glaube ich, ich sei wahnsinnig. Ich habe schon viele Leute damit angesteckt. Kann ich etwas dagegen tun?

Tanja (15)

Die Antwort:

Liebe Tanja,
Du kannst wirklich mit einem reichen Fundus an Aberglauben aufwarten. Diese Vorhersagen mögen ganz unterhaltsam sein, sind jedoch totaler Unsinn. Wer so abergläubisch ist, gibt sich einer großen unbekannten Macht in die Hände. Das heißt: Andere sind für mich und mein Schicksal verantwortlich. Ich selber trage keine Verantwortung.

❑ Nehmt Stellung zum Leserbrief und zur Antwort.

Erscheinungsformen und Begriffe

Astrologie
Sterndeutung; Lehre vom angeblichen Einfluß der Gestirne auf irdisches Geschehen; Schicksalsdeutungen und Vorhersagen für einzelne Menschen aufgrund bestimmter Sternstellungen zur Zeit der Geburt.

Chiromantie
Das zukünftige Schicksal eines Menschen soll aus den Handlinien zu ersehen sein.

Hellsehen
Fähigkeit, Dinge oder Vorgänge zu erkennen, die der normalen sinnlichen Wahrnehmung nicht zugänglich sind (z. B.: Ereignisse aus der Vergangenheit oder Zukunft oder gegenwärtige Geschehen, die sich weit entfernt abspielen).

Magie
Vorstellung, daß geheimnisvolle, übernatürliche Kräfte von besonders begabten Menschen durch bestimmte Formeln und Handlungen gebraucht werden können. Magische Kräfte werden zugeschrieben z. B.:

- *Zaubersprüchen* (Beschwörungsformeln, die segensreiche Mächte herbeiziehen oder Dämonen abwehren sollen),
- *Amuletten* (kleine Gegenstände, die dem Besitzer Schutz und Kraft verleihen sollen),
- *Talismanen* (Gegenstände, die gegen Schäden und Bezaubern schützen und Glück bringen sollen),
- *Hexen/Hexern* (Menschen, die angeblich mit magischen Kräften umgehen).

Spiritismus
Lehre, man könne durch bestimmte Methoden Beziehungen zu Verstorbenen aufnehmen. Sie sollen über das Jenseits Auskunft geben oder das Schicksal des Fragenden beschreiben.

Telepathie
Fernfühlen. Erfassen seelischer Vorgänge eines anderen ohne Vermittlung durch Sinnesorgane (Gedankenlesen und Gedankensenden).

Wahrsagen
Mit verschiedenen Hilfsmitteln (z. B.: Kristallkugel, Skatkarten, Kaffeesatz) sollen verborgene oder zukünftige Begebenheiten gedeutet werden.

Okkultismus
(lat. occultus = verborgen): Sammelbezeichnung für Lehren und Handlungen, die auf außersinnlichen Wahrnehmungen beruhen und durch Naturgesetze nicht erklärbar sind.

Astrologie: Aberglaube mit wissenschaftlichem Anspruch
Schon vor vielen tausend Jahren beobachteten die Priester der Babylonier den Lauf der Gestirne. Denn sie hielten die Sterne, die Sonne und den Mond für Götter. Sie glaubten, daß die Götter durch die Stellung der Sterne ihren Willen bekanntmachen und das menschliche Schicksal beeinflussen würden. Weder Kaufmann und König hätten gewagt, ohne den Rat der Sterndeuter etwas Bedeutungsvolles zu unternehmen. Bei der Beobachtung des Sternenhimmels entdeckten die Babylonier auch, daß sich das Himmelsgewölbe jeden Tag einmal um sich selbst dreht, und fanden bestimmte Maße für die Zeit. Sie glaubten aber, der Himmel sei eine Scheibe, an der etwa 5000 Sterne befestigt sind. Nur sieben machten eine Ausnahme: Sie wanderten frei zwischen den anderen Sternen hin und her. Deshalb nannten sie diese sieben Sterne – darunter Sonne und Mond – Wandelsterne oder Planeten. In ihnen vermuteten sie mächtige Gottheiten. Weil Sonne und Mond am hellsten leuchteten, wurden sie als Hauptgötter verehrt.
Noch heute benutzen die Astrologen das Weltbild der Babylonier und die uralten Überlieferungen der Eigenschaften von Sternbildern und Planeten. So sollen die Eigenschaften des „Stieres“ Sparsamkeit, Unbeständigkeit und Lebenstüchtigkeit sein oder die des „Krebses“ Überempfindlichkeit, Treue und Häuslichkeit.
Die Astronomie (= Wissenschaft von den Himmelskörpern) hat inzwischen eindeutig bewiesen, daß die Sternbilder unterschiedlich weit von der Erde entfernt sind und ihre Lichtstrahlen viele tausend Jahre benötigen, bis sie bei uns eintreffen. Jeder weiß, daß die Erde nicht der Mittelpunkt der Welt ist und daß sich der Sternenhimmel nicht wie eine Schale um die Erde dreht.

❑ Stellt aus diesem Text Argumente gegen die Astrologie zusammen. Sammelt Argumente von Menschen, die an den Einfluß der Sterne glauben. Überlegt, was ihr ihnen entgegnen könntet.

Gründe für den Aberglauben

Abergläubische Menschen suchen Glück und Sicherheit wie die meisten, denken aber, sich mit Hilfe geheimnisvoller Kräfte und Mächte Glück und Sicherheit verschaffen zu können. Sie wollen sich die angeblich höheren Mächte (Geister, Sterne, Gott, Schicksal) dienstbar machen.
Was heißt Glauben im Unterschied zum Aberglauben? Glauben heißt: jemandem vertrauen, sich auf die Liebe eines anderen verlassen. Wer glaubt, verläßt sich beispielsweise auf Gott, auch wenn es ihm schlecht geht oder wenn seine Wünsche sich nicht erfüllen. Wer vertraut, will Gott nicht zu einem bestimmten Handeln zwingen.

❑ Überprüft an den bisher besprochenen Beispielen, ob die Aussagen über abergläubische Menschen zutreffen.
❑ Diskutiert die Behauptung: „Religion ist immer Aberglaube“.

Hellsehen – was ist dran?

Nicht immer ist Hellsehen Betrug oder Aberglaube. Es gibt sogenannte telepathische Wahrnehmungen. Ein Beispiel dafür dürfte der Bericht einer Mutter aus der Zeit des Zweiten Weltkriegs sein:

„Ich habe gewußt, daß mein Sohn gefallen ist. Acht Tage, bevor der Brief des Kompaniechefs kam, saß ich mit einer Nachbarin zusammen, und wir sprachen über belanglose Dinge. Plötzlich bekam ich furchtbare Angst, und ich sah meinen Sohn vor mir in Uniform, auf einem weiten Feld, erst stehend, dann zusammenstürzend und blutend. Ich sagte zu der Nachbarin, die mich vergebens beruhigen wollte: Mein Sohn ist tot – ich weiß es."

Wie oft in solchen Fällen versicherte diese Frau, daß die Todeszeit mit der in der brieflichen Mitteilung genannten Zeit zusammengestimmt habe. Die räumliche Entfernung zwischen Mutter und Sohn betrug in diesem Fall etwa 2000 Kilometer.

Gefahren

Das Gewerbe der Hellseher blüht. Da viele Menschen behaupten, sie hätten Zutreffendes über ihre Zukunft erfahren oder Kriminalfälle aufklären können, haben Wissenschaftler einzelne Fälle untersucht. So auch Parapsychologe Hans Bender, der folgendes berichtet:*

Als Gerichtssachverständiger hatte ich mit folgendem Fall zu tun: Ein Mann hatte eine Geldkassette mit 2000,– DM Inhalt bei einer bekannten Familie deponiert, als in seiner Wohnung Reparaturen ausgeführt wurden. Als er sie zurücknahm, fehlte das Geld. Die Kriminalpolizei nahm sich der Sache ohne Ergebnis an. In seiner Not ging der Eigentümer der Kassette zu einem weit entfernt wohnenden Hellseher. Dieser empfing ihn, wie sich aus den Ermittlungsakten ergab, mit den Worten: „Sie kommen wegen einer Geldkassette, aus der ein hoher Geldbetrag abhanden gekommen ist." Der Ratsuchende war von der Allwissenheit des Wundermanns tief betroffen und wollte nun wissen, wer der Dieb sei. Der Hellseher beschrieb in Einzelheiten einen jungen Mann, den der Ratsuchende als den Sohn der Familie identifizierte. Er sagte: „Das habe ich immer vermutet. Nun weiß ich es." Es ist verständlich, daß er die Kriminalpolizei benachrichtigte und in seinem Wohnort über die Sache sprach. Die Familie konnte nachweisen, daß sich ihr Sohn während der ganzen Zeit, in der die Kassette in ihrem Haus war, im Ausland befand. Aufgrund dieses vollständigen Alibi-Nachweises erhob sie Klage wegen Verleumdung. Was war geschehen? Der Hellseher hatte den Verdacht des Ratsuchenden telepathisch abgezapft und seine Eindrücke als objektive Information geäußert. Kein Hellseher kann mit Sicherheit unterscheiden, ob seine Eindrücke reine Phantasieprodukte oder übersinnlichen Ursprungs sind. Er kann auch nicht erkennen, ob sie telepathisch von einer fremden Psyche (= Seelenleben) übernommen oder hellseherisch auf einen objektiven Sachverhalt bezogen sind.

❑ Der Hellseher, von dem Bender berichtet, hat eine besondere Fähigkeit. Überlegt, ob er sich mit Recht „Hellseher" nennen kann.
❑ Auf welche Gefahren weist dieses Beispiel hin?

* Parapsychologe: Wissenschaftler, der außersinnliche Wahrnehmungen untersucht

Neue Verheißungen

Zärtlichkeit als Angelhaken

Karin fühlt sich wie verzaubert. „Alles war so friedlich und schön“, erinnert sie sich an ihren ersten Tag in dem „Heim“ der „Kinder Gottes“. Kinder tollten ausgelassen umher – für Karin eine Atmosphäre voller Zärtlichkeit. Abends griff einer zur Gitarre und sang von Gott und der Liebe. Die Gruppe saß im Kreis um den großen Tisch geschart, die Hände zu einer Kette verbunden. Peter, das Oberhaupt dieser 15köpfigen „Kinder-Gottes-Familie“, las aus einem Brief des Sektenführers, einem Mo-Brief. Man betete. Zwischendurch riefen alle, oft minutenlang und wie in Trance: „Halleluja, Danke Jesus!“ Und dann ist da noch Jochen. Er kümmert sich besonders intensiv und zärtlich um sie, wird ihr Liebhaber. Karin glaubt, diesmal die Liebe gefunden zu haben, nach der sie sich immer sehnte. Um so größer ist ihre Enttäuschung, als sie merkt, daß sich Jochen schon nach zwei Wochen anderen Mädchen zuwendet. Zuerst begreift Karin nicht, was da vorgeht. Erst heute weiß sie, daß die „Liebe“ Jochens nur eine der vielen raffinierten Methoden der „Kinder Gottes“ war, junge Leute in ihre „Familie“ hineinzulotsen.

Trotz Jochens Verhalten bleibt Karin in der Gruppe. Sie klammert sich an die Hoffnung, daß er doch noch zu ihr zurückkehrt. Karin hat, weil sie zunächst ihre Schulden abarbeiten soll, nur den Status einer „Katakombenjüngerin“, d. h. sie lebt nicht ständig bei der „Familie“ und geht auch weiterhin ihrer Arbeit nach. Dennoch gerät sie immer stärker in die Abhängigkeit der „Kinder Gottes“. Sie verspricht, der „Familie“ ihren kostbaren Erbschmuck zu schenken.

Bei einem Notar unterschreibt sie eine Erklärung, nach der die „Kinder Gottes“ sie vertreten können, falls ihre „von Dämonen besessenen“ Eltern einen Entmündigungsantrag stellen sollten.

- ❑ Schildert Karins Erlebnisse und erklärt das Verhalten Jochens.
- ❑ Was läßt sich aus dem Zeitungsbericht über die Lehre, die Organisation und die Arbeitsweise der Gruppe erschließen?

Das Zusammensein mit Gleichgesinnten bereichert … … und das starke Gruppenbewußtsein trägt jeden einzelnen.

Ein Erfahrungsbericht:
Mein erster Besuch im Dianetik-Zentrum machte einen tiefen Eindruck auf mich. Überall freundliche, nette Menschen; im Zentrum herrschte eine angenehme Atmosphäre. Mir ging es eigentlich sehr gut, bis ich das Ergebnis meines Testes erfuhr. Ich sei labil, deprimiert, bedürfe dringend seelsorgerlicher Hilfe. Man bot mir an, einen „Kommunikationskurs“ zu machen, der allerdings 150 DM kosten würde – incl. Kursmaterial –, wie mir gesagt wurde. Außerdem müßte ich unbedingt einen Heimkurs für „Selbstanalyse“ (40 DM) machen. Ebenso wurde mir vorgeschlagen, doch ein kostenloses und völlig unverbindliches „Probe-Auditing“ zu absolvieren. Nach rund $2^1/_2$ Stunden verließ ich das Dianetik-Zentrum, zufrieden, denn mir wurde klar, daß ich bei Scientology mein Leben verbessern könne, um familiär und im Studium besser dazustehen. Nach Absolvierung eines Dianetik-Wochenendseminars, mehrerer Auditingsitzungen und weiterer Kurse begann sich mein Leben auf zweierlei Weise zu verändern. Einmal war ich plötzlich mit mir und der Welt zufrieden, ich war der Meinung, unglaubliche Erfolge auf der „Brücke zur Freiheit“ zu erzielen. Ich hätte zwar damals nicht sagen können, worin diese liegen, aber ich war jedenfalls davon überzeugt. Daß ich bis dahin (nach rund sechs Wochen) bereits etwa 9500 DM losgeworden war, störte mich nicht, da meine Eltern relativ vermögend sind.
Was ich aber nicht bemerkte, war die Tatsache, daß mein bisheriger Freundeskreis immer kleiner wurde, denn ich hatte ja keine Zeit mehr. Tagsüber ging ich arbeiten, abends und am Wochenende war ich im Dianetik-Zentrum, um zu studieren. Anfangs erzählte ich meiner Familie, ich würde ein Praktikum für mein Studium machen. Irgendwann fand meine Mutter dann eine Rechnung vom Dianetik-Zentrum über beinahe 12000 DM für Auditing.

- ❑ Arbeitet heraus, wie die Scientology-Sekte Menschen in ihren Bann zieht. Was verspricht sie ihnen, und was redet sie ihnen ein?
- ❑ Versucht den Erfahrungsbericht fortzusetzten.

Manches Glückserlebnis wird es wohl geben ...

... wirkliche Lebenshilfe aber gibt es kaum.

Zur Information:
Die Organisation wurde von dem Amerikaner Lafayette Ronald (Ron) Hubbard (1911–1986) gegründet. Er arbeitete als Science fiction-Autor. Anfang der 50er Jahre erschien sein Buch „Dianetik – Die moderne Wissenschaft geistiger Gesundheit“. Zu diesem Buch bot er Kurse an. Aus diesen entstand die erste „Scientology-Church“ in den USA, danach in Europa. Organisationszentren befinden sich in Kopenhagen, München, Stuttgart, Frankfurt, Hannover, Düsseldorf, Hamburg und Berlin. Die „Scientology“ ist ein gigantisches Wirtschaftsunternehmen, das Bücher, Kassetten, das sogenannte E-Meter (ein dem Lügendetektor ähnliches Gerät) sowie Kurse und Auditing (eine Art Psychotherapie) verkauft.

Gemeinsame Merkmale

Die neuen religiösen Gruppen scheinen neue Verheißungen anzubieten. Sie sind so vielfältig wie das Warenangebot eines Kaufhauses. Oft sind es aber auch nur neue Namen. Ob schon bekannt oder neu, es gibt einige typische Merkmale aller dieser Gruppen:

1. Im Zentrum steht ein *Führer*: der Heilige Meister, Guru oder Messias. Er ist gleichzeitig *Heilsgestalt*: gottgesandt, unfehlbar, unantastbar.
2. Ein *rettendes* Rezept, nämlich das des Heiligen Meisters, ist stets ein totaler Gegenentwurf zum Bestehenden. Viele Menschen ahnen eine tiefgreifende Zeitwende: Die Welt ist am Ende; ihre Systeme zerbrechen.
3. Dieser „Gegenentwurf“ wird verwirklicht in einer *geretteten Familie*, in der es einen starken Zusammenhalt gibt und die Mitglieder in ihrem Bewußtsein bestärkt werden, zu einer auserwählten Gruppe zu gehören
4. Die Struktur ist *totalitär*, d. h. Abweichungen werden nicht geduldet. Der Meister besitzt die totale Wahrheit, den totalen Durchblick. Diese *„Wahrheit“*, ist zu begreifen und das Leben danach auszurichten. Gefordert ist der totale Gehorsam und die radikale Ablehnung der „alten Gesellschaft“.
5. Und schließlich wird der *Einsatz aller Kräfte* verlangt. Dieses „konsequente“ Leben vermittelt den Mitgliedern ein *Elitebewußtsein*. Sie glauben, ihrer Zeit voraus zu sein. Deshalb kann sie keine Kritik treffen.

Angesprochen werden Menschen, die sich einsam fühlen, die unter Streß leiden, Angst haben vor der Schule, Eltern und Beruf, die keine Ziele haben, nach Gott fragen, der Welt aus Zukunftsangst entfliehen möchten. Sie alle sehnen sich nach Geborgenheit in der Gemeinschaft Gleichgesinnter.

❑ Erklärt die kursiv gedruckten Worte, ggf. mit Hilfe von Beispielen.
❑ Welche Menschen werden von solchen Gruppen besonders angesprochen?

„Der Keller war pechschwarz gestrichen, ein Tisch war der Altar, mit schwarzen Decken darüber. Überall standen Schalen herum, ein siebenarmiger Leuchter war da, und an den Wänden hingen Dolche, Schwerter und Peitschen. Ein von innen erleuchteter Totenschädel hing von der Decke herab ... Ein schwarzes Huhn sprang herum. Mir dämmerte es: Das wird hier geschlachtet ... Ich habe dann meine erste schwarze Kluft gekriegt. Krischan war plötzlich da, sie wurde mir von ihm feierlich überreicht: Ein weit geschnittener Talar mit einer großen Kapuze. Ich stülpte sie über: ein wahnsinnig gutes Gefühl. Mir wurde Anweisung gegeben, die Opferschale zu halten. Dem dämlichen Huhn wurde der Kopf abgeschnitten, ich hielt die Opferschale hin, und das Blut wurde aufgefangen. Krischan murmelte magische Sprüche dazu. Eine geweihte Hostie wurde ins Blut geschmissen und zerstückelt. Dann hat jeder von diesem Blut getrunken. Krischan sprach noch ein Gebet in einer Sprache, die keiner außer ihm verstand, und dann war es auch schon vorbei."

Ricarda S., Satanspriesterin

❑ Das Ereignis, von dem hier berichtet wird, nennt man eine schwarze Messe. Versucht diese Bezeichnung zu erklären.
❑ Sammelt Informationen über die Figur des Satans (bzw. verwandter Bezeichnungen wie Luzifer, Teufel, Beliar u. ä.).

Aus einem Song der Heavy Metal Iron Maiden

Ausgebrütet waren Höll und Flamm
losgelassen,
Fackeln flackerten, und heilige Gesänge
erhoben sich.
Zu schreien begannen sie und erhoben
die Hände zum Himmel,
hell strahlten Feuer in der Nacht.
Das Ritual begann – Satans Werk
wird getan. 666 die Zahl des Tieres.
Heut nacht wird ein Opfer gebracht.
So kann's weitergehen, Anzeige muß
geschehen ...
Doch ich fühl mich hingezogen, zu
den böse singenden Horden
Es scheint, sie hypnotisieren mich ...
ihren Blicken kann ich nicht entgehen.
666 die Zahl des Tieres.
666 der Eine für dich und mich.
Ich komme zurück, ich kehre wieder.
Ich habe das Feuer, ich hab' die Kraft,
ich hab die Macht („power"), meinem
Bösen seinen Lauf zu geben.

Satanisten-Ritual bei Alheim/Hessen

❑ Der Song benutzt bestimmte Bilder und Effekte. Beschreibt sie und überlegt, was ihre Faszination ausmacht.

Entstehung des modernen Satanismus

Die satanischen Bewegungen, die sich im 20. Jahrhundert herausbilden, beziehen sich fast alle auf Aleister Crowley (1875–1947). Crowleys Vater war Laienprediger bei den Plymouth-Brüdern, einer protestantischen Sekte. Bestimmend für Crowleys frühe Kindheit waren dessen leidenschaftliche Predigten vom Ende der Welt, der Errettung durch die Plymouth-Brüder, von Sünde und Tod. Bis zu seines Vaters Tod sah sich Aleister in kindlicher Phantasie als heiligen, heldenhaften Ritter Christi. Beim Begräbnis seines Vaters wurde er sich aber bewußt, daß er ausschließlich für die Feinde des Himmels Sympathien hegte. Ein leidenschaftlicher Haß auf das Christentum beherrschte ihn seitdem. Er begann sich als Verkörperung des Antichristen (Teufelsgestalt, die gegen Christus kämpft) zu sehen.
1899 trat er dem Okkultorden „Hermetic Order of the Golden Dawn" bei. 1904 auf einer Ägyptenreise schrieb er sein einflußreichstes Werk „Das Buch des Gesetzes". Die Hauptlehre dieses Buches lautet: „Tue, was du willst, sei das ganze Gesetz." Es gilt, sich von Beschränkungen herkömmlicher Moral zu befreien und nur seinen Wünschen und Antrieben zu folgen. Zu diesem Zweck veranstaltete der Kultführer, der sich neben „Satan" auch als „To Mega Therion-666" (Offb. 13,18) bezeichnete, satanische Kultrituale, oft im Zusammenhang mit Drogengebrauch. Er nahm Heroin und Kokain, denen er am Ende seines Lebens auch erlag. Crowleys Lebensverständnis zu folgen heißt konkret, sich in schrankenloser Zügellosigkeit auszuleben... Crowleys Lehre beinhaltet also eine Verabsolutierung des Lebens wie der Lust.

❑ Gibt es Verbindungen zwischen Aleister Crowley und dem Song der Heavy-Metal-Gruppe auf der vorigen Seite?
❑ Nennt die Grundsätze, die Crowley vertritt, und überlegt, warum sie besonders auf junge Menschen anziehend wirken können.
❑ Die Grundsätze Crowleys wären auch ohne Satanskult attraktiv. Dennoch gibt es besondere Gründe, sie mit dem Symbol des Satans zu verbinden.

Die Lösung aller Probleme?

Die bisher genannten Gruppen und Bewegungen versprechen viel: eine neue Gesellschaft, ein befreites Bewußtsein, ungetrübten Lebensgenuß, Geborgenheit, Liebe und Ekstase. Außerdem stellen sie die Lösung aller Probleme zu Hause, in der Schule oder in der Freizeit in Aussicht und verharmlosen Leid und Unglück. Kontaktarmut, Einsamkeit, Enttäuschung lassen ihr Angebot als Lösung für die eigenen Probleme erscheinen. Sie fordern totales Engagement und versprechen das Ende aller Konflikte.

Wo das Glück zu finden ist

Es waren zwei Möche, die lasen einmal miteinander in einem alten Buch, in welchem die Weisheit und Wahrheit geschrieben stehen: Am Ende der Welt gäbe es einen Ort, an dem der Himmel und die Erde sich berühren, an dem also das große Glück zu finden ist. Sie beschlossen, diesen Ort zu suchen und nicht umzukehren, ehe sie ihn gefunden hätten.

So durchwanderten die beiden die Welt, bestanden unzählige Gefahren, erlitten alle Entbehrungen, die eine Wanderung durch die ganze Welt erfordert; und alle Versuchungen, die einen Menschen von seinem Ziel abbringen können, wehrten sie ab. Eine Tür sei dort, so hatten sie gelesen. Man brauche nur anzuklopfen und befinde sich bei Gott. Schließlich fanden sie, was sie suchten. Sie klopften an die Tür. Bebenden Herzens sahen sie, wie sich die Tür öffnete. Und als sie eintraten und die Augen erhoben, fand sich jeder in seiner Klosterzelle.

Da begriffen sie: Der Ort, wo das große Glück zu finden ist, ja wo Gott begegnet, befindet sich nicht am Ende der Welt, sondern hier auf dieser Erde, an der Stelle, die Gott uns zugewiesen hat.

❑ Vergleicht die Suche der beiden Mönche mit dem Leben der Menschen von heute. Was ist ähnlich, was ist unterschiedlich?
❑ Könnte diese Geschichte eine Bedeutung für die Menschen haben, die sich einer der genannten Gruppen angeschlossen haben oder die sich mit okkulten Erscheinungen befassen?

Herausforderungen suchen

Manche Jugendliche reizen sportliche Herausforderungen, Höchstleistungen und aufregende Erlebnisse.

Missy

Missy ist die schrillste Frau der Mountainbike-Downhill-Szene. Sie ist schnell und verrückt. Das Resultat: Keine Saison ohne schwere Verletzungen. Allein ihr Becken ist vierfach gebrochen...

Geschwindigkeit und Risiko – nach dieser Formel bringt Missy Körper und Geist in Aktion. Zur Entfaltung kommt alles in Sportarten wie Snowboard, Motocross und Klettern. Ihre Eltern ließen ihr dafür die nötige Freiheit: „Anders hätten sie mich wohl nicht zur Vernunft gebracht."

❑ Erklärt, was Jugendliche an Extremsportarten begeistern kann. Was mag sie dazu veranlassen?

Robert

Robert ist fünfzehn Jahre alt. Er besitzt ein Patent. Das erhielt er für ein Verfahren, mit dem sich sehr einfach die Konzentration von Salzen im Erdboden nachweisen läßt. Solche schnellen und preiswerten Messungen sind vor allem für Kleingärtner und Gartenanlagen interessant.

Der junge Erfinder lebt in einer Region, in der es viele Chemiebetriebe gibt. Von klein auf hat er gelernt, daß alle Gartenfrüchte gewaschen werden müssen. Als sie im Chemieunterricht über Nachweisverfahren von Substanzen sprachen, begann er im Garten seiner Eltern zu experimentieren. Dann erzählte die Lehrerin vom Wettbewerb „Jugend forscht“. Robert besorgte sich die Adresse und ließ sich Informationen schicken. Dann wurde er zu einem Gespräch eingeladen und erhielt die Möglichkeit, mit zwei Studenten sein Verfahren weiterzuentwickeln. Die abschließenden Tests verliefen erfolgreich, so daß sie Projektunterlagen zum Wettbewerb „Jugend forscht“ einreichen konnten. Sie erhielten keinen der ersten Preise, wohl aber das Patent. Ihr Verfahren war so einfach, daß bisher keiner darauf gekommen war. Robert sagt: „Wenn du erst mal gemerkt hast, daß du einfach durch Nachdenken auf etwas kommen kannst, dann versuchst du es immer wieder. Du darfst nur nicht alles als selbstverständlich nehmen, dann fallen dir viele gute Sachen ein.“

❑ Beschreibt an Beispielen, was Robert meinen könnte mit: „Du darfst nicht alles selbstverständlich nehmen“.
❑ Nennt Herausforderungen, denen ihr euch stellen möchtet.
❑ Von welchen Werten und Normen laßt ihr euch dabei leiten?

Suchtgefährdung durch Drogen

Die Beratungsstellen für Suchtkranke schlagen Alarm. Immer wieder müssen sie bereits für Jugendliche medizinische Behandlungen und Entziehungskuren vermitteln. Die „Droge Nummer 1“ ist Alkohol.

❑ Schreibt zu der Karikatur einen Dialog.

Stichwort Droge

Drogen sind (pflanzliche oder künstlich hergestellte) Substanzen, die in die natürlichen Abläufe des Körpers eingreifen und die Stimmungen, Gefühle und Wahrnehmungen beeinflussen.

Alter	Wein/Sekt/ Bier	Schnaps/ Likör/ Weinbrand	Zigaretten	Haschisch Marihuana	Schnüffelstoffe
12/13 Jahre					
14/15 Jahre					
16/17 Jahre					

❑ Informiert euch über die Begriffe: „harte" und „weiche" Drogen, Abhängigkeit, Sucht.
❑ Schätzt aufgrund eurer Beobachtungen, wieviel Prozent der Jugendlichen die angegebenen Stoffe konsumieren
a) gelegentlich
b) regelmäßig.
❑ Erkundigt euch bei einer Suchtkrankenberatungsstelle nach deren Erfahrungen.

Gründe für den Griff zur Droge

In einem Bericht über drogenabhängige Jugendliche ist zu lesen:

Wenn ein Jugendlicher Drogen konsumiert und davon abhängig wird, dann ist das Angebot eines Dealers nur selten der Auslöser gewesen. Jugendliche greifen nicht einfach so zu Drogen. Sie haben ihre Gründe.
Suchtmittelmißbrauch hat eine Vorgeschichte, die meistens schon in der Kindheit beginnt. Unzureichendes Selbstbewußtsein, mangelnde Konfliktfähigkeit, Zweifel am Sinn der Dinge, das Gefühl, es nicht zu schaffen, können genauso Gründe für die Sucht sein wie Probleme im familiären und sozialen Umfeld.
Jugendliche sollen in die Welt der Erwachsenen hineinwachsen, sich vom Elternhaus lösen und eine eigene Persönlichkeit entwickeln. Sie sind vielen Belastungen ausgesetzt, so daß sie oft an der eigenen Kraft zweifeln. Es liegt nahe, daß Jugendliche, die sich dem nicht gewachsen fühlen, nach Auswegen und Entlastungen suchen. Je nach ihren Einstellungen, ihrer Persönlichkeit, ihren Fähigkeiten, mit Belastungen umzugehen, sieht bei Jugendlichen auch die Art der Entlastung aus, die sie sich suchen:
Den einen gelingt es, notwendige Enttäuschungen auszuhalten, Rückschläge hinzunehmen. Sie versuchen es noch einmal, bemühen sich um andere Wege und finden eigene Möglichkeiten, mit Konflikten und Problemen umzugehen. Das Angebot, Suchtmittel zu nehmen, ist für sie nicht verlockend.

Andere suchen Entspannung und Entlastung durch Rauschmittel. Fragt man sie nach ihren Gründen für den Rauschmittelkonsum, so antworten sie zum Beispiel, daß sie „... die Stimmung heben wollen, man sich so gut entspannt, man dabei leichter den Alltag vergessen kann, sich dabei Glücksgefühle einstellen, man die eigenen Hemmungen überwindet, man leichter zueinanderkommt oder einfach weil die älteren Leute dagegen sind.“

❑ Tragt die wichtigsten Aussagen dieses Berichtes zusammen.
❑ Diskutiert den Bericht aufgrund eurer Erfahrungen.

Falle Werbung?

Trink, Brüderlein, trink

„Wenn einem so viel Gutes widerfährt“, säuselt er verlockend. Er behauptet, „ein gutes Stück Deutschland“ zu sein. Er lädt zur Fröhlichkeit ein, „weil es immer einen guten Grund gibt“.
Und am Morgen danach verspricht er: „Der hilft Dir schnell über'n Berg.“

Von wem hier die Rede ist? „Vom Feinsten“, antwortet eine trinkende Mehrheit, denn das ist die Bedeutung des arabischen Wortes alkul. Zu deutsch: Alkohol. Sucht-Experten sprechen dagegen von der Volksdroge Nummer eins.

Gottfried Moeckl

❑ Sammelt Beispiele der „Drogenwerbung“ und erarbeitet, was diese den Konsumenten verspricht.
❑ Welche Bedürfnisse Jugendlicher werden dabei angesprochen?

„Blöde Angewohnheit"

Ein Interview

Ines ist 15 und Schülerin einer Berliner Schule. Ines ist Raucherin.

Ines, deine wievielte Zigarette ist das heute?
Weeß nich', die fünfzehnte oder so.

Das heißt, du hast am Nachmittag schon fast eine ganze Packung verqualmt?
Jo.

Und warum rauchst du?
Blöde Angewohnheit. Ich hab' so 'ne Kumpels gehabt, die haben mich dazu verleitet, jetzt komm' ich davon nich' mehr so richtig weg.

Wann fing das an?
Mit zwölfeinhalb. Da kam damals ein neuer Junge zu uns in die Klasse, der hat schon geroocht, da hat er gesagt: probier' doch mal. Hab' ich das gemacht, mit 'ner Freundin zusammen, und das war eigentlich ganz gut.

Aber es schmeckt doch eklig.
Nee, mir hat das gleich geschmeckt. Dann hab' ich mir die erste Schachtel gekooft, dann hab' ich mir das angewöhnt.

Was haben deine Eltern dazu gesagt, daß du mit zwölf angefangen hast?
Na, gemeckert haben sie. Die rauchen ja beide nich'. Aber jetzt sagen sie nichts mehr dazu, weil sie wissen, ich mach' das sowieso. Wenn ich nich' zu Hause bin, könnten sie das ja auch gar nich' kontrollieren.

Ist Rauchen schick?
Eigentlich finde ich ja, Rauchen ist out. Das macht ja jetzt jeder. Die ganz Kleenen hier, die rauchen doch alle, die fühlen sich damit vielleicht älter. Das find ich inzwischen doof. Das hab' ich nich' nötig.

Wenn du die Zigarettenwerbung siehst, macht dich das an?
O Mann, ja, das ist schon verlockend.

Weil die Frauen alle so gut aussehen?
Nee, das nich'. So die Gesichtsausdrücke auf den Plakaten, die sind irgendwie so anders, das sieht jut aus, das macht schon an.

Und kostet kräftig?
Na ja, das geht schon gehörig aufs Geld, und manchmal hab' ich deshalb auch keene Zigarette. Da frag' ich dann meine Freundin, ob sie eine hat.

Wieviel Taschengeld kriegst du denn?
Sechzig Mark.

Das heißt, wenn du jeden Tag eine Schachtel rauchst, geht alles für Zigaretten drauf?
Ja, schon größtenteils, da bleibt nicht viel anderes übrig. Für Klamotten krieg' ich zum Glück extra was von meinen Eltern.

Hast du schon mal versucht aufzuhören?
Ich hab's schon öfter versucht. Jetzt hab' ich mir das fürs neue Jahr vorgenommen.

Warum willst du aufhören, wenn's doch schmeckt?
Na, wegen der Gesundheit. Ein Bekannter von mir, der hat jetzt Lungenkrebs, und da hab' ich mir schon Gedanken gemacht, daß es Scheiße ist, wenn man sich so die Gesundheit versaut. Eigentlich muß ich sowieso aufhören, weil ich hab's mit dem Kreislauf und dem Herzen, und da hat der Arzt gesagt: Hör auf mit dem Rauchen.

Herz, Kreislauf, was ist das für ein Gefühl, schon mit 15 nicht mehr richtig gesund zu sein?
Was soll das für ein Gefühl sein? Scheiße is' das. Aber das is' nun mal so. (...)

Warum ist es so schwer, aufzuhören mit dem Rauchen?
Wenn ich das zum Beispiel mal geschafft hab', einen oder zwei Tage, dann kommt eine Freundin und raucht mir vor der Nase was vor, meine Freundinnen rauchen ja fast alle, und wenn man das dann schon riecht, kriegt man Lust drauf.

Hast du dann Entzugserscheinungen?
Ja, dann wird man ganz wuschelig und nervös, und man schwitzt, hat schlechte Laune,

kann die anderen Leute nich' leiden, all das.

Würdest du sagen, daß du abhängig bist?
Na, das vielleicht nun nich'!

Es sterben aber mehr Leute an Zigaretten als an Heroin.
Hmmm. Ich glaub' aber nich', daß das 'ne Droge is', außerdem denk' ich mal, ich könnte es noch schaffen aufzuhören, und dann bin ich ja auch nich' süchtig, ich schätz' mal, ich pack' das.

Hast du eine Idee, wie du das machen willst?
Na, jeden Tag ein bißchen weniger. So ganz radikal, von einem Tag auf den anderen, das geht nich'. Das pack' ich nich', das kann ich mir nich' vorstellen.

Vera Gaserow

❑ Stellt einander gegenüber: Weshalb raucht Ines? Was spricht gegen das Rauchen? Warum hört Ines nicht auf?
❑ Gebt ihr einen Tip oder sucht nach Argumenten, die sie vielleicht überzeugen.

Kriminell
Die Faustformel der Drogengewalt: Ein Süchtiger, der am Tag im Durchschnitt für 200 Mark Drogen braucht, muß – bei einem durchschnittlichen Hehler-Kurs von 1:10 – für 2000 Mark klauen und richtet bei diesem Unterfangen mindestens noch mal soviel Schaden an.

Jeder zweite Kfz-Bruch, jeder fünfte Raub und jeder dritte Einbruch gehen nach Berechnungen des Gießener Kriminologen Arthur Kreuzer mittlerweile auf das Konto der Drogensucht.

❑ Sucht in Zeitungen nach weiteren Informationen über die Folgen des Drogenmißbrauchs. Gestaltet Plakate: Vorbeugung – Was kann getan werden? Hilfe – Wer hilft bei Abhängigkeit?

Anforderungen aus dem Weg gehen

Auf die Perspektive kommt es an.

❑ Erklärt die Aussage der Bildfolge anhand eines Beispiels. Stellt euch vor, das Bild zeigt einen Jugendlichen von 15 Jahren.

Ich und die anderen

Das Kapitel beschäftigt sich mit grundlegenden Fragen des Zusammenlebens mit anderen Menschen. Dabei greift es folgende Themen auf, die im Alltag eine wichtige Rolle spielen:

Vorurteile

Was sind Vorurteile?
Wie entstehen sie?
Welche Folgen haben sie?
Wie kann ich anderen ohne Vorurteile begegnen?

Behinderungen

Welche Ursachen haben Behinderungen?
Worunter leiden behinderte Menschen?
Wie kann ich behinderten Menschen begegnen?

Gewalt

Welche Formen der Gewalt gibt es?
Welche Ursachen hat Gewalt?
Wie kann ich Gewalt in mir und bei anderen überwinden?

Zärtlichkeit und Liebe

Was ist Liebe?
Was geht in mir vor, wenn ich verliebt bin?
Was erwarte ich von der Liebe?
Wie gehe ich mit Enttäuschungen um?

Arm und reich

Wo begegnet uns Armut?
Wer ist arm?
Welche Folgen hat Armut für die Betroffenen?
Wie können sie überwunden werden?

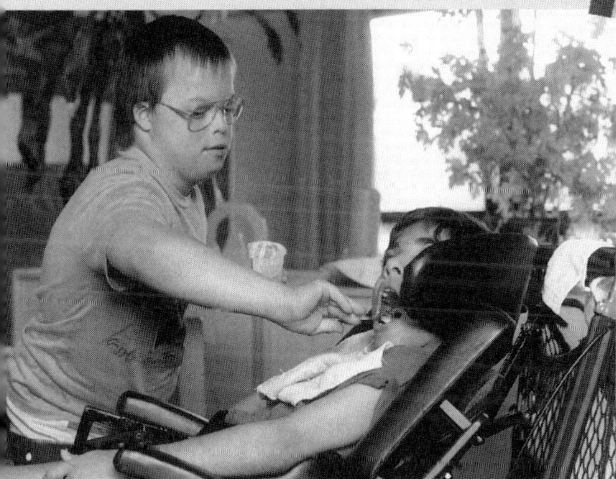

Vorurteile

- ❑ Denkt euch mögliche Äußerungen der Umstehenden aus.
- ❑ Schreibt auf, was die einzelnen Personen denken.
- ❑ Was mag in den Köpfen der angestarrten Personen vorgehen?
- ❑ Vergleicht die beiden Bilder. Wodurch unterscheiden sie sich?

Einem Farbigen wird der Zutritt zu einer deutschen Disko verwehrt.

Schock für Schwarze Perle: Disko ließ Cesar nicht rein

Brasiliens Fußball-Star sitzt in Dortmund auf gepackten Koffern

Dortmund (sid). Ein fremdenfeindlicher Türsteher könnte Fußball-Bundesligist Borussia Dortmund seinen brasilianischen Star Julio Cesar kosten. Nachdem dem 31 Jahre alten Abwehrspieler wegen seiner Hautfarbe der Einlaß in eine Dortmunder Diskothek verweigert worden war, fürchtet der Klub, daß Cesar aus Angst vor weiteren ausländerfeindlichen Zwischenfällen auf gepackten Koffern sitzt.

„Ein schlimmer und beschämender Vorfall. Das ist im höchsten Maße diskriminierend und bitterster Rassismus", empört sich Trainer Ottmar Hitzfeld: „Unter diesen Umständen mache ich mir schon Gedanken, ob wir ihn halten können. Ich kann nur hoffen, daß sich derartige Dinge nicht wiederholen und Julio bei uns bleibt." Bei seinem Wechsel von Turin zum BVB hatte sich der neue Publikumsliebling, der aus Furcht vor der Ausländerfeindlichkeit in Deutschland lange gezögert hatte, bevor er nach eindringlichen Bemühungen von Hitzfeld und Manager Meier unterschrieb, eine Klausel in seinen Vertrag setzen lassen. Diese ermöglicht ihm bei rassistischen Anfeindungen die fristlose Kündigung.

Die Stadt Dortmund reagierte aus Angst um einen Image-Verlust sofort. Bürgermeister Samtlebe forderte bestürzt eine umfassende Aufklärung des Vorfalls und drohte dem Disko-Besitzer sogar mit dem Entzug der Gaststättenkonzession.

„Ich hoffe, die Dortmunder können Julio Cesar davon überzeugen, daß es sich nur um das absolut unverantwortliche Verhalten eines Einzelnen handelt. Auch Cesar wird gespürt haben, daß Ausländer im deutschen Fußball total integriert sind. Das beweist auch der Frankfurter Anthony Yeboah, der Mannschaftskapitän ist", erklärte DFB-Pressechef Niersbach.

Hans Hansen, Präsident des Deutschen Sportbundes (DSB), verurteilte den Zwischenfall aufs schärfste: „Ein solches Verhalten spricht den jahrzehntelangen Bemühungen des Sports Hohn. Tausende Fans jubeln Julio Cesar im Westfalenstadion zu, anderenorts wird sich ihm gegenüber engstirnig und rassistisch verhalten."

Der Vorfall ereignete sich Dienstag abend vor der Diskothek „Village" auf der Haupteinkaufsstraße Westernhellweg. Gemeinsam mit seinem Dolmetscher, dem Elektrotechnik-Studenten Eduardo Lucio Facion, wurde Cesar vom Türsteher der Eintritt verwehrt mit der Begründung, Ausländer hätten keinen Zutritt. Als der Student darauf hinwies, daß es sich um den Dortmunder Fußballstar handele, erhielt er die Antwort: „Das interessiert mich nicht, das kann jeder sagen."

Auch die Bitte, den Geschäftsführer der Disko, die in der Vergangenheit schon wiederholt Besuchern wegen ihrer Hautfarbe den Zutritt verweigert hatte, zu sprechen, wurde nicht erfüllt. Deprimiert zog das Duo ab. Cesar, der sich nach seiner wenig berauschenden Leistung bei seinem Debüt gegen Motherwell beim Bummel durch die City etwas ablenken wollte, beklagte sich bitterlich beim BVB-Präsidium: „Das war Rassismus pur. Ich war schon überall auf der Welt, aber das ist mir noch nie passiert."

- ❑ Kennt ihr ähnliche Beispiele? Berichtet davon.
- ❑ Welche Gründe führen dazu, Menschen den Zutritt zur Diskothek zu verwehren?

Zwei Beispiele

Markus findet Ausländer interessant. Er unterhält sich gern mit ihnen über ihr Alltagsleben und die andersartige Kultur. Zugleich möchte er wissen, wie Ausländer Deutschland erleben.

Jens hält alle Ausländer für schlecht. Nach seiner Auffassung nehmen sie den Deutschen die Arbeitsplätze weg und treiben die Kriminalstatistik nach oben. Er wird nicht müde, gegen Ausländer Stimmung zu machen. Immer wieder behauptet er, man müsse sie aus dem Land vertreiben.

Markus tritt Ausländern aufgeschlossen und interessiert gegenüber. Er hat ein positives Vorverständnis im Hinblick auf Fremde.

Jens' Haltung gegenüber Fremden ist im Gegensatz dazu durch Vorurteile bestimmt. Es sind Urteile, die mit der Wirklichkeit nicht übereinstimmen. Sie führen oftmals zu Haß, Neid und Zwietracht, gelegentlich sogar zu brutalen Übergriffen auf Fremde. In der Regel ist es schwer, Vorurteile bei Menschen zu korrigieren. Aber nicht nur gegen Fremde richten sich Vorurteile.

❑ Obdachlose werden oft als arbeitsscheu, faul, kriminell ... bezeichnet. Welche Aussagen sind richtig? Welche falsch?

❑ Nennt weitere Gruppen, gegen die sich Vorurteile wenden. Überlegt, was man dagegen tun kann.

❑ Beschreibt das Bild. Was fällt euch zu der Person ein? Wie beurteilt ihr sie? Welche Aussagen erscheinen unbegründet? Diskutiert, ob es sich dabei auch um Vorurteile handeln könnte.

Als ein holländischer Professor Eingeborenenstämme auf Neuguinea kennenlernen wollte, besuchte er zuerst den Stamm der Bora-Bora. Dann wollte er zu den Waf weiterreisen. Da warnten ihn die Leute des Dorfes, die Waf seien schmutzig und dumm. Sie seien schlechte Menschen, denen man nicht trauen könne. Aber der Forscher riskierte es dennoch, zu den Waf zu gehen. Und siehe da: er wurde herzlich empfangen. Von Grausamkeit und Dummheit war nichts zu merken. Man beglückwünschte ihn sogar, daß er mit heiler Haut bei den Bora-Bora-Leuten davongekommen sei. Diese seien doch schmutzig, dumm und schlechte Menschen, denen man nicht über den Weg trauen könne.

❑ Lest die kurze Begebenheit und beschreibt die Vorurteile, die hier genannt werden. Worauf mögen sie zurückzuführen sein?
❑ Wie verhält sich der holländische Professor? Was ist aus seinem Verhalten gegenüber den beiden Eingeborenenstämmen zu lernen?
❑ Nennt Beispiele aus eurem Alltag, wo das Verhalten des Professors bei uns angebracht wäre.

Wie entstehen Vorurteile?

Der amerikanische Vorurteilsforscher Gordon W. Allport nennt zwei Gründe, die zu Vorurteilen führen:
- die Übernahme von Vorurteilen
- die Entwicklung von Vorurteilen.

S.110

Die Übernahme von Vorurteilen geschieht oftmals bereits im frühen Kindesalter. Das kleine Kind lernt von den Eltern durch Nachahmung. Es ahmt nicht nur die Gestik und Mimik nach, sondern übernimmt auch deren Einstellung zu Fremden. Ist diese durch Vorurteile bestimmt, so liegt die Vermutung nahe, daß das kleine Kind sich auch davon leiten läßt. Oftmals sind sie für ein ganzes Leben prägend. Wenn das Kind heranwächst, können weitere Vorurteile hinzutreten, die es von anderen, besonders geschätzten Personen übernimmt.

Die Entwicklung von Vorurteilen geschieht dann, wenn das Kind sehr streng erzogen wird. Für sein Fehlverhalten, das von den Eltern oder anderen Erziehungspersonen bestraft wird, sucht es Sündenböcke. Es kann sein, daß Fremde gerade wegen etwas beschuldigt werden, was das Kind oder der Erwachsene falsch gemacht haben. So entstehen Aussagen wie: „Ich bekomme keinen Arbeitsplatz, weil ihn Ausländer mir wegnehmen.“ Oder: „Der Wohnungsmarkt ist leergefegt, weil Ausländer alle Wohnungen besetzen.“

Wie Vorurteile überwunden werden können

Liebe sogar deine Feinde

In England während des Krieges. Zwei Männer nähern sich einem Bauerngehöft. Der eine ein wachhabender Vorarbeiter, der andere ein deutscher Kriegsgefangener. Der Vorarbeiter bittet das alte Bauernehepaar um eine Mandoline. Er weiß, daß sich eine im Haus befindet. Ein Kamerad des Deutschen soll am nächsten Sonntag bei einem Konzert der Kriegsgefangenen auf der Mandoline spielen. Der Wachhabende läßt den Deutschen mit dem Bauern allein. Es folgt eine lange, wortlose Stille. Schließlich fragt der Bauer: „Was tun Sie in Deutschland?“ „Ich bin Lehrer.“ „Mein Sohn will – wollte auch Lehrer werden.“ „Der die Mandoline spielte“, fällt die Frau ein, „unser Godfrey.“ „Ihr Sohn?“ fragt der Deutsche. „Ja. Er ist gefallen“, sagt der Bauer, „in Deutschland.“ Wieder langes Schweigen. Die Bauersfrau macht ihm Kaffee. „Da, trinken Sie. Sie werden auf Godfreys Mandoline gut achtgeben? Er spielte sie. Wir haben sie für ihn gekauft. Aber jetzt ist er tot: der Krieg!“ Der Bauer hat inzwischen den schwarzen Kasten vom Obergeschoß geholt und übergibt ihn dem Kriegsgefangenen. Der bedankt sich. „Kommen Sie wieder“, sagt die Frau.

❑ Beschreibt das Verhalten des englischen Bauernehepaares gegenüber dem Deutschen.
❑ Tragt zusammen, was überraschend ist.

❑ Welche Vorurteile hätten sie haben können?
❑ Überlegt, was die Engländer dazu bewegt haben mag, den Deutschen so zu behandeln, wie sie es tun.
❑ Sokrates: „Unrecht leiden ist besser als Unrecht tun." Arbeitet heraus, ob diese Aussage für das englische Bauernpaar zutrifft. Läßt sie sich verallgemeinern? Nehmt dazu Stellung mit Beispielen aus eurem Alltag.

Die drei Siebe

Aufgeregt kam jemand zu Sokrates gelaufen. „Höre, Sokrates, das muß ich dir erzählen, wie dein Freund ..."
„Halt ein!" unterbrach ihn der Weise, „hast du das, was du mir sagen willst, durch die drei Siebe geschüttelt?"
„Drei Siebe?" fragte der andere voll Verwunderung. „Ja, mein Freund, drei Siebe! Laß sehen, ob das, was du mir erzählen willst, durch die drei Siebe hindurchgeht. Das erste Sieb ist die Wahrheit. Hast du alles, was du mir erzählen willst, geprüft, ob es wahr ist?" „Nein, ich hörte es erzählen, und ..." „So, so. Aber sicher hast du es mit dem zweiten Sieb geprüft, es ist das Sieb der Güte. Ist das, was du mir erzählen willst, wenn schon nicht als wahr erwiesen, wenigstens gut?" Zögernd sagt der andere: „Nein, das nicht, im Gegenteil ..."
„Dann", unterbrach ihn der Weise, „laß uns auch das dritte Sieb noch anwenden und laß uns fragen, ob es notwendig ist, mir das zu erzählen, was dich so erregt."
„Notwendig nun gerade nicht ..." „Also", lächelte Sokrates, „wenn das, was du mir erzählen willst, weder wahr noch gut noch notwendig ist, so laß es begraben sein und belaste dich und mich nicht damit!"

❑ Lest diese Geschichte und erklärt, was sie zur Überwindung von Vorurteilen beitragen kann.
❑ Benutzt das „erste Sieb" und überprüft an Beispielen, ob sie wahr sind. Was müßte korrigiert werden?

Behinderungen

Eine Mutter erinnert sich: „Ein Bub!" – Voll Glück sah ich den kleinen Kerl, als ihn die Hebamme hochhob und zum Wickeltisch trug. Dann fiel ich erschöpft in Schlaf. Flüstern von Arzt und Hebamme am Wickeltisch ließ mich plötzlich aufhorchen: „...Unregelmäßiger Atem, der sich sicher bald normalisieren wird..." – Einige Stunden später erfuhren mein Mann und ich, daß dies nicht der Fall war. Martin wurde mir noch einmal ins Zimmer gebracht. Ich sollte mich von meinem Kind verabschieden. Martin mußte in die Säuglingsstation verlegt werden unter ein Sauerstoffzelt. Noch immer hofften wir, die Atemstörungen würden vorübergehen. Tage

später erfuhren wir die harte Wahrheit: Gehirnschaden durch Sauerstoffmangel mit schweren mehrfachen Behinderungen – ein lebenslanger Pflegefall!
Heute lebt Martin als Erwachsener in einem Pflegeheim für geistig behinderte Menschen.

Stefan ist mit seinen fünf Jahren ein aufgewecktes Kerlchen. Er tollt oft mit seiner älteren Schwester herum. Immer wieder fordert er sie heraus, mit ihm Memory zu spielen, denn er weiß, daß er sie dabei schlagen kann. Wenn die Familie mit dem Auto unterwegs ist, fragt er oft nach Buchstaben, die auf Schildern zu sehen sind. Er kann schon einige erkennen und bestimmte Worte lesen. Im Kindergarten verträgt er sich gut mit den anderen Kindern. Stundenlang kann er mit Bauklötzchen hohe Türme bauen. Eines Tages wird er krank. Er hat Kopfschmerzen und hohes Fieber. Der Arzt meint, Stefan habe eine Grippe, und verschreibt ihm die entsprechende Medizin. Dem kleinen Patienten geht es aber nach Tagen noch nicht besser. Er muß ins Krankenhaus. Dort stellt man fest, daß er an einer Gehirnhautentzündung leidet. Er kann davon geheilt werden, aber eine lebenslange geistige Behinderung ist die Folge.
Stefan ist jetzt 18 Jahre alt. Er besucht in der Kreisstadt eine Schule für geistig behinderte Menschen. Wenn er Anfang 20 ist, wird er in einer beschützenden Werkstatt arbeiten können.

Melanie ist eine begeisterte Motorradfahrerin. Sie hat mit 18 Jahren den Führerschein gemacht. Bald danach kauft sie sich von ihrem gesparten Geld ein gebrauchtes Motorrad. Im Sommer fährt sie damit zur Schule. An Wochenenden ist sie oftmals mit ihren Freunden vom Motorradklub unterwegs. Eines Tages passiert etwas Schreckliches. Melanie weicht einem Auto aus, das ihr die Vorfahrt genommen hat. Sie stürzt und wird schwer verletzt. Im Krankenhaus stellen die Ärzte fest, daß sie so schwere Verletzungen hat, daß sie nie wieder wird laufen können.
Melanie ist heute als Querschnittsgelähmte an den Rollstuhl gefesselt. Sie leidet darunter, daß sie oft angestarrt wird, wenn sie damit auf der Straße unterwegs ist.

- ❑ Behinderungen können verschiedene Ursachen haben. Lest die drei Beispiele und findet heraus, um welche Art von Behinderungen es hier geht und worauf sie zurückzuführen sind.
- ❑ Tragt weitere Ursachen von Behinderungen zusammen.

Was sind Behinderungen?

Von Behinderung spricht man, wenn ein gesundheitlicher Schaden zu funktionellen Einschränkungen führt und diese Einschränkungen soziale Beeinträchtigungen zur Folge haben.
Mit anderen Worten: Jeder gesundheitliche Schaden und jede körperliche, geistige oder seelische Veränderung, die nicht nur vorübergehend zu solchen Einschrän-

kungen und durch sie zu sozialen Beeinträchtigungen führen, gelten als Behinderung. Dabei ist es unerheblich, ob die Behinderung auf Krankheit oder Unfall beruht, oder ob sie angeboren ist. Es kommt allein auf die Tatsache der Behinderung an.
Ob eine Behinderung vorliegt, kann nur individuell und unter Berücksichtigung der Umstände des Einzelfalles beurteilt werden.

Welche gesetzlichen Bestimmungen gelten für Behinderte? Im Sozialgesetzbuch heißt es dazu:

Eingliederung Behinderter
Wer körperlich, geistig oder seelisch behindert ist oder wem eine solche Behinderung droht, hat unabhängig von der Ursache der Behinderung ein Recht auf die Hilfe, die notwendig ist, um
1. die Behinderung abzuwenden, zu beseitigen, zu bessern, ihre Verschlimmerung zu verhüten oder ihre Folgen zu mildern,
2. ihm einen seinen Neigungen und Fähigkeiten entsprechenden Platz in der Gemeinschaft, insbesondere im Arbeitsleben, zu sichern.

Leistungen zur Eingliederung Behinderter
(1) Nach dem Recht der Eingliederung Behinderter können in Anspruch genommen werden:
1. medizinische Leistungen, insbesondere
   a) ärztliche und zahnärztliche Behandlung,
   b) Arznei- und Verbandmittel,
   c) Heilmittel einschließlich Krankengymnastik, Bewegungs-, Sprach- und Beschäftigungstherapie,
   d) Körperersatzstücke, orthopädische und andere Hilfsmittel,
   e) Belastungserprobung und Arbeitstherapie,

auch in Krankenhäusern und Vorsorge- oder Rehabilitationseinrichtungen,

...

2. berufsfördernde Leistungen, insbesondere
   a) Hilfen zur Erlangung eines Arbeitsplatzes,
   b) Berufsvorbereitung,
   c) berufliche Anpassung, Ausbildung, Fortbildung und Umschulung,
   d) sonstige Hilfen zur Förderung einer Erwerbs- und Berufstätigkeit auf dem allgemeinen Arbeitsmarkt oder in einer Werkstatt für Behinderte,
3. Leistungen zur allgemeinen sozialen Eingliederung, insbesondere Hilfen
   a) zur Entwicklung der geistigen und körperlichen Fähigkeiten vor Beginn der Schulpflicht,
   b) zur angemessenen Schulbildung einschließlich der Vorbereitung hierzu,
   c) für Behinderte, die nur praktisch bildbar sind, zur Ermöglichung einer Teilnahme am Leben in der Gemeinschaft,
   d) zur Ausübung einer angemessenen Tätigkeit, soweit berufsfördernde Leistungen nicht möglich sind,
   e) zur Ermöglichung und Erleichterung der Verständigung mit der Umwelt,
   f) zur Erhaltung, Besserung und Wiederherstellung der körperlichen und geistigen Beweglichkeit sowie des seelischen Gleichgewichts,
   g) zur Ermöglichung und Erleichterung der Besorgung des Haushalts,
   h) zur Verbesserung der wohnungsmäßigen Unterbringung,
   i) zur Freizeitgestaltung und zur sonstigen Teilnahme am gesellschaftlichen und kulturellen Leben,

4. ergänzende Leistungen, insbesondere
   a) Übergangs- oder Krankengeld,
   b) sonstige Hilfen zum Lebensunterhalt,
   c) Beiträge zur gesetzlichen Kranken-, Unfall- und Rentenversicherung sowie zur Bundesanstalt für Arbeit,
   d) Übernahme der mit einer berufsfördernden Leistung zusammenhängenden Kosten,
   e) Übernahme der Reisekosten,
   f) Behindertensport in Gruppen unter ärztlicher Betreuung,
   g) Haushaltshilfe.

❑ Im Gesetz ist geregelt, welche Hilfen behinderte Menschen beanspruchen können. Dennoch fühlen sich viele nicht richtig verstanden. Sie leiden in unserer Gesellschaft. Erklärt dies. Bei euren Überlegungen hilft euch vielleicht der folgende Text.

Es ist normal, verschieden zu sein. Es gibt keine Norm für das Menschsein. Manche Menschen sind blind oder taub, andere haben Lernschwierigkeiten, eine geistige oder körperliche Behinderung – aber es gibt auch Menschen ohne Humor, ewige Pessimisten, unsoziale oder sogar gewalttätige Männer und Frauen.
Daß Behinderung nur als Verschiedenheit aufgefaßt wird, das ist das Ziel, um das es uns gehen muß. In der Wirklichkeit freilich ist Behinderung nach wie vor die Art von Verschiedenheit, die benachteiligt wird. Es ist eine schwere, aber notwendige, eine gemeinsame Aufgabe für uns alle, diese Benachteiligung zu überwinden.
Maßstäbe für Behinderung sind zufällig und fragwürdig. Noch immer gehen sie von den Forderungen unserer sogenannten Leistungsgesellschaft aus: vor allem von rationalen und motorischen Fähigkeiten, von der Leistungskraft im Produktionsprozeß. Wäre soziales Verhalten der beispielgebende Maßstab, dann müßten wir den Menschen mit Down-Syndrom nacheifern. Gemessen an der Sensibilität, mit der Taubblinde durch die Haut wahrnehmen können, sind Sehende und Hörende behindert. Vielleicht würde ein Rollstuhlfahrer einen Professor, der nicht lachen und weinen kann, als in seinem Menschsein behindert einschätzen. Wir sollten Menschen mit einem definierten Handicap fragen, was sie unter „behindert" verstehen.
Jedenfalls darf man nicht allgemein von „Behinderten" sprechen, das würde den ganzen Menschen betreffen. In Wahrheit sind doch nur Teilbereiche, einzelne Fähigkeiten eingeschränkt.

Aus einer Rede des ehemaligen Bundespräsidenten Richard von Weizsäcker

Mit Behinderungen leben

Lothar ist nach einem Motorradunfall querschnittgelähmt. Er kann sich nur im Rollstuhl fortbewegen. Nach seiner Entlassung aus der Rehabilitationsklinik schreibt er seinem Freund Bernd folgenden Brief:

Lieber Bernd,
da war ich ja platt, daß Du an meinen Jahrestag gedacht hast. Ja, ein Jahr ist der Unfall nun her. Hört sich komisch an, wie feiern, nicht?
Gestern habe ich mich abends „hingesetzt“ und noch mal so zurückgedacht. Besonders an den Tag, als ich aus dem Rehabilitationszentrum entlassen wurde. Mein Gott, habe ich da gezittert, als ich auf das Taxi wartete, um nach Hause zu fahren. Erst habe ich mich drauf gefreut, und als es dann soweit war, wäre ich am liebsten für immer dageblieben. So'n Reha-Zentrum ist ein ganz schöner Schonraum. Man ist unter seinesgleichen, und das Personal hat auch keine offenen Vorurteile mehr. Aber draußen ist doch alles anders.
Einen Tag, nachdem ich zu Hause war, kamen unsere Nachbarn. Und stell Dir vor, was die mitgebracht haben. Schokolade und Orangensaft! Für die bin ich jetzt immer krank. Meinen Eltern zuliebe habe ich da auch noch mitgespielt. Aber wie ich damit umgehen soll, hat mir niemand gesagt. Ich habe diese Mitleidstour irgendwie erwartet. Wenn Besuch kam in der Reha, also Leute von draußen, dann war auch immer gleich das Mitleid da, und die Angst vor mir. Nee, nicht vor mir, sondern davor, daß ihnen das auch mal passiert. Zum Schluß wollte ich überhaupt keinen Besuch mehr haben.
Wenn ich hier zu Hause rausfahre und Freunde von früher treffe, und wenn die dann zu stammeln anfangen oder die „Als-wäre-nichts-geschehen-Miene“ aufsetzen, dann möcht ich am liebsten nicht rausgefahren sein. Ehrlich gesagt, ich tu's auch selten. Bißchen fürcht ich mich sogar vor'm Kolleg. Aber die Freaks dort sind – glaube ich – anders. So freue ich mich auch. Nächstes Wochenende besucht mich Erika. Da habe ich auch dran gedacht, gestern. Wie ich sie damals kennenlernte. Gerade meinte ich, das Kapitel Freundin abgeschlossen zu haben, da kam sie von der Orthopädie auf unsere Station zum Kartenspielen. Mit dem Flirt, der dann begann, brachen alle meine Ängste wieder auf, meine Minderwertigkeitsgefühle.
Weißt Du noch: Man muß nicht nur lernen, als Behinderter zu denken, sondern auch neu zu leben. Oder besser: Wenn man beginnt, als Behinderter neu zu denken, beginnt man auch neu zu leben. Warum sind nicht alle so wie sie oder haben Deine Einstellung?
Und jetzt zu meinem Besuch. Ich komme also in 14 Tagen. Hab mich schon erkundigt, wann ein Zug fährt. Allerdings muß ich im Gepäckwagen fahren. Kannst Du Dir das vorstellen, so zwischen Hühnern und Fahrrädern? Ich dacht, mich trifft der Schlag. Die Personenwaggons sind nicht rollstuhlgerecht. Also kein Personenabteil für mich. Da könnt man auf den Gedanken kommen, Behinderte seien gar keine Personen. Auch in ein Schuhgeschäft mußte ich letztens mit dem Lastenaufzug fahren. Behinderung als Last. Dazu die Einstellung der Leute. Es wird einem schon ganz schön schwer gemacht, seine Behinderung anzunehmen. Da muß man doch was verändern, oder? Aber das besprechen wir, wenn wir uns treffen. Bis bald.

Liebe Grüße Dein Lothar

❑ Lest diesen Brief und stellt in Gruppenarbeit zusammen, wovor Lothar Angst hat.
❑ Leiht einen Rollstuhl aus und versucht, damit in eurer Stadt/eurem Dorf verschiedene Punkte anzufahren: die Post, die Schule, das Rathaus, das Kino, ein Café, eine Bank ... Auf welche Schwierigkeiten stoßt ihr dabei?
❑ Unterhaltet euch mit einem Rollstuhlfahrer und findet heraus, ob er die Sorgen von Lothar teilt.
❑ Wie sollten sich nichtbehinderte Menschen Rollstuhlfahrern gegenüber verhalten? Denkt euch verschiedene Situationen aus und spielt sie im Rollenspiel nach.

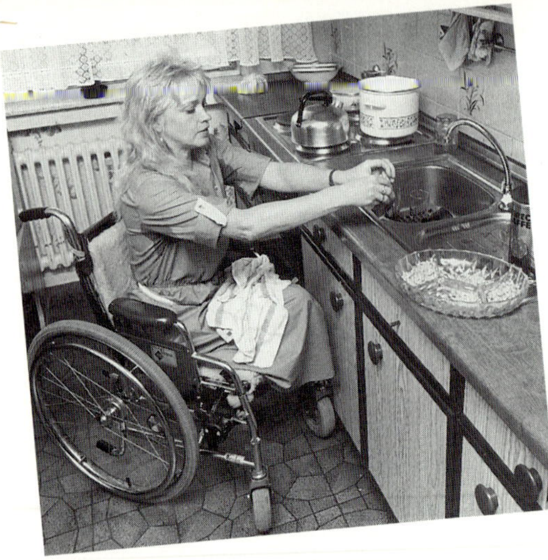

❑ Berichtet von Begegnungen mit behinderten Menschen.

Was behinderte Menschen sich von ihren Mitmenschen wünschen

1. Starrt uns nicht an, wenn ihr uns auf der Straße begegnet!
2. Schubst uns nicht weg, wenn wir auf etwas warten!
3. Habt Geduld mit uns, wenn wir nicht so schnell sind wie nichtbehinderte Menschen.
4. Wendet euch nicht ab, wenn ihr uns im Restaurant oder anderswo begegnet.
5. Wenn ich mit meinen Eltern oder Betreuern unterwegs bin, dann sprecht nicht mit ihnen über mich, sondern mit mir!
6. Behandelt uns nicht wie Kranke! Gebt uns die Möglichkeit, wie nichtbehinderte Menschen zu leben!
7. Sprecht mit uns wie mit jedem anderen auch!
8. Laßt eure abfälligen Bemerkungen sein! Wir verstehen sie genau und leiden sehr darunter.
9. Verhaltet euch genauso freundlich und „normal“ zu uns, wie ihr euch zu anderen nichtbehinderten Menschen verhaltet!
10. Wenn ihr nicht wißt, ob ihr uns helfen sollt, dann fragt uns! Behandelt uns aber nicht wie kleine Kinder!
11. Bezieht uns in euer Leben ein! Ladet uns ein! Unterhaltet euch mit uns, spielt mit uns, teilt eure freie Zeit mit uns!
12. Gestaltet eure Umwelt so, daß wir uns darin uneingeschränkt bewegen können. Das trägt zu unserem Wohlbefinden bei.
13. Sondert uns nicht aus, sondern gebt uns die Möglichkeit, uns am öffentlichen Leben zu beteiligen.

❑ Welche Wünsche haltet ihr für besonders wichtig? Begründet eure Meinung.
❑ Was könnte in unserem Alltag verändert werden?

Eine Klasse berichtet: Im Unterricht entstand die Idee, Kontakte zu behinderten Menschen aufzunehmen. Wir wandten uns an die Lebenshilfe in unserer Kreisstadt. Mit dem Geschäftsführer dieser Einrichtung besprachen wir unser Vorhaben. Nach einigen Wochen fand eine erste Begegnung mit geistig behinderten Menschen im Wohnheim der Lebenshilfe statt. Zunächst wußten wir nicht recht, wie wir uns verhalten sollten. Die Betreuerin stellte uns jedoch die Behinderten vor, und bald unterhielten wir uns, lachten und hatten Spaß miteinander. Seitdem treffen wir uns regelmäßig mit Gernot, Stefanie, Eberhard, Susanne und Karl. Wir unternehmen kleine Wanderungen, grillen gemeinsam, fahren in die nähere Umgebung, gehen in ein Café oder ins Kino oder verbringen die Zeit im Wohnheim bei gemeinsamen Spielen. Besonders gern spielen einige von unseren neuen Freunden Fußball. Für die nächste Zeit sind der Besuch eines Zoos und eines Popkonzerts geplant. Bei den Begegnungen haben wir viel Spaß. Besonders Eberhard hat oft witzige Einfälle, über die wir lachen müssen.

❑ Denkt darüber nach, was junge Menschen dadurch gewinnen, daß sie mit behinderten Menschen in Verbindung stehen.
❑ Wo könnten die Grenzen von solchen Begegnungen liegen?

Vielleicht habt ihr Lust, mit Schülerinnen und Schülern einer Schule für geistig behinderte Menschen etwas gemeinsam zu unternehmen. Bei der Planung solltet ihr folgende Gesichtspunkte berücksichtigen:

– vor der ersten Einladung Hausbesuche bei Behinderten und ihren Familien bzw. im Wohnheim machen

- Interessengebiete der Behinderten erforschen
- mit den Eltern von Behinderten über gesundheitliche Fragen (z. B. bei Anfallskranken) sprechen
- die Leitung des Kreises möglichst in die Hände von zwei Personen legen
- zunächst einen kleinen Kreis von behinderten Menschen einladen
- möglichst dafür sorgen, daß die Zahl der zur Verfügung stehenden Helferinnen und Helfer genauso groß ist wie die Zahl der behinderten Menschen
- nicht zu oft zusammenkommen, regelmäßige Treffen einmal im Monat sind genug
- die Treffen zeitlich begrenzen (zwei bis drei Stunden), um die Behinderten nicht zu überanstrengen.

Gewalt

Gewalt in der Schule

Es gibt verschiedene Formen von Gewalt. Manchmal erkennen wir sie nicht, weil sie zum Alltag geworden sind. Das gilt auch für die Gewalt in der Schule. Hier findet ihr einige Beispiele dafür. Findet heraus, von wem die Gewalt ausgeht, wer darunter leiden muß, und wie sie verhindert werden könnte. Vielleicht fallen euch aus eurem Schulalltag auch noch weitere Beispiele ein.

„Gib's ihm!" oder ...?
Zwei Schüler der sechsten oder siebenten Klasse liegen kämpfend auf dem Fliesenboden. Einer sitzt schließlich rittlings auf dem Bauch des anderen, hat ihn mit beiden Händen bei den Haaren gefaßt und schlägt den Kopf wiederholt auf den Boden.
Andere, gleichaltrige und ältere Schülerinnen und Schüler bilden um die Kämpfenden einen Kreis. Kein Umstehender greift in das Geschehen ein, einige aber feuern die Kämpfenden an.

„Mach's kaputt!" oder ...?
Während des Englischunterrichtes, nachdem der Lehrer der Klasse einen schriftlichen Arbeitsauftrag erteilt hat, fliegt Michaels Füllfederhalter durch den Raum. Michael schreit auf und schnappt blitzschnell das Mäppchen seines Sitznachbarn Frank, entnimmt das Lineal, bricht es entzwei und wirft die beiden Hälften ebenfalls durch den Saal.
Nach einem vergeblichen Versuch, sein Mäppchen zurückzubekommen, greift Frank ebenso schnell nach der Schulmappe von Michael, kippt den Inhalt heraus und tritt auf den am Boden liegenden Sachen herum. Der Rest der Klasse jubelt.

„Hol's dir!" oder ...?
Im Schulbus, an der Bushaltestelle vor dem Schulgelände oder auf dem Schulhof wird Kurt von Ralf, Bernd und Tobias regelmäßig aufgefordert, sowohl sein Trinkpäckchen als auch 1 DM abzugeben. Durch Gebärden und Worte wird ihm körperliche Verletzung bzw. Mord angedroht, wenn er nicht täglich diese Aufforderung erfüllt und wenn er sie anderen gegenüber nicht verschweigt. Der Schüler gehorcht.

Manche Jugendliche neigen zur Gewalttätigkeit. Sie schließen sich Banden an, die nichts anderes kennen, als auf andere einzuschlagen und sie zu quälen. Dabei sind sie sich oftmals über die Folgen ihres Verhaltens nicht im klaren. Ihre Gewaltbereitschaft richtet sich häufig auch gegen Ausländer, die ihnen wehrlos gegenüberstehen.

Dennis

Dennis war immer schon mit Älteren zusammen. Früher beim Fußball, später bei den Skins. Dort war er sogar der Jüngste und konnte Gleichaltrige mit seinen „Räuberpistolen" beeindrucken. „Das war irgendwie so ein Geltungsbedürfnis", meint er, lehnt sich selbstzufrieden in seinen braunen Kunstledersessel zurück. „Na ja, das war halt auch was Neues, und die anderen haben schon zu mir hochgeschaut. Für die galt ich als Held, wenn ich von Schlägereien berichtete. Obwohl ich in der ersten Zeit wirklich nur dabeistand und maßlos übertrieben habe. Aber das war damals schon ein Mordsgefühl: Zu sagen, hey ich war dabei, ich habe Randale gemacht."

Später hat er dann kräftig mitgemischt. Am Wochenende nach Diskobesuch und entsprechendem Alkoholkonsum ging es zur Sache. Vorrangiges Angriffsziel waren Ausländer (...)

Was ihn an Ausländern stört, kann Dennis gar nicht so genau sagen. „Eben, daß sie Ausländer sind, ist schon ein Grund." Es ist fast schon eine Art Sport, in die Stadt zu fahren und „ein paar Neger klatschen". Einfach so, just for fun, oder aus völlig banalen Gründen.

Er berichtet, wie sie sich letztens zu sechs Mann mit zwei Negern angelegt haben. „Da war die Kirsche (= Mädchen) mit und wir hatten alle schon was getrunken und der gefiel so die Jeansjacke, die der Neger anhatte. Und da habe ich dem nen paar aufs Maul gehauen und der andere Kumpel hat dem die Jacke ausgezogen und hat die der Kirsche gegeben."

Für so etwas riskiert er dann auch, mal wieder hinter Gittern zu verschwinden. Wo er allerdings richtig in Wut gerät, ist, „wenn da nen Neger mit ner weißen Kirsche ankommt." (...)

Es ist nicht bei den Negern geblieben, wegen denen die ersten von ihnen in den Knast gewandert sind und was „es galt zu rächen". Hinzu kommen Türken, Jugoslawen, Hütchenspieler und Drogenhändler, die ihre Aggressionen steigern.

Daß er selbst mal schwere Verletzungen davontragen könnte, scheint ihn nicht weiter zu beunruhigen. Bisher kam er mit Nasenbluten, kleinen Messerstichen und mal etwas Glas am Auge davon. Seine Freundin ist ängstlicher, „aber der muß ich noch gerade auf die Nase binden, daß ich losziehe und Randale mache. Da haben wir halt mal ein Treffen ohne die Mädels", meint er augenzwinkernd...

...Damals gab es regelmäßige Kameradschaftsabende. Sie haben sich Kriegsfilme angeschaut, Bücher von „richtigen Historikern wie David Irving gelesen, Bier dabei getrunken und darüber gequatscht". Er selbst hat keinerlei parteipolitische Ambitionen, seine Rolle könnte allenfalls Untergrundarbeit sein...

Dennis hat zwar zur Zeit einen Job beim Garten- und Landschaftsbau – wie lange noch, ist ungewiß. „Daß genügend Arbeitsplätze geschaffen wurden, vieles erneuert wurde, Autobahnen gebaut wurden, auf denen wir heute noch fahren und daß die Deutschen was zu sagen hatten in der Welt", beeindruckt Dennis am Nationalsozialismus.

Er war nie einer, der das alte DDR-Regime befürwortete, aber genausowenig gefällt ihm die heutige Politik. Seine Wunschvorstellung: „So was wie der Nationalsozialismus. Aber eben nen bißchen anders, also ohne Kriegsvorbereitung und so."

Was die Zukunft bringt, steht in den Sternen. Trautes Heim, Glück allein, Lehrstelle als Friseur, weiter auf dem Bau malochen, Randale machen – es ist alles drin...

❑ Versucht euch in die Biographie eines Skinheads hineinzudenken. Welche Ursachen für sein gewalttätiges Verhalten erkennt ihr? Was müßte geschehen, um seine Gewaltbereitschaft zu durchbrechen?

Gewalt auf der Straße

Gewalt kann auf der Straße begegnen. Manche würden gern helfen, aber sie finden dazu nicht den Mut. Sie haben Angst, selbst zu Schaden zu kommen. Wenn mehr Menschen gegen die Gewalt vorgehen würden, dann brauchte sich niemand mehr zu fürchten.

Begebenheit

Es war in Berlin vor einigen Wochen. Es wurde schon Abend, aber es war noch hell. Ich ging am Geschichtsmuseum entlang, wollte ins Theater. Da kam ein Freund, wir sagten, gut, gehen wir zusammen hin. Plötzlich kam hinter uns ein Engländer angelaufen. Er schrie um Hilfe: „Help me, help me!" Er stürzte dann, ein Skin rannte hinter ihm her. Kam gelaufen und schlug ihn zusammen. Trat ihn in den Bauch und auf den Kopf. Also ganz bestialisch war das. Ich konnte vor Schreck zunächst erst einmal gar nicht denken. Dann hab ich versucht, meine Gefühle zurückzuhalten.

Weil das ja so in einem drin ist, Skins, da sollte man sich lieber nicht mit einlassen. Ich dachte auch, andere kämen noch, um zu helfen, weil, es ist ja eine begangene Straße. Aber es ist keiner gekommen. Alle machten nur einen großen Bogen drum. Und da bin ich losgerannt. Ich mußte einfach losrennen – auf die Skins zu. Ich hab mich noch gewundert, daß der Freund von mir nicht mitkam. Aber er war inzwischen, auch ganz ohne was zu tun, angefallen und zusammengeschlagen worden. Von vier anderen Skins. Das hat er mir später erzählt.
Ich habe erst mal versucht, auf den einzelnen Skinhead, der den Engländer schlug, auf ihn einzusprechen, mit ihm zu reden.
Aber das war nicht drin. Ich war wie Luft. Dann hab ich versucht, ihn festzuhalten. Also mich anzuklammern. Aber das hat überhaupt nichts geholfen. Er hat mich gar nicht beachtet. Ich hab wahrscheinlich nur so ganz leicht an ihm drangehangen. Er hat jedenfalls brutal weitergeschlagen. Aber plötzlich legte sich sein Arm um mich rum. Und ich merkte erst mal überhaupt nichts. Es wurde nur warm am Rücken. Das war ganz komisch, so ganz komisch war das. Es ging überhaupt nicht in den Kopf, das war so fern, fast irgendwie beruhigend. Und dann kamen vier andere Skins dazu, die erst den Freund niedergeschlagen hatten (wie ich später erfuhr). Da hab ich noch einmal versucht zu reden. Das waren dann so Jüngere. Ich nehme mal an, so 17jährige. Da denkst du, du kannst mit Leuten reden, irgendwas verändern. Denkste! Die war'n wie tot. Wie 'ne Wand. So richtig starr. Da war überhaupt nichts Menschliches drin. So etwas hab ich noch gar nicht geseh'n.
Der sieht dich an und tritt dich in den Bauch, ja! Ich hab dann versucht... Bin wieder aufgestanden ... Ich bin da nicht mehr normal gewesen, wahrscheinlich ... Ich hab immer wieder versucht, mich festzuhalten und anzuklammern – wie im Wahn. Dann bin ich gestürzt, und als ich wieder hochkam, hab ich erst mal gemerkt, daß da Blut war. Der Rock voller Blut. Alles klebrig. Und daß der eine ein Messer in der Hand hielt. Da hab ich erst mal eine Verbindung gezogen. Was eventuell passiert sein könnte... Und da hab dann auch ich angefangen, Hilfe zu schreien ... Und da ist immer noch keiner gekommen. Ja. Die Leute haben dagestanden und zugesehen. Es hat keiner reagiert...

Katharina K. (Kunststudentin)

- ❑ Beschreibt das Verhalten der jungen Frau.
- ❑ Erklärt, warum es nicht möglich war, mit den Skins zu reden.
- ❑ Niemand hat geholfen. Findet dazu eine Erklärung.
- ❑ Wie würdet ihr euch in einer solchen Situation verhalten?
- ❑ Was müßte geschehen, daß mehr Menschen so mutig werden wie die junge Frau?

Ursachen für Gewalt

- Unterdrückung durch andere
- weniger haben als andere
- Vergeltung für erlittenes Unrecht
- Zerstörungswut
- etwas gelten wollen
- andere beherrschen
- sich in den Vordergrund spielen
- Nachahmung von Gewalt
- Stärke beweisen

- ❑ Welche weiteren Ursachen für Gewalt kennt ihr?
- ❑ Welche kommen eurer Meinung nach besonders häufig vor?

Überwindung von Gewalt

Gewalt kann durchbrochen werden, wenn wir uns selbst annehmen und lieben können. Dann sind wir auch in der Lage, für andere da zu sein. Viele junge Menschen sind auf der Suche nach sich selbst und nach einem Verhalten, zu dem sie ja sagen können.

Ich muß etwas für die anderen tun.

S.110

Ja, auch ich habe Probleme. Aber wie klein sie geworden sind, seit ich in Israel war! Wie war es früher? Ich litt unter mangelndem Kontakt, war allein und mißmutig, verlor Freund um Freund. Bis ich erkannte, was für ein erbärmliches Leben ich eigentlich führte. Denn was habe ich eigentlich für meine Mitmenschen getan? Nichts, rein gar nichts. Ich dachte nur daran, was die anderen für mich tun könnten, und nicht, was ich für sie tun kann. Ich wartete auf ein Wunder, wartete, daß ein Mensch mich lieben und verstehen würde. Aber dann wollte ich wieder zuerst nehmen und erst nachher geben.
Auch in der Mittelschule habe ich nichts für die Allgemeinheit getan. Wohl habe ich mit vielen anderen über die Mißstände gemeckert und hie und da sogar ein schlechtes Gewissen verspürt.
Erst jetzt, nach meinen Erlebnissen und Erfahrungen in Israel, weiß ich, daß ich mich selber ändern muß, daß diese Gleichgültigkeit nicht andauern darf. Ich verspüre den Wunsch in mir, etwas Gutes zu tun...
Dazu brauche ich jetzt jemanden, der mich begreift. Aber sobald sich jemand nähert, ziehe ich mich schon wieder zurück. Nicht wahr, so kann keine Freundschaft entstehen? Man muß doch zuerst für den anderen Menschen bereit sein und sich fragen: Was kann ich für ihn tun?
Das muß ich nun wohl lernen: für einen Einzelnen dasein, ehe ich in der Welt helfen kann.

Beatrice, 18

Zärtlichkeit und Liebe

Was ist Liebe?

Junge Menschen entdecken in sich eine Sehnsucht, von einem anderen Menschen ernst genommen und angenommen zu werden. Zugleich wollen sie sich diesem Menschen öffnen und für ihn dasein. Sie möchten mit ihm unendlich viel Zeit verbringen, mit ihm Zärtlichkeiten austauschen, lange Gespräche führen und ... Was sich hier meldet, das ist Sehnsucht und Liebe. Doch was ist Liebe?

Liebe ist ...
- ganz verstanden zu werden
- sich gegenseitig alles sagen zu können
- miteinander streiten zu können, ohne Angst zu haben, daß eine Beziehung auseinanderbricht
- den anderen zu achten
- auf die andere einzugehen
- mit dem anderen zu leiden
- zu trösten

❑ Gestaltet einen Aufkleber, auf dem ihr Aussagen über die Liebe zur Sprache bringt.
❑ Sammelt Texte (Gedichte, Schlager), die zum Thema „Liebe“ passen.
❑ Findet heraus, wie in ihnen über die Liebe geredet wird. Welche Bilder und Vergleiche werden ausgesprochen?

Sehnsucht nach Liebe

Liebe läßt sich nicht erzwingen. Man sehnt sich nach ihr. In Träumen wird sie lebendig. Bilder tauchen im Geist auf, in denen Zuwendung und Wärme zu spüren sind. Manchmal hat man das Gefühl, der Liebe ganz nahe zu sein, doch dann werden Erwartungen nicht erfüllt. Enttäuschungen machen sich breit. Aber das Traumbild bleibt.

Die Sehnsucht ist zu groß

Ich habe immer gewartet, aber jetzt muß ich Ihnen schreiben, die Sehnsucht ist zu groß. Ich träume immer von Liebe.
Die Sehnsucht nach einem netten Jungen ist zu groß. Sie können sich nicht vorstellen, wie mir das weh tut ... Gerade jetzt muß ich schon wieder weinen. Ich möchte fort aus diesem dunklen Haus, möchte zu jungen Menschen, die fröhlich sind. Ich verzweifle fast, wenn ich ein Liebespaar sehe oder sonst junge Leute, die fröhlich sind. Nein, ich kann kein einziges Liebespaar sehen, ohne daß es in mir einen schmerzhaften und sehnsüchtigen Stich gibt.
Wenn ich einmal mehrere Tage denselben

Jungen sehe und weiß, daß ich ihn nachher nie mehr sehen werde, dann weine ich tagelang um ihn. So geht es bei jedem. Ich halte das einfach nicht mehr aus! Warum bekomme ich denn keinen Freund? Ich sehe nämlich nicht schlecht aus. Manchmal tröste ich mich, daß ich ja das alles später noch erleben könne. Aber wann ist „später", wann?
Ich gehe viel mit der Mutter und dem Hund spazieren, aber das tötet die andere Sehnsucht nicht ab. Ich könnte noch viel davon schreiben, aber ich darf Ihnen nicht so viel Zeit stehlen.

Ursprung der Sehnsucht und der Liebe

Der griechische Philosoph Platon erzählt einen Mythos, in dem er erklärt, woher die Sehnsucht des Menschen nach einem geliebten Partner stammt:

... unsere ehemalige Natur war nicht dieselbe wie jetzt, sondern eine ganz andere. Denn erstlich gab es drei Geschlechter von Menschen, nicht wie jetzt nur zwei, männliches und weibliches, sondern es gab noch ein drittes dazu, welches das gemeinschaftliche war von diesen beiden, dessen Name auch noch übrig ist, es selbst aber ist verschwunden. Mannweiblich nämlich war damals das eine, Gestalt und Benennung zusammengesetzt aus jenen beiden, dem männlichen und weiblichen, jetzt aber ist es nur noch ein Name, der zum Schimpf gebraucht wird. Ferner war die ganze Gestalt eines jeden Menschen rund, so daß Rücken und Brust im Kreise herumgingen. Und vier Hände hatte jeder und Schenkel ebensoviel wie Hände, und zwei Angesichter auf einem kreisrunden Halse einander genau ähnlich, und einen gemeinschaftlichen Kopf für beide einander gegenüberstehende Angesichter, und vier Ohren, auch zweifache Schamteile, und alles übrige wie es sich hieraus ein jeder weiter ausdenken kann ...
An Kraft und Stärke nun waren sie gewaltig und hatten auch große Gedanken, daß sie sich einen Zugang zum Himmel bahnen wollten, um die Götter anzugreifen ...
Zeus also und die anderen Götter ratschlagten, was sie ihnen tun sollten, und wußten nicht, was. Denn es war weder tunlich, sie zu töten und, wie die Giganten sie niederdonnernd, das ganze Geschlecht wegzuschaffen, denn so wären ihnen auch die Ehrenbezeugungen und die Opfer der Menschen mit weggeschafft worden, noch konnten sie sie weiter freveln lassen. Mit Mühe endlich hatte sich Zeus etwas ersonnen und sagte: Ich glaube nun ein Mittel zu haben, wie es noch weiter Menschen geben kann und sie doch aufhören müssen mit ihrer Ausgelassenheit, wenn sie nämlich schwächer geworden sind. Denn jetzt, sprach er, will ich sie jeden in zwei Hälften zerschneiden, so werden sie schwächer sein und doch zugleich uns nützlicher, weil ihrer mehr geworden sind, und aufrecht sollen sie gehen auf zwei Beinen. Sollte ich aber merken, daß sie noch weiter freveln und nicht Ruhe halten wollen, so will ich sie, sprach er, noch einmal zerschneiden, und sie mögen dann auf einem Beine fortkommen wie Kreisel. Dies gesagt, zerschnitt er die Menschen in zwei Hälften, wie wenn man Früchte zerschneidet, ...
Nachdem nun die Gestalt entzweigeschnitten war, sehnte sich jedes nach seiner anderen Hälfte, und so kamen sie zusammen, umfaßten sich mit den Armen und schlangen sich ineinander, und über dem Begehren zusammenzuwachsen starben

sie aus Hunger und sonstiger Fahrlässigkeit, weil sie nichts getrennt voneinander tun wollten... Von so langem her also ist die Liebe zueinander den Menschen angeboren, um die ursprüngliche Natur wiederherzustellen, und versucht aus zweien eins zu machen und die menschliche Natur zu heilen.

❑ Gebt diesen Mythos in verschiedenen Bildern wieder. Welche Erklärungen habt ihr für die Sehnsucht des Menschen nach Liebe?

Aufzeichnungen

Der Junge heißt Stefan, er ist 16 und wohnt in Dortmund. Er scheint sehr beliebt zu sein, denn es sind 3 Mädchen hinter ihm her.

10. August:
Heute in der Schule war es eigentlich nicht schlecht. Bis auf die Pausen. Jede Pause kam eine andere. In der 1. Pause kam Kerstin, in der 2. Pause kam Petra, und in der 3. Pause kam Silke. Alle drei haben mich gefragt, ob ich mit ihnen gehen will. Ich will aber mit keiner gehen. Was soll ich bloß machen??! Es ist alles Scheiße!!!

12. August:
Silke, Kerstin und Petra wissen jetzt voneinander, ich habe es ihnen erzählt. Kerstin hat gesagt, daß sie Petra und Silke fertig machen will. Sie will sie so vollblubbern, daß sie mich nicht mehr leiden können. Ist ja irgendwie geil, ne? Die beiden anderen habe ich noch nicht wieder gesichtet. Na ja, ich muß jetzt zum Handball, da werde ich Axel mal fragen, ob er nicht eine abhaben will.

21. August:
Ich habe Angela gestern zum Eisessen eingeladen. Sie hat mir gesagt, daß sie mich zwar ganz gut findet, aber sie hat einen Freund. So'n Kack! Ich kann die alte Kuh sowieso nicht mehr riechen. Jetzt hat Kerstin zwar wieder Chancen, aber das ist mir im Moment scheißegal.

22. August:
Heute morgen war es echt geil in der Schule. Kerstin und Petra haben sich geprügelt, aber wie! Als Silke das gehört hat, kam sie an und schmiß sich ins Gewühl. Der Pauker brachte sie auseinander und nahm sie gleich mit ins Lehrerzimmer, und sie haben 'nen Tadel gekriegt. Aber ich hoffe, sie geben jetzt auf.

12. September:
Kerstin, Petra und Silke haben es mit mir aufgegeben. Ich lebe jetzt in Frieden. Ich kann in Ruhe auf den Schulhof gehen und mit den andern reden.

Klasse 8, Realschule Edemissen

❑ Erklärt das Verhalten von Stefan und den drei Mädchen. Was hat er falsch gemacht?

Erfüllte Sehnsucht?

Die Verabredung

Udo und Jessi waren das erste Mal miteinander verabredet. Sie wollten sich um 3 Uhr nachmittags im Stadtpark treffen, bei der Bank am Kiosk.

Hier wird aufgezeigt, wie beide ihre Zeit vorher verbringen:

13.30: Jessi wäscht sich gerade mit einem „Anti-Fett-Shampoo“ ihr langes blondes Haar. Nach dem Waschen entfernt sie ihre „ersten grauen Haare“ und entscheidet sich für eine komplizierte Flechtfrisur.

14.00: Udo ist gerade dabei, das Familienauto zu waschen. Er bekommt dafür 10 DM! Zusammen mit seinen 15 DM reicht das Geld gerade, um mit Jessi Eis essen und hinterher ins dunkle Kino gehen zu können. Ursprünglich wollte er mit ihr Hamburger essen gehen, aber sie weigerte sich entschieden, da man laut Jessi von Hamburgern und ähnlichen Lebensmitteln Pickel bekommen könnte.

14.30: Nachdem sich Jessi einige Male die Finger in ihrer Flechtfrisur verknotet hatte, ist sie nun endlich damit fertig. Jetzt kommt das Gesicht dran. Zu schmale Lippen! Ausdruckslose Augen! Wie schminkt man so eine Visage weg? Jessi ist nahe dran, den Verstand zu verlieren.

14.45: Udo ist mit dem Autowaschen fertig. Er läßt sich seine 10 DM auszahlen, geht in sein Zimmer, zieht sich um und macht sich guter Dinge auf den Weg.

14.59: Nach zig vergeblichen Versuchen findet Jessi ihr Gesicht einigermaßen annehmbar. Jetzt kommt die Kleidung – Qual der Wahl!

15.00: …

15.15: …

15.30: …

❑ Schreibt die Geschichte weiter!

❑ Betrachtet die Bilder und sprecht darüber. Worin kann sich Zärtlichkeit zwischen zwei Menschen ausdrücken?

Ein Brief

Lieber Jürgen!

Wahrscheinlich bist Du jetzt furchtbar wütend auf mich, weil Du denkst, ich hätte den Zug versäumt. Es ist aber anders: Ich wollt nicht mit auf die Skihütte.

Ich habe mich entschlossen, nicht mitzufahren. Warum? Ach, es ist furchtbar schwer, das genau zu sagen. Weißt Du, wenn ich Evi und Peter innig umschlungen dahinschlendern sehe oder wenn mir Inge sagt, ihr liege nichts am Skifahren, sie wolle nur mit Klaus zwei Tage auf der Hütte sein, dann weiß ich, daß sie unter Freundschaft etwas anderes verstehen als wir. Und ich frage mich, ob das noch etwas mit Liebe zu tun hat. Ich habe einfach Angst, daß diese Haltung auf der Hütte ansteckt. Und ob ich dann noch „immun" bleibe, wenn wir zu sechst auf der Hütte sind, das weiß ich nicht.

Ich möchte gern, daß es zwischen uns so bleibt, wie es bisher war: Du pfeifst mir morgens, und wir gehen zusammen zur Schule, wir fahren mit dem Rad weg, wir gehen spazieren, und Du hilfst mir ab und zu bei den Schulaufgaben. Warum kann und soll das nicht so bleiben? Ich weiß nicht, wie Du darüber denkst. Aber mir ist die Hütte zu gefährlich, und deshalb bin ich zu Hause geblieben. Ich würde tausendmal lieber jetzt einen gefährlichen Hang hinabfahren, als Dir diesen Brief schreiben. Aber ich konnte nicht anders.

Lieber Jürgen, das ist mir alles scheußlich schwer geworden, und ich hoffe nur, daß Du mich ein bißchen verstehst und am Montagmorgen wieder pfeifst.

Deine Anette

❑ Wie wird Jürgen auf das Schreiben von Anette reagieren?
❑ Schreibt Anette einen Antwortbrief!
❑ Welche Gründe hat sie, nicht mit auf die Skihütte zu fahren?
❑ Haltet ihr das Verhalten von Anette für gerechtfertigt?

Zerbrochene Freundschaft

Nicht immer lassen sich Konflikte lösen. Manchmal zerbricht eine Freundschaft. Einsamkeit und Leere bleiben oftmals zurück. Auch das sind Erfahrungen, mit denen junge Menschen lernen müssen umzugehen.

Ich bin eine Träumerin

Kurz vor meinem Geburtstag hat mich mein Freund verlassen, ganz plötzlich. Er sagte, er fühle sich zu sehr gebunden. Ohne mich wäre er freier. Ich habe seither viel geweint. Mein ganzes Leben scheint mir oft so sinnlos.
Jetzt hat die Schule wieder begonnen. Das hat mir weitergeholfen. Doch jeden Abend kommen die Erinnerungen. Ich bin dann wie ausgebrannt.
Meine zweite Sorge: Ich bin eine Träumerin. Ich sehe in allen Menschen nur das Gute. Nachher bin ich oft schrecklich enttäuscht. Darf man in der heutigen Welt überhaupt noch träumen? Ich bin kein Realist und möchte auch keiner werden. Aber manchmal frage ich mich, ob man denn die Augen vor all der Brutalität und Ungerechtigkeit der menschlichen Gesellschaft verschließen darf. Bin ich ein Mensch, der gar nicht in diese Gegenwart paßt?

❑ Was könnte Rebekka helfen? Schreibt ihr einen Brief, in dem ihr versucht, sie zu trösten!

Darf ich diesen Freund haben? – Darf ich diese Freundin haben?

Wenn Mädchen und Jungen einen Freund oder eine Freundin gefunden haben, brechen oft Widerstände auf. Die Eltern sind damit nicht einverstanden. Zwei Mädchen klagen ihr Leid:

Mich sperrt man ein!

Ich weiß, ich bin nicht die erste, die darüber klagt, daß sie von den Eltern zu wenig Freiheit erhält. Aber einmal muß ich es nun doch loswerden.
Ich bin schon 15jährig, aber zu Hause behandeln sie mich noch wie ein Baby. Ich darf am Samstagabend nie ausgehen, nicht einmal mit einer Freundin. Es hat keinen Wert, meinen Vater zu fragen, ob mich ein Junge auf eine Party einladen dürfe. Ich kenne die Antwort im voraus.
Warum haben die Eltern kein Vertrauen zu mir? Ich will sie ja nicht hintergehen. Aber so ohne Freiheit halte ich es einfach nicht mehr aus. Ich weiß doch schließlich selber, was recht und was unrecht ist.

Ich habe keine Freiheit

Ich bin 14 Jahre alt. In meiner Klasse lernte ich einen Jungen kennen, den ich sehr schätze. Doch das eigentliche Problem ist: Zu Hause habe ich mit meinen Eltern immer Streit. Und immer geht es um meinen Freund. Ich darf ihn nie treffen, nicht einmal in der Schule abholen. Dann heißt es immer: „Draußen ist es schon dunkel, und im Dunkeln darfst du nicht mit ihm allein sein." Das finde ich ungerecht. Ich wäre doch lieber mit meinem Freund zusammen als mit den Eltern.
Ins Kino darf ich auch nicht, nicht in die Stadt, am Mittag muß ich immer sofort nach Hause. So komme ich darauf, von zu Hause abzuhauen. Nur, weil meine Eltern ungerecht sind.
Bis heute konnte ich mich noch beherrschen, aber vielleicht tue ich es doch einmal.

❑ Welche Gründe könnten die Eltern haben, ihren Kindern Freundschaften zu verbieten?
❑ Wie sollten Kinder erzogen werden, damit sie die für sie passenden Freunde finden?
❑ Wie würdet ihr euch verhalten, wenn euer Sohn/eure Tochter mit jungen Leuten befreundet ist, die euch nicht gefallen?

Freundschaft

Was bei einer Freundschaft besonders wichtig ist:
- *mich auf sie/ihn verlassen zu können*
- *ihr/ihm alles anvertrauen zu können*
- *daß sie/er mir hilft*
- *daß sie/er für mich Zeit hat*
- *daß ich von ihr/ihm viel lernen kann*
- *von ihr/ihm viel über mich selbst zu erfahren*
- *daß ich mit ihr/ihm alles besprechen kann*
- *daß ich mich mit ihr/ihm streiten und versöhnen kann.*

❑ Diskutiert in Gruppen:
- Welche Vorteile bringt eine Freundschaft?
- Welche haltet ihr für besonders wichtig?
- Welche Unterschiede gibt es zwischen Freundschaft und Liebe?

Arm und reich

Armut und Reichtum haben viele Gesichter

Zeugnisse der Armut

Viele arme Menschen müssen im Elend hausen. Der folgende Bericht gibt einen Eindruck, wie Menschen wohnen, die ihre Miete nicht zahlen können:

Der Wohnkomplex besteht aus drei Bauten, in denen jeweils zwölf Familien untergebracht sind. Pro Familie sind zwei Räume geplant. Ein Raum ist etwa 13,5 Quadratmeter groß. Die Räume können alle nur durch den Mittelgang betreten werden. Die Türen schlagen ungefähr 10 Zentimeter übereinander zusammen, wenn sie geöffnet sind. Sie sind aus Eisen. Jede Familie hat eine Toilette im angebauten Toilettentrakt, Plumpstoiletten. Im Sommer stinkt es. Fahrgäste der vorbeifahrenden Züge werfen Flaschen auf das Wohngelände. Vier Wasserzapfstellen sind die einzige Wasserversorgung für zwölf Familien. Bad, Dusche oder ähnliches gibt es nicht.

Jürgen Roth

→ S. 74f.

- ❑ Worauf müssen die Familien in der Notbehausung verzichten?
- ❑ Malt euch aus, wie das Zusammenleben in dem Wohnblock aussehen mag.
- ❑ Versucht, den Alltag in einer Familie zu beschreiben. Stellt dies in einem kleinen Hörspiel dar.

In der Bundesrepublik wächst die Zahl derer, die obdachlos sind. Ein Obdachloser spricht über sein Leben und seine Zukunft:

Ich habe mir kein Vorbild auf der Straße genommen. Dann kam ein Freund zu mir, ehemaliger Freund, hat Kinder und alles. Er hat zu mir gesagt, du kommst wieder hoch, ich helfe dir, brauchst du eine Arbeit, brauchst du eine Wohnung, wohnst bei mir.
Da habe ich gesagt, ich will niemandem auf der Tasche liegen, weißt du. Ich mag das nicht, daß du Schwierigkeiten hast oder so. Er könnte mich unterbringen, da habe ich gesagt, nein, ich mag das nicht oder so was, das mag ich nicht. Hat er mir heute angeboten ... Ich möchte sagen, daß ich das erste Mal auf der Platte bin. Das erste Mal, das ist ein Scheißleben. Ich bin das erste Mal auf der Platte. Ich will wieder weg, ich will wieder hochsteigen, die Leiter. Ich will sie wieder hochsteigen, und ich schaff' es auch, verdammt, ich schaff' es auch. Das weiß ich hundertprozentig, daß ich es schaff'. Das merk' ich im Herzen. Ich war im Knast, Knast ist nicht einfach.

- ❑ Versucht, euch das Leben eines Obdachlosen auszumalen.
- ❑ Zeichnet eine Bildfolge, die seinen Tagesablauf wiedergibt.
- ❑ Diskutiert, welche Chancen der Obdachlose hat, wieder „hochzusteigen“.
- ❑ Denkt euch Situationen aus, die zur Verarmung führen.

Ursachen der Armut

– Frau M. lebt seit 10 Jahren als Witwe. Als ihr Mann starb, hatte er ein geringes Einkommen. Da sie drei Kinder zu versorgen hat, kann sie nicht arbeiten gehen. Sie bezieht eine spärliche Witwenrente, die gerade ausreicht, um sich über

Wasser zu halten. Vieles kann sie sich in ihrem Leben nicht leisten, was für viele andere selbstverständlich ist: eine geräumige Wohnung, in der jedes ihrer Kinder ein Zimmer hat, ein Auto, Urlaubsreisen, einen Geschirrspülautomaten...

– Das Ehepaar F. hat eine kleine Landwirtschaft betrieben. Um die Gebäude instand zu halten, mußten Herr und Frau F. immer wieder Geld von der Bank leihen. Wegen der Zinsen konnten sie sich keine Ersparnisse zurücklegen. Jetzt leben beide von einer kärglichen Rente. Den Bauernhof mußten sie verkaufen, weil die Schulden zu groß geworden sind.

– Herr Z. arbeitete auf dem Bau. Eines Tages verunglückte er bei der Arbeit. Er lag wochenlang im Krankenhaus. Nachdem er genesen war, konnte er seinen Beruf nicht mehr aufnehmen. Er wurde Frührentner. Seitdem lebt er von einer kleinen Rente. Oft weiß er nicht, wie er über die Runden kommen soll.

– Nach vielen Zerwürfnissen hat sich das Ehepaar R. scheiden lassen. Herr R. arbeitet in einer Fabrik. Er verdient monatlich gerade so viel, daß er davon den Lebensunterhalt der Familie bestreiten kann. Nach wie vor ist er für seine Frau und die zwei Kinder finanziell verantwortlich. Er ist in eine kleine Wohnung umgezogen. Wenn er sehr sparsam lebt, reicht sein Einkommen gerade, um das Notdürftigste zu bezahlen. Große Angst hat er davor, arbeitslos oder gar arbeitsunfähig zu werden.

❑ Tragt Ursachen zusammen, die in den Beispielen zur Armut führen. Findet weitere heraus.
❑ Erkundigt euch bei Bekannten oder Verwandten, wieviel Rente alte Menschen monatlich erhalten. Laßt euch erklären, wovon die Höhe der Rente abhängig ist.
❑ Schreibt auf, wofür ihr euer Taschengeld ausgebt. Denkt darüber nach, was man sich nicht mehr leisten kann, wenn man „sparsam“ leben muß.

Immer mehr Menschen fallen in unserem Land unter die Armutsgrenze. Besonders betroffen sind alte Menschen, Teile der Landbevölkerung und Langzeitarbeitslose. Was sind die Folgen der Armut?

Wohnungsnot

Die meisten Haushalte, deren Einkommen unter der Armutsgrenze liegt, erleiden Wohnungsnot. Im Verhältnis zur Zahl der Familienmitglieder sind die Wohnungen viel zu klein. Nicht immer sind die Räume beheizbar. Die Notunterkünfte liegen in der Regel in Gegenden, in denen Grünflächen und Kinderspielplätze fehlen. Die Wohnverhältnisse haben Auswirkungen auf die seelische Verfassung der Betroffenen. Gereiztheit, Gewaltbereitschaft, Resignation und Teilnahmslosigkeit bestimmen die Beziehungen zu den Mitmenschen.

Krankheit

Die miserablen Wohnverhältnisse erlauben nur mangelhafte Hygiene. Deshalb treten besonders bei Kindern bestimmte Krankheiten häufig auf: Hauterkrankungen, Erkrankungen der Atmungsorgane, Frühasthma und Darmstörungen. Erschreckend hoch ist die Säuglingssterblichkeit. Erwachsene scheuen sich im Krankheitsfall oftmals, zum Arzt zu gehen. Sie heilen Krankheiten nicht aus, sondern schleppen sich dahin. Dadurch gefährden sie ihren allgemeinen Gesundheitszustand.

Verelendung

Die finanzielle Not hat seelische Folgen. Sie zeigt sich an der Teilnahmslosigkeit am Leben. Die Betroffenen sind nicht in der Lage, sich mit den Problemen des Alltags auseinanderzusetzen und an der Verbesserung ihrer Situation zu arbeiten. Die eigene seelische Not führt nicht selten zu gewalttätigen Entladungen gegenüber Schwächeren. Kinder sind besonders häufig die Opfer.

Erziehungssituation

Aufgrund der seelischen Belastung sind viele Eltern unfähig, ihren Kindern die notwendige Pflege und Zuwendung zukommen zu lassen. Dies hat große Nachteile für die Entwicklung der Kinder. Das Erziehungsverhalten ist oftmals durch Gleichgültigkeit und Strenge gekennzeichnet.

Schulbildung

Von Anfang an sind die Kinder verarmter Familien schulisch benachteiligt, weil sie nicht die gleichen Voraussetzungen wie andere Kinder mitbringen: Ihre sprachlichen Möglichkeiten sind begrenzt, die Kinder fühlen sich gegenüber anderen ausgegrenzt. Leistungsversagen stellt sich ein. Die Schule wird für sie zur Qual, der sie durch Schwänzen zu entgehen versuchen. Viele verarmte Kinder gelangen nicht zu einem Schulabschluß. Damit ist das Schicksal vorprogrammiert, das ihre Eltern erleiden: der Weg in die Verarmung.

- ❑ Findet heraus, wo in eurer Stadt, auf eurem Dorf verarmte Menschen wohnen. Wendet euch an das Sozialamt und erkundigt euch, wie viele Menschen in eurer Gemeinde von Armut betroffen sind. → S.125
- ❑ Welche Hilfen erhalten verarmte Menschen von der Gemeinde?
- ❑ Was könnt ihr tun, um verarmten Menschen zu helfen? Denkt dabei an Obdachlose oder alte Menschen.

Arme Menschen haben in der Bundesrepublik einen Rechtsanspruch auf staatliche Unterstützung. Welche Hilfe diesen Menschen zusteht, ist im Bundessozialhilfegesetz geregelt.

§ 1
Inhalt und Aufgabe der Sozialhilfe

(1) Die Sozialhilfe umfaßt Hilfe zum Lebensunterhalt und Hilfe in besonderen Lebenslagen.
(2) Aufgabe der Sozialhilfe ist es, dem Empfänger der Hilfe die Führung eines Lebens zu ermöglichen, das der Würde des Menschen entspricht. Die Hilfe soll ihn soweit wie möglich befähigen, unabhängig von ihr zu leben; hierbei muß er nach seinen Kräften mitwirken.

§ 2
Nachrang der Sozialhilfe

(1) Sozialhilfe erhält nicht, wer sich selbst helfen kann oder wer die erforderliche Hilfe von anderen, besonders von Angehörigen oder von Trägern anderer Sozialleistungen, erhält.

§ 3
Sozialhilfe nach der Besonderheit des Einzelfalles

(1) Art, Form und Maß der Sozialhilfe richten sich nach der Besonderheit des Einzelfalles, vor allem nach der Person des Hilfeempfängers, der Art seines Bedarfs und den örtlichen Verhältnissen.

§ 4
Anspruch auf Sozialhilfe

(1) Auf Sozialhilfe besteht ein Anspruch, soweit dieses Gesetz bestimmt, daß die Hilfe zu gewähren ist.

- ❑ Beschreibt, wer nach diesen gesetzlichen Regelungen Anspruch auf Sozialhilfe hat. Schaut euch dazu auch die Grafik an.
- ❑ Erläutert die Ziele, die mit der Gewährung von Sozialhilfe verbunden sind.
- ❑ Viele Menschen verzichten freiwillig auf Sozialhilfe. Findet dafür Gründe.

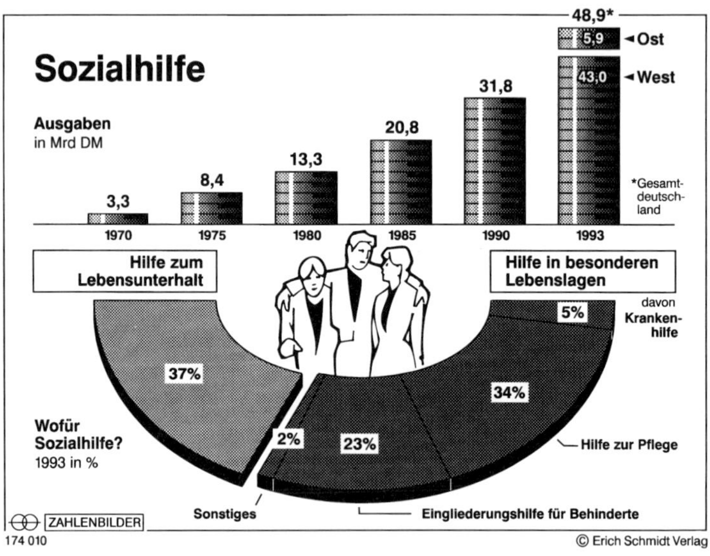

Der Warenkorb

Umfang und Ausmaß der Sozialhilfe bemessen sich nach dem sogenannten Regelsatz. Dieser legt fest, was ein Erwachsener braucht, um in der Bundesrepublik Deutschland leben zu können. Grundlage ist der „Warenkorb“, der in Geld umgerechnet wird. Das ist der Betrag, den der Sozialhilfeempfänger erhält. Der „Warenkorb“ enthält:

2400 g	Brot	560 g	Butter	600 g	Bananen		
960 g	Gebäck	600 g	Margarine	300 g	Apfelmus i. D.	1/2	Vereinsbeitrag
640 g	Mehl	360 g	Kokosfett	40 g	Erdnüsse	1	Taschenbuch (Geschenk)
40 g	Gries	16 Stck.	Eier	1200 g	Zucker	300 g	Röstkaffee
160 g	Nudeln	6 l	Milch	200 g	Marmelade	1 P.	Tabak
160 g	Reis	1 l	Kondensmilch	160 g	Schokolade	4 Büchsen	Bier
40 g	Haferflocken	+ 20% f. Kochzutaten, Verderb		100 g	Bonbons		
100 g	Kartoffelmehl	von Lebensmitteln und ungünstige		400 g	Rindfleisch	1/2 Stck.	Seife (60 g)
60 g	Puddingpulver	Einkaufsbedingungen		440 g	Schweinefleisch	1/2 Stck.	Rasierseife (30 g)
100 g	Linsen			80 g	Kalbfleisch	8/3	Rasierklinge
160 g	Erbsen	16 cbm	Gas	160 g	Hackfleisch	1/2 Tube	Zahncreme
6200 g	Kartoffeln	1	Grundpreis Gas	600 g	Suppenhuhn	1/4 Dose	Hautcreme
800 g	Kohlgemüse	16 kwh	Strom	320 g	Schinkenspeck	1	Haarschneiden
720 g	Salat	1	Grundpreis Strom	900 g	Wurst (Mettwurst)	1 Rolle	Klopapier
440 g	Lauch	1/12	Glühlampe (1 Stck. pro Jahr)	600 g	Fisch	1/2 Tube	Haarschampoo
400 g	Zwiebeln			140 g	Joghurt	1 Fl.	Geschirrspülmittel
160 g	Bohnen	24 Blatt	Briefpapier	120 g	Sahne	1/5	Roßhaarbesen
360 g	Tomaten	4 Stck.	Briefmarken	560 g	Quark	249 g	Schuhcreme
280 g	Salatgurke	4 Stck.	Tageszeitungen	600 g	Käse	1/5	Chem. Anzugreinigung
1000 g	Gemüsekonserve	6	Straßenbahnfahrkarten				
1600 g	Äpfel	1/2	Kinokarte	1/13	Schuhe besohlen	4/17	Paar Socken
1000 g	Pflaumen (Obst)	1	Bundesbahnfahrkarte für	1/39	Bettlaken	1/9	Unterwäsche
600 g	Apfelsinen		30 km	1/13	Herrenhemd	1	Porzellantasse mit Untertasse

- ❑ Nehmt zu diesem Warenkorb Stellung.
- ❑ An dem Warenkorb wird von verschiedenen Seiten Kritik geübt. Was habt ihr an ihm auszusetzen?
- ❑ Stellt einen Warenkorb zusammen, der euren Bedürfnissen entspricht.
- ❑ Rechnet den Betrag aus, der dem Wert des Warenkorbes entspricht.

Gemachte Armut

Es war einmal ein Bauer, der lebte mit seiner Familie im Nordosten Brasiliens, in der Stadt Recife. Er hieß Luis und war ein geschickter und fleißiger Mann. Als Kind schon hatte er viel arbeiten müssen. Weil er nicht zur Schule gehen konnte, konnte er nicht lesen, nicht schreiben und nicht rechnen. Vornehm sprechen hatte er auch nicht gelernt. Sein Haus und sein Stück Land waren nicht groß, aber es reichte für ihn und seine Familie gerade zum Leben, obwohl er gerne besser gelebt hätte. Er hatte sein Land in vier gleichgroße Felder für Baumwolle, Mais, Maniok und Bohnen eingeteilt. Die beiden größeren Kinder Miguel und Anna-Maria mußten mit auf dem Feld anbauen und ernten helfen.

Eines Tages kam ein Händler vorbei. Luis bewunderte ihn, weil er lesen, rechnen und schreiben konnte. Und weil er vornehm sprechen konnte, meinte er, der Händler sei viel klüger als er. Der Händler sagte zu ihm: „Wenn du auf allen deinen Feldern Baumwolle anbaust, nichts als Baumwolle, so kannst du viel Geld verdienen. Baumwolle ist teuer, denn jeder braucht sie, und ich kaufe sie dir ab. Alles, was du zum Leben brauchst, kannst du bei mir kaufen: Mais, Maniok, Fleisch, Zigaretten, Stoff, alles. Was du brauchst, kriegst du schon jetzt und zahlst nach der Ernte." Der Bauer tat, was der Händler ihm gesagt hatte. Er baute nur noch Baumwolle an, kaufte alle Dinge, die er brauchte und dachte: Kaufe jetzt und zahle später.

Einige Monate später hatte Luis eine gute Ernte und freute sich darüber. Mit seiner Baumwolle ging er zum Händler. Dieser schaute sorgenvoll drein: „Ach, so viel Baumwolle. Alle haben Baumwolle angebaut, mehr, als ich weiterverkaufen kann. Ich nehme sie, dir zuliebe, aber ich kann nicht so viel zahlen, wie ich hoffte."

Als er die Baumwolle wog, war der Händler ganz betrübt: „Das ist gar nicht so viel, wie ich dachte." Dann nahm er eine Handvoll heraus und meinte: „Die ist aber hart und schmutzig." Er fing an zu rechnen, schaute in das Heft, in dem die unbezahlten Einkäufe standen, schrieb und seufzte: „Hm, lieber Luis, da bleibt ja nicht viel Geld übrig bei den Schulden, die du bei mir gemacht hast wegen deiner Einkäufe."

Ganz schwindlig wurde dem armen Bauern. Was hatte er nur falsch gemacht? „Wenn ein Armer etwas Neues anfängt, so geht es ihm wie einer mageren Kuh, die Streit anfängt mit fetten Kühen. Hätte ich es doch nicht gemacht."

Doch der Händler sprach weiter: „Wenn du Tabak anbaust, nichts als Tabak..." Luis tat wieder, was der Händler ihm gesagt hatte, weil er ihn immer noch für schlau hielt. Am Ende des nächsten Jahres hatte der Bauer hohe Schulden bei dem Händler, weil er weiter bei ihm einkaufen mußte.

Vielen anderen Bauern ging es genauso. Auch sie hatten alle auf den Rat des Händlers gehört und Tabak angebaut. Die Bauern wurden ärmer als zuvor, der Händler dagegen wurde reich. Luis grübelte und grübelte. Er hatte sich so angestrengt. Miguel und Anna-Maria hatten auch geholfen und konnten deswegen immer noch nicht zur Schule gehen. Warum war er jetzt ärmer als früher?

- ❑ Beschreibt die beiden Personen in dieser Erzählung. Welche Interessen verfolgen sie?
- ❑ Erklärt, warum der Bauer immer ärmer, der Händler immer reicher wird.
- ❑ Erzählt die Geschichte weiter. Eines Tages kommt der Händler zu dem Bauern und sagt ihm: „Baue Kaffee an, wenn du Kaffee anbaust, nichts als Kaffee..."
- ❑ Was müßte geschehen, daß der Bauer nicht weiter verarmt?

Arm und glücklich? Reich und unglücklich?

Manche Menschen sind reich und dennoch unglücklich. Andere sind arm, aber glücklich.

- ❑ Findet anhand der folgenden Geschichte heraus, warum das so ist.
- ❑ Warum gibt der Schuster das Geld zurück?

Der reiche Mann und der Schuster

Es war einmal ein armer Schuster, der war den ganzen Tag guter Laune. Er war so glücklich, daß er von morgens bis abends vor Freude sang. Immer standen viele Kinder vor seinem Fenster und hörten ihm zu. Gleich neben dem Schuster lebte ein sehr reicher Mann. Dieser blieb die ganze Nacht auf und zählte seine Goldstücke. Am Morgen ging er dann zu Bett. Er konnte aber nicht schlafen, weil er den Schuster singen hörte. Eines Tages hatte er eine Idee, wie er den Schuster am Singen hindern könnte. Er lud ihn zu sich ein, und der Schuster kam sogleich. Zu seiner großen Überraschung schenkte ihm der reiche Mann einen Beutel voller Goldstücke. Als der Schuster wieder zu Hause war, öffnete er den Beutel. Nie in seinem Leben hatte er soviel Geld gesehen. Sorgfältig begann er es zu zählen, und die Kinder schauten zu. Es war so viel, daß der Schuster Angst hatte, es auch nur kurz aus den Augen zu lassen. So nahm er es nachts mit ins Bett. Aber auch dort mußte er immer an das viele Geld denken, und er konnte nicht einschlafen. So trug er den Beutel auf den Dachboden, aber er war gar nicht sicher, ob das nun ein gutes Versteck sei. Früh am Morgen stand er auf und holte den Beutel wieder herunter. Er hatte beschlossen, ihn im Kamin zu verstecken. „Ich bringe das Geld ins Hühnerhaus“, dachte er etwas später. „Da sucht es bestimmt niemand.“ Aber er war noch immer nicht zufrieden, und nach einer Weile grub er ein tiefes Loch im Garten und legte den Beutel hinein. Zum Arbeiten aber kam er gar nicht mehr. Und singen konnte er auch nicht mehr. Er war zu bedrückt, um auch nur einen Ton hervorzubringen. Und, was am schlimmsten war, auch die Kinder kamen ihn nicht mehr besuchen. Zuletzt war der Schuster so unglücklich, daß er den Beutel wieder hervorholte und damit zu seinem Nachbarn lief. „Bitte, nimm dein Geld zurück“, sagte er. „Die Sorge darum macht mich ganz krank, und auch meine Freunde wollen nichts mehr von mir wissen. Ich möchte lieber wieder ein armer Schuster sein, wie ich es vorher war.“ Und so wurde der Schuster bald wieder genauso vergnügt wie zuvor und sang und arbeitete den ganzen Tag.

- ❑ Denkt euch weitere Beispiele aus.

❑ Wie würdet ihr handeln? Diskutiert die folgenden Beispiele.

– Herr S. hat im Lotto eine Million Mark gewonnen. In wenigen Wochen gibt er sein Geld aus. Er kauft sich ein großes Haus, einen schnellen Wagen, er fährt mehrere Wochen in die Südsee, für seine Frau kauft er teuren Schmuck. Den Rest des Geldes legt er auf der Bank an.

– Herr M. verdient sehr gut. 10 Prozent seines Einkommens spendet er jeden Monat für die Lebenshilfe e.V. Er hält es für seine Pflicht, mit einem Teil seines Geldes anderen etwas Gutes zu tun.

– Frau R. arbeitet als Angestellte. Sie verdient genug Geld, um bequem leben zu können. Jedes Jahr zu Weihnachten überweist sie 1000 DM für „Brot für die Welt". Dadurch möchte sie einen kleinen Beitrag leisten, um die Armut in der Dritten Welt zu lindern.

– Herr K. hat viel Geld geerbt. Es klingelt an der Haustür. Herr K. öffnet die Tür. Zwei junge Frauen sammeln für einen guten Zweck. Sie bitten Herrn K. um eine Spende. Wütend knallt er die Tür zu und läßt die Frauen stehen.

– Frau B. ist eine arme Rentnerin. Einmal in der Woche besucht sie eine Nachbarin, die bettlägerig ist. Unentgeltlich räumt Frau B. der kranken Frau die Wohnung auf und geht für sie einkaufen.

– Frau A. geht durch die Stadt. Vor einem Warenhaus sieht sie einen Bettler. Er hat ein Schild vor sich stehen. Darauf steht „Ich bin hungrig". Obwohl Frau A. nur wenig Geld hat, legt sie dem Mann einen Fünfzig-Mark-Schein in den Hut.

❑ Im Grundgesetz heißt es im Artikel 14,2: „Eigentum verpflichtet. Sein Gebrauch soll zugleich dem Wohle der Allgemeinheit dienen." Diskutiert, wer von den oben erwähnten Personen nach diesem Grundsatz handelt.

Ein gerichtlicher Streitfall

Nach der Wiedervereinigung Deutschlands erhält Herr Z. aus Bayern in Leipzig ein Wohnhaus zurück. In dem Mehrfamilienhaus wohnen neben jungen Leuten alte Menschen, die seit über 40 Jahren Mieter in diesem Hause sind. Herr Z. möchte das Gebäude renovieren lassen und anschließend die Wohnungen zu einem wesentlich höheren Preis vermieten. Er schickt allen Mietern eine Kündigung. Weder die jungen noch die alten Hausbewohner wollen ausziehen. Sie klagen gegen die Kündigung ihrer Mietverträge.

❑ Der Richter ist an das Grundgesetz, Artikel 14,2, gebunden. Wie wird er entscheiden?

Milch mit Haferflocken

Morgens Milch mit Haferflocken,
Mittags Fleisch in dicken Brocken,
Abends Speck mit Spiegelei.
Mancher von uns ißt für drei.

Morgens nur die Luft zum Kauen,
Mittags gar nichts zu verdauen,
Abends wilder Traum vom Brot.
Viele leiden Hungersnot.

Hungersnot und Überfluß!
Weißt du, was man machen muß?

Josef Reding

❑ Malt ein Bild aus zwei Teilen zu dem Gedicht. Versucht, die Frage am Schluß des Gedichtes mit eurer Zeichnung zu beantworten.

Hausfrauen und Rentner kämpfen gegen die Obdachlosigkeit

Heidelberg. Als Ursula von Dallwitz-Wegner sich zum ersten Mal einer Gruppe Obdachloser näherte, um ihnen Zimmer anzubieten, mußte sie deren Mißtrauen ebenso überwinden wie die eigenen Hemmungen. Heute, sieben Jahre später, ist die grazile 69jährige in der „Penner-Szene" der Universitätsstadt bestens bekannt: Mit einer kleinen Gruppe Gleichgesinnter hat sie fast 100 Menschen, die Wohnung und Lebensperspektive verloren haben oder nie besaßen, trotz leergefegtem Wohnungsmarkt ein Dach über dem Kopf, menschliche Zuwendung und manchmal auch Arbeit verschafft.

Das Schlüsselerlebnis für Ursula von Dallwitz-Wegner war, als sie einem obdachlosen Malergesellen begegnete, der ihr erklärt hat: „Wenn ich ein Zimmer hätte, hätte ich auch Arbeit." Aus dem Kampf um dieses Zimmer hat sie gelernt, daß keiner der „Berber" freiwillig im Wald oder am Straßenrand „wohne", daß manche sogar Arbeit suchen und finden würden, hätten sie nur eine Anschrift vorzuweisen. Doch eine Bleibe allein genügt bei vielen nicht, aus ihrer Misere herauszufinden. Am Anfang sind die meist schwer alkoholkranken Menschen unfähig, den Alltag allein zu bewältigen. Viele haben verlernt oder nie gewußt, mit Geld umzugehen, haben Schulden aufgehäuft oder „immer alles versoffen". Von ehrenamtlichen Helfern bekommen sie den Umgang mit dem Geld beigebracht. Die Gruppe um Frau von Dallwitz-Wegner hat sich nicht das Ziel gesetzt, alle Obdachlosen in ein geordnetes „bürgerliches Dasein" zurückzuführen. Ein gewaltiger Erfolg ist es schon, wenn einer seine Alkoholsucht so weit in den Griff bekommt, daß er nach und nicht vor der Arbeit trinkt. Das Mindestziel ist es, wenn die Leute nicht in der Gosse sterben.

Bericht: Thomas Klau

❑ Verschafft euch Informationen über Gruppen, die in ähnlicher Weise gegen die Armut kämpfen. Wendet euch dabei u. a. auch an die Pfarrämter eures Ortes.

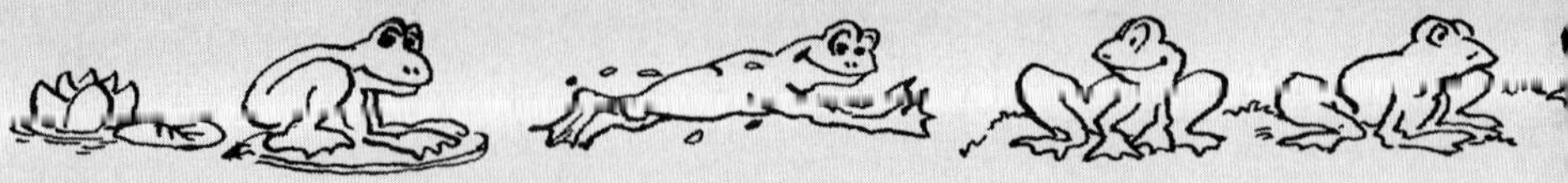

Mensch und Natur

Die Erde ist unser Haus, unsere Wohnung, unsere Lebenswelt. Vielleicht habt ihr darüber im 5. und 6. Schuljahr schon gesprochen und manche Entdeckung gemacht. In *auf andere achten 5/6* wurde der Frage nachgegangen, wie alles mit allem zusammenhängt: Unsere Umwelt ist zugleich auch unsere Mitwelt. Wir leben mit *Tieren* zusammen. Wir brauchen die *Luft* zum Atmen. Ohne *Bäume* geht es auch nicht. Und *Wasser* ist ein kostbares Gut. Immer wieder können wir beobachten, wie menschliches Leben mit dem Leben der Natur zusammenhängt. Darum gilt es, die Natur zu schützen.

Die Natur bietet dem Menschen alles an, was er zum Leben braucht: Bodenschätze und Lebensmittel und vieles mehr. Aber manchmal zerstört der Mensch das Zusammenleben mit der Natur. Er handelt so, als wäre er Herrscher über die Natur: Er raubt die Wälder aus. Er nutzt die Tiere aus. Er beutet die Bodenschätze aus. Oft bleibt eine zerstörte Natur zurück. Doch das muß nicht sein. Jede und jeder kann verantwortlich mit der Natur umgehen. Im folgenden Kapitel geht es um diese Fragen:

Gefährdung der Lebensgrundlagen

Wie viele Menschen trägt die Erde?
Was haben wir mit dem Regenwald zu tun?
Wie viele Straßen braucht das Land?

Essen . . . essen . . . essen

„Ein gutes Stück Fleisch" – was bedeutet das für unsere Ernährungsgewohnheiten? Was für die Tiere?

Licht und Wärme

Woher nehmen wir die Energie?
Was spart eine Energiesparlampe?

Weg mit dem Dreck

Müll und kein Ende?
Geht es auch ohne Dosen?

Bauen und Bewahren

Turmbau zu Babel – nur eine alte Sage?
Eine Hochspannungsleitung und andere Spannungen.

Der Baum denkt nach . . .
Ein Mensch betrachtet ihn . . .
„Ich bin jetzt kahl, aber ich weiß, das neue Frühjahr kommt."
„So alt wie du werde ich nie!"
„Du kannst ohne mich nicht leben."
Wer sagt das?
Der Mensch?
Der Baum?

Was der Mensch alles kann …

Er kann die Natur schützen.
Er kann sie bewahren.
Er kann in ihr leben.
S.170f.
Er kann sie ausnutzen.
Er kann sie benutzen.
Ob sie ihm dann immer noch nützt?

Was der Mensch alles darf …

Darüber denken viele nach:
Was darf ich? Was darf ich nicht?
Und warum darf ich es oder darf ich es nicht?
Wenn Menschen über ihr Verhältnis zur Natur nachdenken, begründen sie ihre Argumente verschieden.
Es ist nicht alles so klar, wie es im ersten Augenblick zu sein scheint.

Der Mensch ist Herrscher über die Natur.
Ist der Mensch Herrscher über die Natur?

Der russische Schriftsteller Valentin Rasputin (geb. 1937) setzt sich mit dem Leben in seiner sibirischen Heimat auseinander. Er zeichnet Menschen und ihre Geschicke zwischen alten Traditionen und moderner Industriewelt. In seinem Roman „Abschied von Matjora" erzählt er, wie in einem Tal ein riesiger Staudamm gebaut wird. Land und Leben ertrinken im angestauten Wasser. In einer Szene tritt eine alte russische Bäuerin den Ingenieuren entgegen:

„Gehört diese liebe Erde denn bloß euch allein?
Die Erde gehört doch allen Menschen – die vor uns waren und die nach uns kommen. Das Stückchen Zeit, das wir sie treten, ist man bloß das allerkleinste vom Ganzen. Weswegen springst du mit ihr um wie mit jener Stute, die sieben Brüder nutzten, und jeder spannte sie vor seinen Pflug, um damit auf dem Feld zu arbeiten. Du bist wie jener Bruder, der ihr den Zaum überwirft und sie auch noch für Geld verleiht. So gehst du mit unserer Mutter Erde um, mit unserem Dorf, mit unserem Matjora."
So viel hatte die alte Bäuerin noch nie geredet. Aber sie mußte es sagen.
„Wir haben unsere Erde bloß zur leihweisen Benutzung bekommen, damit wir sie hegen und pflegen mit gutem Nutzen und daß sie uns ernährt. Und was habt ihr damit angerichtet? Die Älteren haben sie euch anvertraut, auf daß ihr euer Leben darauf zubringt und sie den Jüngeren weitergebt. Die sind es, denen ihr Rede und Antwort stehen müßt – später. Vor den Älteren braucht ihr keine Angst zu haben, die Jüngeren werden euch befragen. Ihr habt doch Kinder! Fangt bloß erst einmal an: Fällt die Bäume, baut einen Damm, überschwemmt die Felder, Äcker, Wiesen und Häuser. Wenn man einmal anfängt, kommt man auf den Geschmack. Ihr meint: Wir leben nur einmal. Richtig, bloß – wer sind wir schon?" → S.172
„Der Mensch ist Herrscher über die Natur!" ruft einer dazwischen.
„Da haben wir's, Herrscher ist er. Und wird so lange Herrscher spielen, bis ihn seine Tränen wegspülen."

❑ Die alte Bäuerin kann den Bau des Kraftwerkes nicht verhindern. Was würdet ihr zu ihr sagen?
❑ Sprecht über den Konflikt, der hier entstanden ist: Der Staudamm bringt wirtschaftliches Wachstum und bessere Lebensbedingungen – Der Staudamm zerstört den Lebensraum der Menschen.

Gefährdung der Lebensgrundlagen

Jede Sekunde nimmt die Weltbevölkerung um vier Menschen zu. Die meisten davon werden im Süden, in der sogenannten Dritten Welt, geboren.
Jede Sekunde verläßt auf der Welt ein neues Auto die Fließbänder. Die meisten davon fahren im Norden, in den reichen Ländern.

Wie viele Menschen trägt die Erde?

Diese Frage wird von vielen Menschen diskutiert:

- Das Bevölkerungswachstum muß gestoppt werden, weil in Zukunft die Nahrungsmittel nicht mehr ausreichen werden und weil nicht genug Platz zum Leben ist.
- Wenn wir besser miteinander teilen und die Weltwirtschaft gerechter wird, dann lösen sich die Probleme allein.
- So schlimm wird es nicht werden, die Natur hat sich immer geholfen. Und noch andere sagen: Die große Katastrophe kommt in ein paar Jahren oder Jahrzehnten, da kann man nichts machen.

Die Diskussion wird seit 1972 geführt. Damals waren die Erdölpreise schnell gestiegen. Wissenschaftler sprachen von den „Grenzen des Wachstums": Die Natur- und Bodenschätze sind begrenzt. Und die technische Entwicklung schreitet nicht schnell genug voran, um die entstehenden Mängel auszugleichen. Vor allem die Menschen auf der nördlichen Hälfte der Erde machten sich Sorgen, wie die Entwicklung weitergehen sollte. Heute wissen wir, daß auch die verfügbaren Mengen an sauberem Süßwasser und fruchtbarem Ackerland begrenzt sind.
Die Frage ist: Leben auf der Erde zu viele Menschen – oder müssen sich die Menschen ändern, damit sie miteinander leben können?

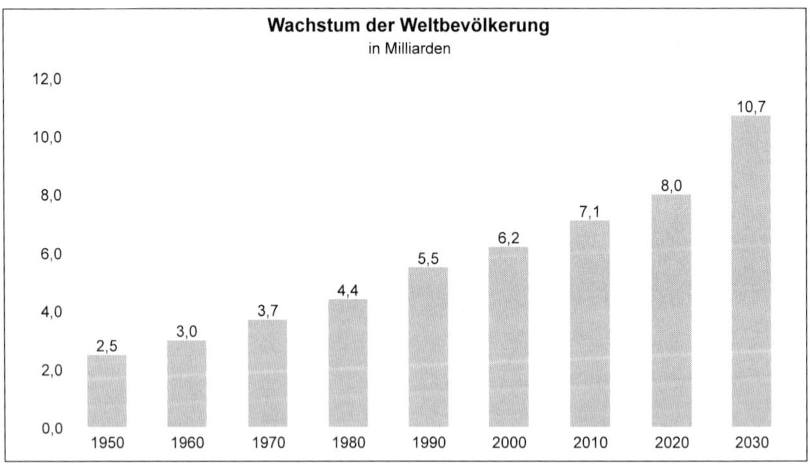

Im Jahr 1994 lebten etwa 5,6 Milliarden Menschen auf der Erde. Noch in den siebziger Jahren nahm man an, daß sich die Zahl der Bevölkerung so entwickeln wird, daß im Jahr 2030 etwa 6,7 Milliarden Menschen auf der Erde leben. Doch seit den achtziger Jahren wissen wir, daß die Bevölkerung viel schneller wächst. Wenn sich an der Entwicklung nichts ändert, können es 2030 etwa 10,7 Milliarden Menschen sein. Gegenwärtig leben jährlich 96 Millionen Menschen mehr als im Vorjahr. Und jeden Monat kommen so viele Menschen dazu, wie es Einwohner in New York City oder in Bolivien gibt.

❑ Sucht aus Lexika oder euren Schulbüchern die Städte der Welt mit den höchsten Einwohnerzahlen heraus. Vergleicht die Einwohnerzahlen mit denen von Großstädten in eurer Nähe oder mit der Bevölkerungszahl in Deutschland.
❑ Was wißt ihr vom Leben der Menschen in den größten Städten der Welt? Sammelt Bilder aus Zeitschriften und Illustrierten und gestaltet eine Wandzeitung.

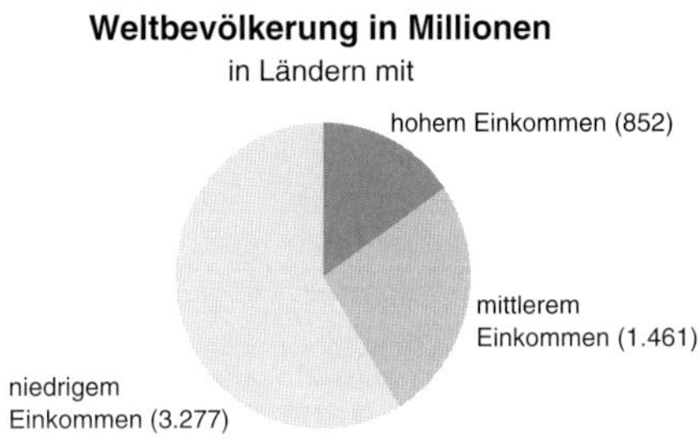

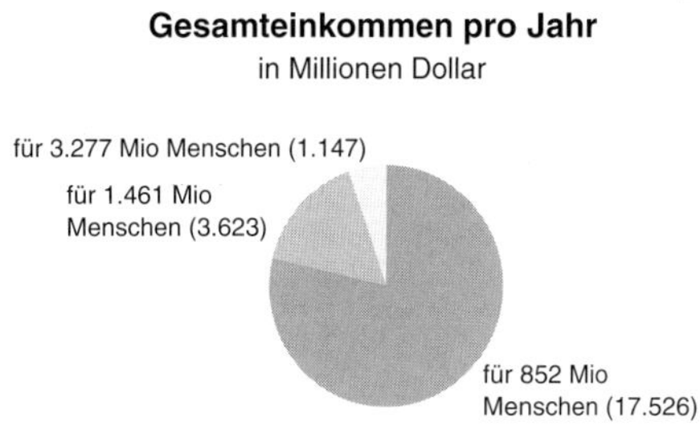

S.61–63

❑ Besprecht die beiden Kreisdiagramme. Was bedeutet es, wenn ein Kind in der Bevölkerungsgruppe mit hohem Einkommen geboren wird, und was, wenn es zu der mit niedrigem Einkommen gehört?
❑ Nehmt zu der Aussage Stellung: Jeder neue Erdbewohner belastet die Umwelt zusätzlich und gefährdet damit das Überleben der Menschheit.

Nord-Süd-Dialog

❑ Mischt euch in den „Nord-Süd-Dialog“ ein!

Petra und Sebastian sind bei Konstanze zur Geburtstagsfete eingeladen. Sie hat einen Imbiß vorbereitet. Auf hübschen runden Holzbrettchen sind kleine Schnitten gestapelt. In jedem Häppchen steckt eine kleine Gabel mit einem dunklen Holzgriff. „Das sieht gut aus!" sagt Petra. „Das ist Teakholz", erklärt Konstanze. Sebastian fragt: „Stammt das nicht aus den tropischen Regenwäldern?" „Das bißchen Holz!" meint Petra.

Wie eine grüne Bauchbinde zieht sich der tropische Regenwald um die Erde, oberhalb und unterhalb des Äquators. Rund um den Globus wird dieser Urwald abgeholzt. Heute ist nicht einmal mehr die Hälfte des ursprünglichen Waldgebietes übriggeblieben. Jedes Jahr werden 169 000 Quadratkilometer Regenwald vernichtet. Diese Fläche ist halb so groß wie die Bundesrepublik Deutschland.

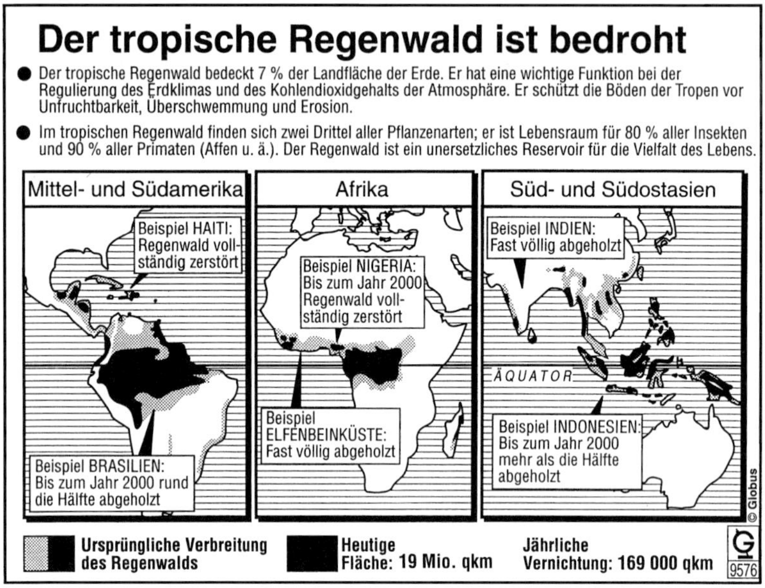

Warum wird der Wald abgeholzt?

Im tropischen Regenwald wachsen viele wertvolle Bäume: Mahagoni- oder Teakbäume zum Beispiel, aus denen Möbel hergestellt werden. Oder Merantibäume, deren Holz besonders hart und widerstandsfähig ist. Daraus werden unter anderem Fensterrahmen gemacht. Meistens stehen diese Edelholzbäume weit auseinander. Dann werden 5000, manchmal bis zu 10 000 Quadratmeter Wald umgeschlagen (eine Fläche so groß wie ein oder zwei Fußballplätze), um einen einzigen Baum zu holen. Ein anderer Teil des Regenwaldes, zum Beispiel in Südamerika, wird abgeholzt, um Weideflächen für Rinderherden zu schaffen. Die Kleinbauern roden, um Platz für ihre Felder zu haben. Nach zwei bis drei Ernten ist der Boden erschöpft. Dann ziehen die Bauern weiter und machen ein anderes Stück Regenwald urbar.

Was sind die Folgen der Abholzung?
Das Klima auf der Erde beginnt sich zu verändern. Das hat mehrere Gründe, die (fast alle) mit dem Regenwald zusammenhängen. Wind und Regen entstehen über dem Regenwald. Wo früher Millionen von Bäumen Wasser verdunsteten, sind heute große Brachflächen. Es entstehen zwangsläufig weniger Wolken, die Luft heizt sich über dem baumlosen Land stärker auf – heftige Stürme sind die Folge.
Auch bei uns verändert sich das Klima: In der Atmosphäre sammelt sich immer mehr Kohlendioxid (CO_2) aus den Auspuffgasen der Autos, aber auch von der Vernichtung des Regenwaldes. Denn die Bauern und Viehzüchter brennen die Wälder einfach ab (Brandrodung). Dabei entsteht ebenfalls Kohlendioxid. Dieses Gas und die Luftverunreinigungen durch Autos und Industrie bewirken, daß die Erde nicht mehr die Sonneneinstrahlung ins Weltall zurückwerfen kann. Es wird wärmer auf der Erde wie in einem Treibhaus.

Was haben wir mit dem Regenwald zu tun?
In manchen Wohnzimmern stehen wertvolle Mahagonischränke. Wir lassen uns in bequemen Sitzgruppen aus Teakholz nieder. Manches Schneidbrettchen in der Küche ist aus Tropenholz hergestellt.
Ganze Schiffsladungen mit gefrorenem südamerikanischem Rindfleisch werden bei uns verzehrt. Das Schlachtvieh kommt teilweise von Weideflächen, wo früher einmal ein Regenwald stand.
Unser Lebensstil zwingt uns zu einem umfangreichen Welthandel, bei dem die Armen immer ärmer werden. Vielen Menschen bleibt gar nichts anderes übrig, als in den Urwald zu gehen und sich dort Land zu nehmen. Sonst könnten sie nicht überleben.

❑ Erkundigt euch nach anderen Ursachen für die Vernichtung des Regenwaldes. Fragt einmal in einem „Eine-Welt-Laden“ nach, oder findet heraus, warum es die Kampagne „TransFair-Kaffee“ gibt.
❑ Besucht Baumärkte und Möbelgeschäfte und stellt fest, welche tropischen Hölzer angeboten werden, was daraus hergestellt wird, und für welche Möbel diese Hölzer Verwendung finden.
❑ In manchen Gemeinde- oder Stadträten wird darüber diskutiert, ob in öffentlichen Gebäuden Tropenholz verarbeitet werden soll. Einige sagen: Damit unterstützen wir die „Dritte Welt“. Andere meinen: Wir beuten sie nur aus. Diskutiert den Konflikt in einem Rollenspiel.

Bundesstraße oder Autobahn – ein Streitgespräch

In Sachsen-Anhalt südlich des Harzes ist ein heftiger Streit entbrannt. Soll die Bundesstraße 80 aus Richtung Kassel/Göttingen nach Halle ausgebaut oder eine neue Autobahn gebaut werden? Elke Wiesenberg-Möller, eine Unternehmerin aus Wickenrode, Harald Koch von der Autobahn-Initiative und Steffen Huth vom Bund für Umwelt und Naturschutz Deutschland haben sich dazu geäußert:

Steffen Huth:
Wir vom BUND treten für eine Fernverkehrsstraße ein. Aus landschaftlichen und geologischen Gründen gibt es kaum eine Möglichkeit, um jeden Ort eine Umgehungsstraße zu ziehen. Ohne Umgehungsstraßen aber quält sich der Verkehr weiter durch die Dörfer und Städte. Eine Autobahn bringt nur für den durchgehenden Fernverkehr eine Entlastung.
Bei einer Fernstraße fallen auch teure technische Brücken weg. Für jeden Ort sind Anbindungen möglich. Kriechspuren können rechts und links angebaut werden. Und unsere Natur wird geschont.

Harald Koch:
Welchen Preis kann und muß eine Gesellschaft bezahlen, um eine gewisse Entwicklung zu sichern? Der Mensch hat sich aus der Natur heraus entwickelt und hat sich eigene Räume geschaffen, die er der Natur wegnimmt. Trotzdem bleibt er immer noch Bestandteil der Natur.
Aber wir können nicht hochwertige Biotope* sichern und gleichzeitig Menschen in den Städten und Dörfern gesundheitsschädigenden Abgasen aussetzen, nur weil wir die Autobahn nicht bauen. Der Mensch ist genauso Bestandteil der Natur wie das Biotop auch. Einige Opfer müssen gebracht werden.

* *Lebensraum für Pflanzen und Tiere*

Elke Wiesenberg Möller:
Manche meinen, wenn wir keine Autobahn kriegen, dann werden wir ein Armenhaus, weil die wirtschaftliche Entwicklung gebremst wird. Die Investoren*, mit denen ich zu tun habe, haben nicht nach einer Autobahn gefragt.
Ich bin für Mobilität**, aber nicht auf Kosten der Natur. Warum wird denn nicht das vorhandene Schienennetz besser genutzt? Und warum können nicht vorhandene Straßen eingebunden werden, bevor neue Erdflächen bebaut und versiegelt werden?

* *Geldgeber, die Gebäude, Werkstätten, Fabriken usw. errichten wollen*
** *Beweglichkeit*

❑ Prüft die vorgebrachten Argumente und diskutiert: Was spricht für den Bau der Autobahn? Was spricht dagegen?

Jürgen Henker: Anfang und Ende (1986)

Essen . . . essen . . . essen

„Essen und Trinken hält Leib und Seele zusammen", sagt ein Sprichwort. Daß die Eßgewohnheiten unmittelbar etwas mit der Natur zu tun haben, fällt den meisten erst beim genauen Nachdenken ein. Alles, was wir essen, gewinnen wir aus der Landwirtschaft, von Pflanzen und Tieren. Es gibt Menschen, die verzichten auf jede Art von fleischlicher Nahrung. Sie wollen ein Zeichen gegen die Massentierhaltung setzen. Andere fasten zu bestimmten Zeiten. Was stellen wir fest, wenn wir unsere eigenen Eßgewohnheiten überprüfen?

S.120

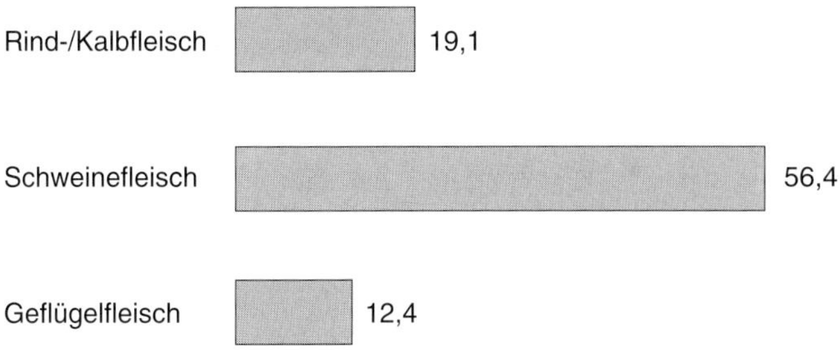

Tatsächlich liegt der Jahresverbrauch bei ca. 100 kg Fleisch. Außer den Fleischsorten, die in der Tabelle genannt sind, kommt noch Fleisch von Wild und anderen Haustieren dazu. In einem Jahr werden etwa 45 Millionen Großtiere, insbesondere Schweine, Rinder, Kälber und Schafe, dazu 303 Millionen Hühner, Enten, Gänse und Puten für den menschlichen Verzehr produziert und geschlachtet.
In Deutschland wird heute gegenüber früheren Jahrzehnten sehr viel mehr Fleisch gegessen. Fleischnahrung war über lange Zeit ein Vorrecht der oberen Stände. Mit der Veränderung der sozialen Verhältnisse wurde die Fleischmahlzeit für viele Menschen zu einem Zeichen ihres Wohlstandes. Sie zeigten, was man sich inzwischen leisten konnte. Diese Bedeutung hat die Fleischnahrung heute eigentlich nicht mehr. Trotzdem wird immer noch viel Fleisch gegessen. Dagegen sagen einige Ernährungswissenschaftler: Eine fleischarme Ernährung kann gesünder sein.
Eine Folge des hohen Fleischkonsums sind auch die problematischen Umstände bei der Tierhaltung, dem Tiertransport und der Tierschlachtung. Früher hat eine Familie oft einige Tiere zur eigenen Versorgung gehalten und geschlachtet. Heute muß eine industrielle Fleischproduktion in Deutschland den Bedarf von 80 Millionen Menschen befriedigen.

❑ Stellt einmal fest, wieviel Fleisch und Fleischprodukte ihr in einer Woche gegessen habt.
❑ Erkundigt euch in einer Metzgerei, woher das Fleisch kommt, das dort verarbeitet und verkauft wird. Welche Auskünfte erhaltet ihr in der Fleischabteilung eines Supermarktes? Diskutiert eure gesammelten Informationen.

Durch die Intensivtierhaltung und die industriellen Mastanlagen entstehen riesige Ställe mit Tausenden von Tieren. Sie müssen oft über viele Kilometer bis zum nächsten Schlachthof gebracht werden.
Da immer mehr Schlachthöfe zusammengeschlossen und zentralisiert werden, verlängern sich die Transportwege. Selbst kleinere landwirtschaftliche Betriebe, die ihre Tiere artgemäß halten, sind gezwungen, die Tiere über weite Strecken zu den zentralen Großschlachtereien zu transportieren.
Gesetzliche Bestimmungen versuchen, den langen Transportwegen entgegenzuwirken. Die Überwachung der Tiertransporte ist dabei eine besonders wichtige Aufgabe.

Einige Folgen für die Tiere

- Transporte sind für Tiere immer mit Streß verbunden. Sie werden aus ihrer gewohnten Umgebung gerissen und bekommen es mit vielen neuen Eindrücken zu tun (veränderte Lichtverhältnisse, Temperaturen, Gerüche und Geräusche).
- Wenn die Transporter überladen werden, wird es für die Tiere zu eng. Das führt dann zu Auseinandersetzungen zwischen den Tieren. Sie verwunden sich gegenseitig. Wenn ein Tier zu Fall kommt oder sich hinlegt, hat es kaum eine Chance, wieder hochzukommen. Manchmal wird es von den anderen zu Tode getrampelt.
- Extreme Witterungsbedingungen – im Sommer große Hitze, im Winter strenge Kälte – belasten die Tiere zusätzlich.
- Tiertransporte werden nicht immer von fachkundigem Personal begleitet. Beim Be- und Entladen werden manchmal Schlagstöcke und Elektrostäbe benutzt.
- Während des Transportes werden die Tiere nicht immer ausreichend überwacht. Manche Tiere verschmutzen in ihrem eigenen Kot, andere verdursten.

Einige Auswirkungen auf den Menschen

- Durch die Intensivtierhaltung und durch Züchtung (z. B. fettarmes Fleisch beim Schwein) erhöht sich die Anfälligkeit der Tiere für Krankheiten und Streß. Sie erhalten während der Mast und manchmal beim Transport zusätzlich Arzneimittel. In Deutschland gibt es eine tierärztliche Überwachung, die in anderen Ländern nicht so streng ist. Rückstände der Medikamente können sich im Fleisch wiederfinden.
- Die Aufregung der Tiere beim Transport führt zu Überhitzung und Muskelverkrampfung. Das Fleisch wird blaß, wäßrig und weich. Die Haltbarkeit ist eingeschränkt.
- Es kommt auch vor, daß Tiere, die bei uns nicht geschlachtet werden dürfen oder deren Fleisch nicht vermarktet werden darf, ins europäische Ausland transportiert werden. Wenn sie dort geschlachtet werden, kommt das Fleisch anschließend meist unkontrolliert nach Deutschland zurück.

❑ Besucht eine Mastanlage in eurem Landkreis und erkundigt euch: Wohin werden die Tiere zum Schlachten transportiert? Welche Wege müssen zurückgelegt werden? Welche Bestimmungen gibt es für die Tiertransporte? Ihr könnt ähnliche Fragen auch in einem Schlachthof in eurer Nähe stellen.

Woher die Energie nehmen?

Morgens klingelt der Wecker. Er verbraucht Energie. Das Licht wird angeschaltet. Energieverbrauch. Das Radio spielt. Energie. Ab ins Bad. Warmes Wasser. Energieverbrauch. Die Heizung wird warm. In der Küche ist der Toaster an. Auf dem Herd kocht Wasser. Die Kaffeemaschine läuft. Der Kühlschrank läuft. Der Fernseher läuft. Energie. Energie. Energie ... Wärmeenergie. Elektroenergie.
Energie – egal ob für Wärme oder für Strom – wird in Kraftwerken erzeugt: in Steinkohle- oder Braunkohlekraftwerken und in Atomkraftwerken, aber auch in Kraftwerken, die mit Erdgas betrieben werden oder die mit Müllverbrennungsanlagen verbunden sind. Alle diese Kraftwerke greifen auf die Naturschätze unserer Erde zurück und verbrauchen sie. Was aber verbraucht ist, was eben in Wärme oder Strom umgewandelt ist, ist weg. In Deutschland z. B. wurde 1993 der Energieverbrauch zu 88 % aus Erdöl, Erdgas und Kohle gedeckt. Ob vielleicht irgendwann einmal die Naturreichtümer der Erde nicht mehr reichen werden?

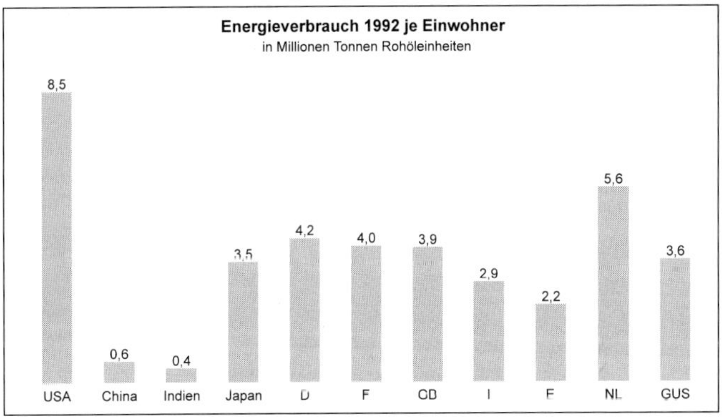

Die Energieerzeugung mit Hilfe von Atomkraftwerken ist umstritten. Zwei Positionen stehen sich gegenüber:

- So wird die Umwelt am besten geschont. Es entstehen keine gefährlichen Abgase. Das Uran oder andere spaltbare Materialien können gut genutzt werden. Auf absehbare Zeit wird es keinen Mangel an Energie geben.
- Bei der Kernspaltung entstehen hochgiftige und gefährliche Abfälle. Für sie gibt es kaum sichere Mülldeponien. Kernkraftwerke sind auch nicht sicher genug. Unfälle können schlimme Katastrophen auslösen.

In Deutschland hatte die Kernenergie 1993 einen Anteil von 10 % am Energieverbrauch.
Manche Wissenschaftler, Techniker, Forscher und Politiker suchen nach alternativen Möglichkeiten der Energiegewinnung. Alternative Energien sind solche, die sich nicht verbrauchen oder die sich erneuern wie Sonnenenergie, Windenergie, Erdwärme oder Wasserkraft. Aber die Technik für solche Energieanlagen ist noch

nicht weit genug entwickelt. Außerdem gibt es nicht überall die nötigen Voraussetzungen: Häufig herrscht zu geringe Sonneneinstrahlung, es gibt nicht genug Wind, Wasser fehlt. Manche Anlagen verschandeln die Landschaft.
Jede Form, Energie zu gewinnen und zu verwenden, beeinträchtigt unsere Umwelt und hat Auswirkungen auf unser Klima. Die Energieversorgung muß daher mit dem Schutz von Umwelt und Klima in Einklang gebracht werden. Das ist aber nicht so leicht.

❑ Laßt euch von euren Eltern die Stromrechnung und die Heizkostenrechnung zeigen. Rechnet aus, wieviel Energie jede(r) von euch in der Familie verbraucht. Bei euren Stadtwerken könnt ihr erfahren, wieviel Energie die Einwohner und die Betriebe bei euch verbrauchen. Wer sind die Großverbraucher?
❑ Erkundigt euch bei euren Stadtwerken auch, woher der Strom kommt und wie er erzeugt wird.
❑ Manche halten die Erzeugung von Energie in Atomkraftwerken für eine „saubere Energiegewinnung". Sammelt Argumente dafür und dagegen. Welche Zusammenhänge werden euch deutlich?
❑ Haltet in eurer Klasse eine „Energiekonferenz". Bildet Gruppen von unterschiedlichen Energieerzeugern. Was spricht für und was spricht gegen die einzelnen Arten der Energiegewinnung?

Ein Beispiel für Energiegewinnung

Schkölen, eine Kleinstadt mit 1800 Einwohnern am Nordrand Thüringens, errichtet als erste deutsche Stadt ein Strohheizwerk. Es wird die Einwohner und die Gewerbebetriebe mit Fernwärme versorgen.
Der Bau des Strohheizwerkes hat sich für die Stadt und die einzelnen Bürger als die optimalste Variante der Energieerzeugung herausgestellt, da die Umwelt geschont und die Landwirtschaft gefördert wird. In der landwirtschaftlich geprägten Region ist das Strohaufkommen langfristig gesichert.
Eine dänische Firma hat den Bau übernommen. Sie hat in der ganzen Welt Erfahrungen beim Bau von Wärmeanlagen gesammelt, im besonderen beim Bau von Strohheizwerken. In Dänemark gibt es seit etwa zwanzig Jahren Erfahrungen damit. Heute sind dort etwa 50 Strohheizwerke in Betrieb. Sie sind rentabel, betriebssicher, umweltfreundlich und arbeiten so:
Nachdem das Getreide geerntet ist, wird auf dem Feld das Stroh mit hochverdichtenden Pressen zu Ballen geformt und am Feldrand abgedeckt gelagert. Vom Feldrand aus werden die Strohballen nach und nach zum Strohheizwerk transportiert. Das Vorratslager dort reicht für 1–2 Wochen.
Die Verbrennung geschieht nach dem Zigarrenprinzip: flächig und von vorn nach hinten. Automatisch wird die Vorschubgeschwindigkeit errechnet und gesteuert. Die entstehende Asche wird als Dünger wieder auf die Felder ausgebracht. Damit wird der ökologische Kreislauf geschlossen.
Ein zweiter Kreislauf betrifft das Kohlendioxid: Was im vorigen Jahr durch die Sonnenenergie aus der Atmosphäre im Stroh gebunden war, wird bei der Verbrennung freigesetzt. Das Strohheizwerk ist somit CO_2-neutral. Der dritte Kreislauf betrifft das Geld, das die Bürger Schkölens für die Energie ausgeben. Es bleibt in der Region und trägt auf diese Art zur wirtschaftlichen Stabilisierung der Region bei.

❑ Macht euch das „Zigarrenprinzip“ klar.
❑ Zeichnet die beiden ökologischen Kreisläufe. Laßt sie euch im Physik- oder Chemieunterricht erklären.

An der australischen Universität New South Wales in Sydney ist 1993 der Durchbruch in der Solarenergie-Forschung gelungen. Wissenschaftler und Techniker entwickelten neuartige Anlagen, mit denen elektrischer Strom aus Sonnenlicht 80–90 % billiger erzeugt werden kann als mit den bisher bekannten Geräten. Gegenüber der herkömmlichen Technologie gibt es jetzt eine ernstzunehmende wirtschaftliche Alternative. Damit erhält die Stromerzeugung aus Kohlekraftwerken oder Atomkraftwerken eine echte Konkurrenz.

Die Energiesparlampe lohnt sich

Karin hatte aus einem Heft über das Energiesparen einen Artikel ausgeschnitten. Bereits in der Pause diskutierte sie mit den anderen aus ihrer Klasse. „Na klar, das machen wir!" stimmte ihr Jens zu. „Wir starten eine Aktion: Energiesparlampen in die Schule!" Als die Ethikstunde wieder angefangen hatte, lag der Artikel auf dem Lehrertisch:

Die durchschnittliche Lebensdauer einer herkömmlichen Glühlampe beträgt 1000 Stunden. Bei einer Energiesparlampe sind es 8000 Stunden. Bei einer Brenndauer von ca. 3 Stunden am Tag brennt eine Lampe ca. 1000 Stunden im Jahre. Eine Energiesparlampe lebt unter dieser Voraussetzung also ca. 8 Jahre.

1. Wir berechnen die Kosten am Beispiel einer herkömmlichen 75-W-Glühlampe:	
Voraussetzungen:	
8000 Stunden Brenndauer	
25 Pf/kWh Strompreis	
75 Watt Leistungsaufnahme	
Stromkosten	150,00 DM
Anschaffungskosten	
für 8 Glühlampen	20,00 DM
Gesamtkosten	170,00 DM

2. Wir berechnen die Kosten am Beispiel einer Energiesparlampe:	
Voraussetzungen:	
8000 Stunden Brenndauer	
25 Pf/kWh Strompreis	
18 Watt Leistungsaufnahme	
Stromkosten	36,00 DM
Anschaffungskosten	
für 1 Energiesparlampe	40,00 DM
Gesamtkosten	76,00 DM

Ergebnis: 94,00 DM gespart.

„Habt ihr die Rechnung schon einmal überprüft?" fragte Herr Wiesner. „Stimmt alles haargenau", meinten einige. „Jetzt brauchen wir nur noch überall die Lampen zu zählen und festzustellen, wieviel Watt die haben, und dann rechnen wir der Schulleitung vor, was hier gespart werden kann." – „Eine gute Sache für die Umwelt", stimmten andere ein. „Stimmt", meinte auch Herr Wiesner. „Habt ihr auch überlegt, woraus die Energiesparlampen hergestellt werden? Welche Materialien verwendet werden? Wie sie entsorgt werden müssen?"
Darüber hatten Karin, Jens und die anderen noch nicht nachgedacht. Also verabredeten sie, sich in Geschäften zusätzliche Informationen zu besorgen.
Als sie eine Woche später noch einmal ihren Plan diskutierten, kam es fast zu einem Streit in der Klasse. Die einen meinten: „Ist doch alles Quatsch mit den Energiesparlampen. Die belasten die Umwelt auf eine ganz andere Art." Die anderen sagten: „Das Problem mit dem Sondermüll ist nicht so groß wie das mit der Energieverschwendung." Sollten sie mit ihrer Aktion anfangen oder nicht?

- ❑ Erkundigt euch bei eurer Schulleitung, wieviel Energie in eurer Schule verbraucht wird und was dafür bezahlt werden muß.
- ❑ Prüft zusammen mit eurem Hausmeister, wie und wo Energie eingespart werden kann.
- ❑ Gestaltet eine Wandzeitung zum Energiesparen. Findet ihr einen „Schlüssel zur Lösung des Energieproblems"?

Weg mit dem Dreck

Problem Abfall

Abfälle werden ein immer drängenderes Problem. Ein Teil der Abfälle sind „Rohstoffe am falschen Platz", weil sie wegen ihres Wertes und der begrenzten Rohstoffe unseres Planeten zum Wegwerfen zu schade sind. Andere enthalten Gift- und Schadstoffe, die die Umwelt gefährden und manche wilde Müllkippe zu einer ökologischen Zeitbombe machen. Zu alledem kommen in den Industriestaaten Bequemlichkeit und Gedankenlosigkeit dazu: Wir sind zu einer Wegwerfgesellschaft geworden.
Unsere Lebenseinstellung hat die Müll-Lawine derart anschwellen lassen, daß der Deponieraum immer knapper wird. Müllverbrennungsanlagen sind eine Notlösung. Das Problem läßt sich nur dadurch wirksam lösen, daß die Entstehung von Müll vermieden oder eingeschränkt wird und daß die notwendigen Anlagen zur Entsorgung für die dennoch entstehenden Abfälle gebaut werden.

- ❑ Entwerft Plakete, mit denen ihr darauf aufmerksam machen wollt, Müll zu vermeiden.
- ❑ Sammelt allen Unrat und allen Müll von einem öffentlichen Platz in eurer Stadt oder Gemeinde auf und klebt daraus auf einer starken Pappe oder einem Holzbrett ein Wandbild. Notiert euch Ort und Uhrzeit und stellt das Wandbild öffentlich aus.
- ❑ Überlegt euch eine Geschichte von einer „verkehrten Welt": Wenn das Abwasser wieder rückwärts fließt …
- ❑ Diskutiert die Frage: Darf man jemanden zwingen, weniger Müll zu produzieren?

„Müll Couture" – Eine Modenschau der anderen Art
Im Umweltbundesamt in Berlin gibt es beachtliche Ausstellungen. 1993 hat der Bühnen- und Kostümbildner Stephan Hann phantasievolle Kostüme aus Abfällen wie Dosen, Blechen, Zeitungspapier, Telefonbüchern oder Zigarettenschachteln vorgestellt. Große Roben, Schleppen, Umhänge und Hüte sind entstanden. Die kunstvollen Schöpfungen wurden vervollständigt durch Kostüme und Masken aus natürlichen Abfällen wie Blättern, Früchten, Samenrispen oder Zweigen. Die „Müll Couture" wurde zu einem aufregenden Erlebnis für ein begeistertes Publikum und regte viele zum Nachdenken an.

Seit Mitte der achtziger Jahre nehmen die Abfallmengen aus privaten Haushalten wieder zu. 1987 mußten insgesamt etwa 32 Millionen Tonnen Hausmüll und hausmüllähnliche Abfälle entsorgt werden. Rund 10 Millionen Tonnen davon waren Verpackungsabfälle. Im Jahr 1990 hat jeder Bundesbürger mindestens 351 kg Müll produziert, dabei sind Papier und Verpackungsmaterial nicht einmal mitgerechnet.

Zusammensetzung des Hausmülls 1987

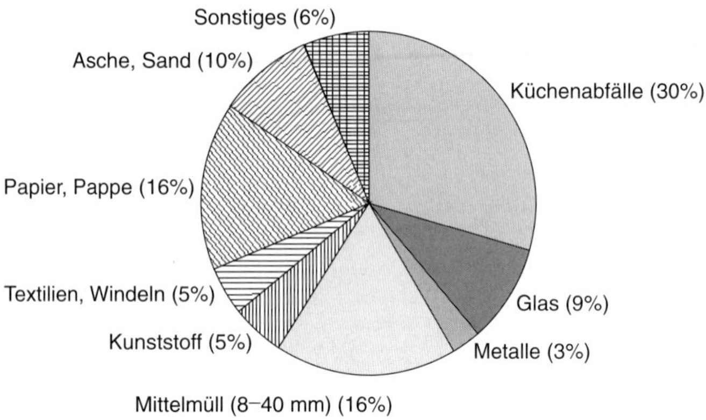

Die Graphik nennt verschiedene Anteile des Hausmülls. Sie werden bei der Abfallwirtschaft zusammengefaßt als Wertstoffe, kompostierbare Abfälle, Restmüll und Sondermüll. Dann gibt es noch den Sperrmüll. In vielen Städten und Gemeinden wird dieser Müll getrennt gesammelt. Warum macht das einen Sinn?

- ❑ Stellt fest: Welchen Abfall produziert ihr selber im Laufe einer Woche? Auf welche Weise wird er entsorgt? Verfolgt den Weg der verbrauchten Batterie aus eurem Recorder oder Walkman!
- ❑ Erkundigt euch bei der Abfallwirtschaft eures Landkreises und informiert euch beim Umweltamt: Wie hoch ist das Müllaufkommen bei euch? Woraus setzt sich der Müll zusammen? Was geschieht mit den getrennt gesammelten Abfällen?
- ❑ Welche Aktionen zur Vermeidung und Verwertung von Abfällen kennt ihr? Wie könnt ihr sie unterstützen?
- ❑ Bedenkt in eurer Klasse: Warum ist es wichtig, Müll zu vermeiden?

Längst ist der Müll zu einem internationalen Problem geworden. Abfall wird ins Ausland gebracht. 1992 hat Deutschland 642 000 Tonnen Sondermüll (z. B. Altchemikalien) in europäische Nachbarländer exportiert. Dabei sind die illegalen Transporte nicht mitgerechnet. Deutscher Müll taucht in Ungarn, Rumänien, auf den Philippinen, in Afrika und anderswo auf.

Der „Dosenvorhang" in Göttingen (1991)

Alles Dose, oder was?

Die Jugend-Aktionsgemeinschaft „Total tote Dose" in Wernigerode am Harz argumentiert mit zuverlässigem Zahlenmaterial gegen Getränkedosen. Eine Mehrwegflasche kann bis zu 60mal wiederverwendet werden. Ihre Energiebilanz ist damit elfmal günstiger als die der Dose. Eine einzige Mehrwegflasche ersetzt 186 Dosen. Von 100 Dosen werden höchstens 6–7 Dosen wiederverwertet, und auch diese nur für minderwertige Produkte. Dies geht aus einer Studie des Freiburger Öko-Institutes hervor.
Oder einmal anders: Mit der Energie, die benötigt wird, um eine Mehrweg-Pfandflasche einmal zu benutzen, könnte man 17 Minuten – etwa eine Tagesschau lang – fernsehen. Mit der Energie, die für eine Dose verbraucht wird, ließen sich dagegen 379 Minuten, also ungefähr vier ganze Fußballspiele lang, am Fernseher verbringen.
„Wer eine Getränkedose aus Aluminium wegwirft, verschleudert damit neben dem Material noch soviel Energie, als wäre die Büchse zur Hälfte mit Benzin gefüllt", wissen die Schülerinnen und Schüler der Aktionsgemeinschaft.

Der Gedanke zu dem bundesweiten Projekt „Total tote Dose" wurde 1991 in Göttingen geboren. Durch den Einsatz vieler jugendlicher Umweltschützer in etlichen Städten Deutschlands konnten teilweise ganze Stadtbezirke zu „dosenfreien Zonen" erklärt werden. Bei der bisher größten Demonstration gegen Müll-Lawine und Wegwerf-Einstellung wurde 1992 in Bonn ein riesiger Dosenvorhang errichtet. Er sollte den unheimlichen Rohstoff- und Energieverbrauch bei der Herstellung von Getränkedosen vor Augen führen. Daraufhin entstanden in ganz Deutschland örtliche Aktionsgemeinschaften. Sie versuchen, in ihrem Ort dosenfreie Zonen zu schaffen. In Wernigerode arbeiten rund zehn Schülerinnen und Schüler der 9.–12. Klasse an dem Projekt.

„Wir schreiben die Geschäfte in Wernigerode an und erklären ihnen, warum auf Getränkedosen verzichtet werden soll. Gleichzeitig zeigen wir die Vorteile von Mehrwegflaschen auf", schildert eine Schülerin. Durch den Touristenandrang in Wernigerode werden besonders viele Getränkedosen verkauft, täglich etwa 5000 Stück. Bundesweit sind es täglich über vier Millionen: „Wenn die Geschäfte positiv reagieren, soll erst mal drei Monate lang der Verkauf von Mehrwegflaschen getestet werden."

In einer stadtbekannten Galerie mit Bar und Gaststätte, in einem Supermarkt und in einem Getränkeshop gibt es bereits keine Getränke in Dosen mehr.

Bauen und Bewahren

1

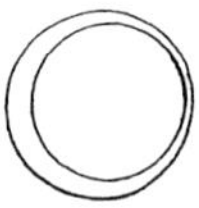

❑ Seht euch die drei Zeichnungen genau an. Vergleicht, wie sich bestimmte Teile verändern und was aus ihnen wird.

❑ Die alte Sage vom Turmbau zu Babel (vgl. in der Bibel: 1. Mose 11) wird vom Zeichner neu gedeutet. Worauf spielt er im letzten Bild seiner Reihe an?

❑ Die kleine Blume aus der zweiten Zeichnung steht schließlich im Turm. Was könnte das bedeuten?

2

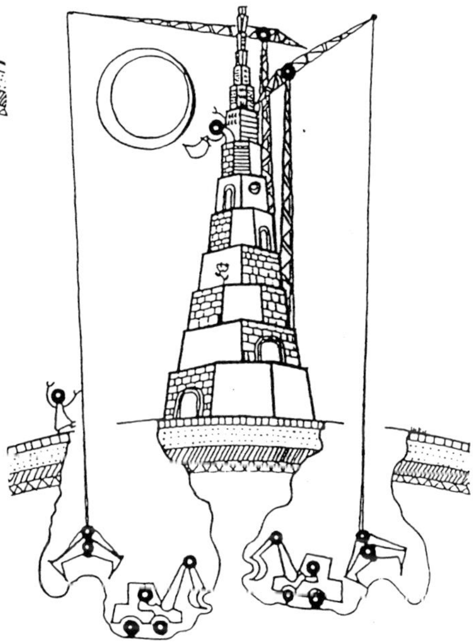

3

Widerstand im Dorf

Unser Bürgermeister hat öffentlich bei einer Gemeindeversammlung zugegeben, daß er Angst hat. Und er hat das Hohngelächter einer ganzen Menge von Leuten geerntet. Was ist passiert? Worum geht es?
Unser Dorf heißt Untereichen. Es ist nicht weit entfernt von der Kreisstadt und ist deshalb als Wohnort sehr beliebt. Leute, die hier ihr Haus bauen wollen, müssen für ein Grundstück ziemlich viel Geld bezahlen. Das ist eine gute Gelegenheit für die Gemeinde, die immer leeren Kassen aufzufüllen. Sie besitzt ein großes Gelände, das prima als Baugebiet geeignet wäre, wenn nicht eine Hochspannungsleitung mitten durch das Gebiet führen würde. Unter dieser Leitung würden Wohnhäuser liegen.

Auch der geeignetste Platz für einen Kindergarten wäre gerade unter den sieben Drähten. Diese Hochspannungsleitung ist der Zankapfel. Sie ist der Grund dafür, daß Bürgermeister Fritz Lindemann jede Bebauung dieses Gebietes abgelehnt hat: „Mit mir nicht!“

In der Sitzung des Gemeinderates hat Gustav Boller klipp und klar ausgeführt, weshalb er das Baugebiet will: „Die Gemeinde braucht Geld. Das weiß jeder. Wir müssen eine Kläranlage bauen. Außerdem ist die Hauptstraße in einem erbärmlichen Zustand. Der Sportverein braucht Geld für den Fußballplatz, die Freiwillige Feuerwehr braucht neues Gerät. Und noch etwas: Wenn wir wollen, daß unser Dorf nicht ausstirbt, müssen wir junge Leute anlocken. Und das geht am besten mit Bauland. Die Sache ist für mich völlig klar: Das Baugebiet muß her, so schnell wie möglich!“ Gustav Boller bekam viel Beifall.

Dann sprach unser Bürgermeister: „Das ist alles richtig. Trotzdem kann ich nicht zustimmen. Ich sage euch, warum: Ich habe Angst.“ Er machte eine Pause, und ein paar Ratsmitglieder machten hämische Bemerkungen. Unser Bürgermeister aber fuhr fort: „Es gibt begründete Hinweise darauf, daß Hochspannungsleitungen die Gesundheit gefährden. Ihr wißt sicher, daß das Bundesamt für Strahlenschutz die Empfehlung gegeben hat, unter Hochspannungsleitungen weder Wohnhäuser noch Schulen noch Kindergärten zu errichten.“

Gustav Boller fragte: „Ist das wissenschaftlich einwandfrei erwiesen, was du da sagst?“ Bürgermeister Lindemann sagte ruhig: „Nein, das ist es nicht. Es gibt Gutachten von Forschern, die behaupten, daß Elektrosmog nicht gesundheitsschädlich ist. Kann sein, sie haben recht. Aber ich möchte nicht mitverantwortlich sein, wenn eines Tages Kinder krank werden, nur weil eine Hochspannungsleitung über den Kindergarten geht.“ Gustav Boller hakte nach: „Und das Geld und die Zuschüsse, das willst du alles in den Wind schreiben?“ Nach dieser Frage brach ein kleiner Tumult los. Alle redeten durcheinander. Einer brüllte: „Denk doch mal an die Zukunft, Fritz! Du verbaust alles mit deinen Vorurteilen!“

Die Antwort des Bürgermeisters kam ohne Zögern: „Gerade weil ich an die Zukunft denke, sage ich: Ihr könnt das Baugebiet auf den Weg bringen, mit wem ihr wollt. Mit mir nicht!“ Es ging noch eine Zeitlang hin und her. Dann schloß der Bürgermeister die Sitzung. Die Stimmung war teils für, teils gegen ihn.

S.183

Jetzt ist die Sache natürlich Dorfgespräch. Die weitaus meisten Leute sind für das Baugebiet, weil sie für ihre Kinder dort Grundstücke kaufen wollen, damit nicht zu viele Auswärtige hierherkommen. Die Lage ist schwierig. Auf einer Gemeindeversammlung soll alles noch einmal durchgesprochen werden.

- ❑ Formuliert Grundsätze, nach denen sich der Bürgermeister und die anderen bei der Ratssitzung verhalten.
- ❑ Vier Wochen später findet die Gemeindeversammlung statt. Nach der Diskussion muß der Gemeinderat eine Entscheidung fällen. Sucht euch Rollen aus und spielt die Sitzung. Am Ende muß abgestimmt werden.
- ❑ Sprecht darüber: Wie habt ihr argumentiert und gestritten? Wie geht es euch, wenn ihr bei der Abstimmung die Mehrheit hattet oder unterlegen wart?

Alles muß klein beginnen

„Sag mir, was wiegt eine Schneeflocke?“
fragte die Tannenmeise die Wildtaube.

„Nicht mehr als ein Nichts“,
gab sie zur Antwort.

„Dann muß ich dir
eine wunderbare Geschichte erzählen“,
sagte die Meise.

„Ich saß auf dem Ast einer Fichte,
dicht am Stamm,
als es zu schneien anfing;
nicht etwa heftig im Sturmgebraus,
nein, wie im Traum,
lautlos und ohne Schwere.

Da nichts Besseres zu tun war,
zählte ich die Schneeflocken,
die auf die Zweige
und auf die Nadeln
des Astes fielen
und darauf hängenblieben.
Genau
dreimillionen-
siebenhunderteinundvierzigtausend-
neunhundertzweiundfünfzig
waren es.

Und als die
dreimillionen-
siebenhunderteinundvierzigtausend-
neunhundertdreiundfünfzigste
Flocke niederfiel,
nicht mehr als ein Nichts,
brach der Ast ab.“

Damit flog die Meise davon.

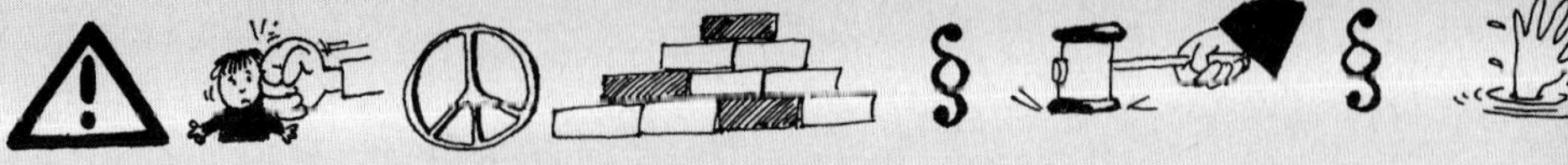

Regeln und Normen

Strafe – Schuld – Gewissen

Im 5./6. Schuljahr habt ihr vielleicht schon über Regeln und Normen gesprochen. Das Kapitel „Die Regeln beachten“ in *auf andere achten 5/6* sollte mit *Geboten, Regeln und Verboten* in verschiedenen Lebensbereichen bekannt machen und helfen, über deren Sinn nachzudenken. Beim Thema *Mein und Dein* ging es um das Verbot zu stehlen und um den Schutz des Eigentums, genauer um die Begründung und Grenzen dieser Normen. Daß oft nicht nur einige Regeln beachtet werden müssen, sondern daß diese Regeln zu einem ganzen Ordnungsgefüge gehören, wurde unter dem Thema *Ordnung muß sein* behandelt. An Ordnungen bei Tieren und Menschen sollte herausgefunden werden, wem sie nützen und wem sie schaden. In diesem Kapitel soll an Beispielen erarbeitet werden:

Wozu Normen?

Was ist normal? Was ist normenkonform?

Normen – Regeln – Ordnungen

Was sind Normen?
Wie unterscheiden sie sich von Regeln, und was haben beide gemeinsam?
Es geht um die Änderung von Regeln und die Unterscheidung von Normenbereichen.

Recht und Ordnung

Was ist mit Recht und Ordnung gemeint?
Welche Institutionen befassen sich damit (Gesetz, Gerichte, Staatsgewalt)?
Wann darf/muß der Staat Gewalt anwenden oder darauf verzichten?

Schuldig geworden

Wenn Normen verletzt werden, sucht man nach Schuldigen. Was ist Schuld?
Wie entsteht sie, und wie kann man damit umgehen?

Strafe

Normverletzungen stehen unter Strafe. Was ist der Sinn von Strafen? Wie wirken sie in Familie und Gesellschaft? Wie sind Gefängnisstrafen und die Todesstrafe zu beurteilen?

Gewissen

Im Gewissen melden sich die Schuldgefühle, die auftreten, wenn Normen verletzt werden. Wie entsteht und arbeitet das Gewissen? Was meint man mit Gewissensfreiheit? Wie soll man sich verhalten, wenn die „Stimmen" des Gewissens sich widersprechen (Gewissenskonflikte)?

Menschenrechte als Maßstab

Menschen streiten um Normen. Ihre Gewissen können sich unterschiedlich verhalten. Gibt es allgemeinverbindliche Maßstäbe?

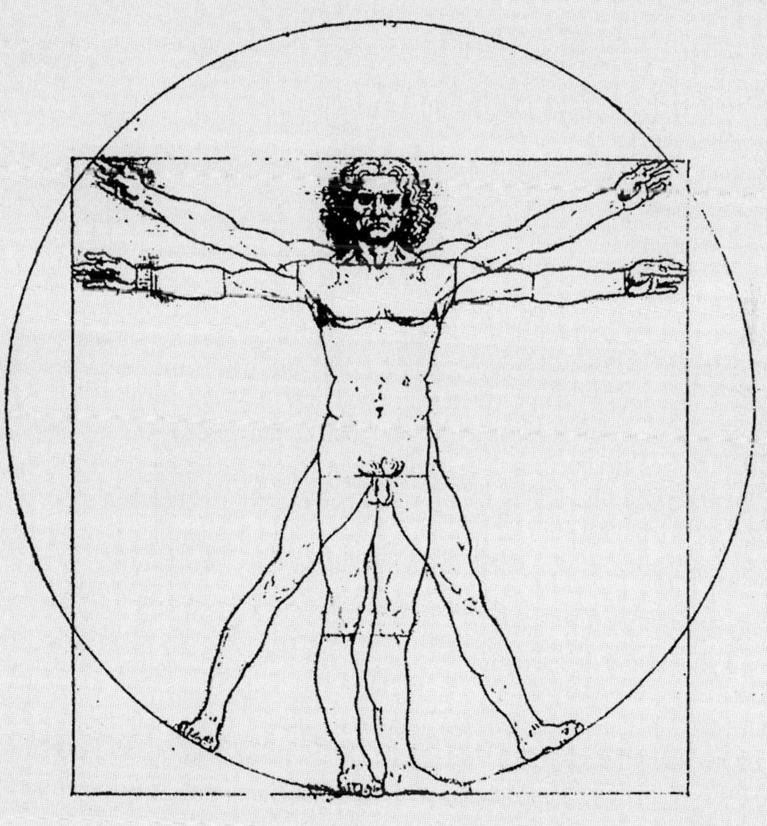

Was ist normal?

Beispiel 1: Zur Beerdigung seines Großvaters kommt ein 15jähriger mit zerrissenen Jeans und äußert: „Die hab ich immer angehabt, wenn ich zu Opa ging." Seine Eltern tragen schwarze Trauerkleidung. *Wer verhält sich normal?*
Beispiel 2: Klaus behauptet: „Im Sport sind alle Mittel erlaubt, die zum Sieg führen." Bernd entgegnet: „Es ist aber keineswegs erlaubt, zufällige Nachteile des Gegners auszunutzen." *Wer argumentiert normal?*
Beispiel 3: Eine türkische Kleinfamilie erhält oft Besuch von ihrer Großfamilie. Den deutschen Vermieter stört das. Er klagt: „Soviel Besuch ist anormal", und droht mit Kündigung. Die türkischen Bewohner verstehen die Welt nicht mehr. *Wer verhält sich normal?*
Beispiel 4: Bernd äußert gegenüber Achim: „Meine Oma wohnt im Altersheim, das ist doch ganz normal." Achim entgegnet: „Meine Oma wohnt bei uns zu Hause, *das* ist doch ganz normal". *Wer hat recht?*

❑ Auf welche Normen können sich beide Gesprächspartner jeweils berufen?
❑ Wer argumentiert normenkonform (= einer geltenden Norm entsprechend), wer normal?
❑ Wodurch unterscheiden sich die Worte „normenkonform" und „normal"? Was haben sie gemeinsam?

Modell T

Frank und Pit sind für den Sommer auf den Bauernhof von Franks Onkel gezogen. Sie haben sich ausgerechnet, daß sie mit Gelegenheitsarbeiten bei den Bauern der Gegend genug Geld verdienen können, um für sich aufzukommen.
Einer ihrer Jobs ist es, Frau Hansens alten Schuppen leerzuräumen. Sie sagt, daß sie jedem fünf Mark pro Stunde bezahlen will; das ist nicht viel, aber sie kann sich kaum erlauben, mehr zu bezahlen, da sie von einer kleinen Rente leben muß. Der Schuppen ist voller Kram, der sich über die Jahre angesammelt hat. Dazu gehört auch Modell T, ein altes Auto. Frau Hansen möchte, daß die beiden alles zur Müllkippe fahren.
Pit und Frank hätten sich nie träumen lassen, daß Frau Hansen meint, sie sollen das alte Modell T zur Müllhalde schaffen. Es ist ein richtiger Oldtimer, so, wie er da steht, seine zweitausend Mark wert, wenn sie ihn mitnehmen könnten. „Sie wollen doch das alte Modell T nicht wegwerfen, oder?" fragt Pit.
„Es taugt nichts mehr", sagt Frau Hansen. „Es ist schon zwanzig Jahre nicht mehr gefahren. Ich weiß auch keinen Menschen, der noch mit ihm fahren wollte."

„Können wir probieren, ob er läuft? “ fragt Frank.
„Da werdet ihr eine Zeitlang zu tun haben“, erwidert sie, „aber ihr könnt natürlich auf dem Weg zur Müllhalde mit ihm anstellen, was ihr wollt – solange ihr mir die Zeit nicht berechnet.“
Als Frank und Pit den Wagen näher in Augenschein nehmen, entdecken sie, daß er sogar noch besser in Schuß ist, als sie geglaubt haben. Wenn sie ihn herrichten und zum Laufen bringen würden, könnten sie ihn mit nach Hause nehmen und dort teuer verkaufen. Natürlich beschließen sie, es zu versuchen.
Es ist ihnen aber beim Gedanken an Frau Hansen nicht ganz wohl. Offensichtlich kennt sie den Wert des alten Stückes nicht, und Frank und Pit fragen sich, ob es fair wäre, es mitzunehmen, ohne ihr zu erklären, wieviel es wirklich wert ist.

❑ Was sollen die beiden tun? Welches Verhalten wäre normal? Welches normenkonform?
❑ Welche Normen könnten für diesen Fall wichtiger sein?

Oft erscheint es heute normal, allein den eigenen Vorteil zu suchen. So verhielten sich Frank und Pit ganz normal, wenn sie den Oldtimer reparierten und teuer verkauften, ohne Frau Hansen etwas davon zu sagen. Allerdings verstießen sie so gegen moralische Normen wie Ehrlichkeit und Schutz des Eigentums. Wenn Frank und Pit sich an die Normen halten, kann Frau Hansen sicher sein, daß sie keinen Schaden erleidet, auch wenn sie es nicht merkt. Auch Frau Hansen könnte gegen geltende Normen wie Ehrlichkeit verstoßen, wenn sie Frank und Pit den vereinbarten Lohn nicht auszahlen und gleichzeitig die Vereinbarung abstreiten würde. Selbst die Polizei könnte dann Frank und Pit nicht helfen, denn sie hätten keinen Beweis.

❑ Denkt euch andere Beispiele aus, bei denen anscheinend normales Verhalten den anerkannten Normen nicht entspricht.
❑ Überlegt, warum es nicht ausreicht, sich normal zu verhalten, sondern warum es notwendig ist, Normen zu beachten.

Abel Faivre, „Und überhaupt haben Sie nichts zu sagen, … da ich ja nicht rauche.“

Normen – Regeln – Ordnungen

Unterschiede

Man unterscheidet zwischen Normen und Regeln. Normen sind z. B. moralische Gebote wie: „Du sollst nicht stehlen, nicht töten, nicht lügen".
Regeln bestimmen den alltäglichen Umgang, Spiele, den Straßenverkehr usw. Ordnungen fassen mehrere Regeln und Normen für einen Bereich zusammen, z. B. Hausordnung, Schulordnung, Büroordnung, Straßenverkehrsordnung usw.
Ordnungen und Regeln sind Vereinbarungen und Übereinkünfte, die sich durch neue Absprachen verändern lassen. So könnte man in einer Hausordnung beispielsweise vereinbaren „Das Treppenhaus wird wöchentlich" oder „Das Treppenhaus wird 14täglich gesäubert". In einer Schulordnung könnte man vereinbaren „Die Pausen können die Schüler und Schülerinnen im Klassenzimmer, auf dem Pausenhof oder im Schulcafé" oder „... allein auf dem Pausenhof verbringen". Als Verkehrsregel könnte man feststellen „Rechts hat Vorfahrt" oder „Links hat Vorfahrt".
Normen dagegen kann man nicht beliebig verändern. Man kann nicht einfach eine Übereinkunft treffen, z. B. daß Geschwister heiraten dürfen, daß sich niemand mehr grüßt, und erst recht nicht, daß nicht jeder Mensch ein Recht auf Leben und körperliche Unversehrtheit hat. Normen sind nicht wie Regeln von einer Gruppe festgelegt worden, sondern sie basieren auf einer langen Überlieferung. Natürlich ändern auch sie sich. Aber sie ändern sich nicht einfach durch Vereinbarungen, sondern durch neue Erfahrungen und Erkenntnisse.

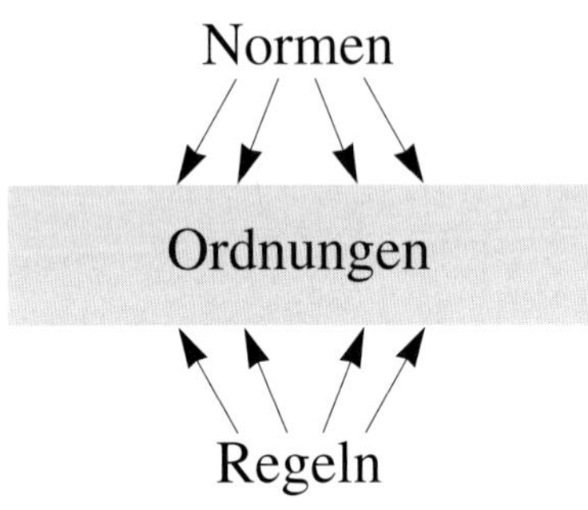

❑ Überlegt und diskutiert:
- Wann habt ihr einmal Spielregeln zu irgendeinem Spiel von euch aus verändert?
- Welche Verkehrsregeln würdet ihr ändern wollen?
- Was möchtet ihr an eurer Schulordnung ändern?

Fünfzig- bis Sechzigjährige berichten aus ihrer Jugendzeit:

Maurergeselle: Das ging alles in Ruhe bei uns. Das wurde uns eben gesagt, und dann taten wir es auch. S.8
Bauerntochter: Wir sind alle gut und recht erzogen worden, streng nicht, aber sind auch nicht den ganzen Tag auf der Straße herumgeflogen. Wir haben beizeiten das Arbeiten gelernt, wie sich das gehört. Widersprechen brauchte ich nicht zu Hause. Ich war immer artig.
Fahrzeugmechaniker: Da hat man sich beim Schlittschuhlaufen vergessen, ist um statt um 7 heimgekommen. Dann hat der Vater dagestanden: „Hast Hunger? Schön. Ins Bett, ohne Essen!“ Wenn das ein paarmal war, da hat man’s doch etwas gelernt.
Elektriker: Da war der Vater grad arbeitslos, da ist das Geld sehr knapp gewesen. Nun hab ich immer gern draußen Fußball gespielt, und hab auch beim Gehen so etwas mit den Füßen geschlurft ... da sind dann mal vorn die Spitzen von den Schuhen kaputtgegangen, oder es ist hinten ein Nagel raus..., und immer hat der Vater mich dann geschlagen.
Bauschlossergeselle: Aber früher, da hat’s geklappert! Immer wegen Unfolgsamkeit. Das ist beim Bauern so... von 10 Jahren ab mußt ich immer mitarbeiten. Na was tat man, man lief hinten herum nach draußen. Kam man dann abends wieder, dann hat die Mutter geschimpft, der Vater geschlagen, und die Großmutter hat die beiden zurückgehalten. Das war immer dasselbe.

Frühere Selbstbestimmung
Die elterliche Autorität wird heute von 10–14jährigen fast so stark in Frage gestellt wie 1966 von den 15–19jährigen. Das heißt nicht, daß die Familie als emotionaler Schutz- und Binnenraum von den Befragten in Frage gestellt wird – diese Bedeutung von Familie bleibt stabil. Aber es bedeutet, daß die Jugendlichen früher beginnen, sich gegenüber den Eltern zur Wehr zu setzten, einen eigenen Standpunkt durchzusetzen, sich gewisse Freiheiten herauszunehmen. Sie sagen Eltern öfters ihre Meinung, „vergessen“ sich diesen gegenüber eher, schreien sie auch einmal an, übertreten gesetzte Verbote. Damit erhalten wir ein Gegenstück zum Wandel elterlichen Verhaltens. Während die Älteren sich zurücknehmen, mehr als früher auf die Kinder und Jugendlichen eingehen, nehmen sich die Jüngeren mehr Freiheiten heraus. Diese Entwicklungstendenz spiegelt sich deutlich bei der Kontrolle abendlichen Ausgehens wider. Die früher übliche Zeitbeschränkung ist bei den 15–19jährigen rückläufig. Über 60 Prozent betonen bei einer Befragung 1986, daß sie keine Zeitvorschrift erhalten – eine Antwort, die 20 Jahre davor praktisch nicht vorkommt.

Recht und Ordnung

Ein Konflikt

Daniela und Kirsten, zwei gute Freundinnen, gingen einkaufen. Kirsten probierte einen Pullover an und verließ, zu Danielas Überraschung, das Geschäft, obwohl sie den Pullover unter dem Mantel noch anhatte. Einen Augenblick später hielt der Hausdetektiv Daniela fest und verlangte von ihr, den Namen des Mädchens, das den Laden verlassen hatte, zu nennen. Er erzählte dem Besitzer des Ladens, daß er die beiden Mädchen zusammen gesehen habe. Er sei sicher, daß das Mädchen, das bereits gegangen sei, gestohlen habe. Der Besitzer sagte, auch Daniela mache sich strafbar, wenn sie ihre Freundin decke. Sie mache sich der Hehlerei schuldig.

❑ Was soll Daniela tun? Sie muß sich zwischen verschiedenartigen Normen entscheiden. Diskutiert, welche Normen mehr Gewicht haben.
❑ Angenommen, Daniela verschweigt den Namen ihrer Freundin. Spielt ein Gerichtsverfahren (Richter, Staatsanwältin, Verteidiger, Zeugen), in dem über ihr Verhalten entschieden wird.

Gesetze und Rechtsordnung
Wenn Normen zum Schaden anderer verletzt werden, entstehen Streitigkeiten. Gerichte sind dazu da, diese zu entscheiden. Grundlage der Gerichtsentscheidung sind Gesetze. Gesetze sind schriftlich niedergelegte Normen, die für alle gelten. Sie werden von den dazu befugten staatlichen Einrichtungen erlassen, heute von Regierungen und Parlamenten, früher von Fürsten oder Stammeshäuptlingen. Gesetze sollten gerecht sein, d. h. den Interessen und Bedürfnissen aller in gleicher Weise dienen. Gerechte Gesetze schaffen eine Ordnung, die man mit Recht eine Rechtsordnung nennen kann. Aber was ist gerecht?

Nur fahrlässige Seeleute?

Am 6. 3. 1987 sank vor dem Hafen von Zeebrugge die Kanalfähre „Herald of Free Enterprise“ der Reederei P & O; 188 Menschen starben. Wasser war durch die nicht geschlossenen Bug-Autoverladeluken eingedrungen, während die Fähre Fahrt aufnahm. „Auf den ersten Blick“ sieht es so aus, als ob drei fahrlässige Seeleute „auf dem Schiff die Katastrophe“ verursacht hatten: der Zweite Bootsmann, der die Luken hätte schließen sollen und verschlief, „der Erste Offizier“, der die Autoverladung überwachte und „dachte, daß er den Bootsmann an der Lukenkontrolle gesehen hätte, und dann zur Brücke ging“, und der „Kapitän, der die Gesamtverantwortung“ dafür hatte, daß das Schiff sicher ausläuft, und der nicht kontrollierte, ob die Luken geschlossen waren. Es gab keine Anweisung, das Schließen der Luken positiv zu melden. Vor dem Untersuchungsgericht wurde offenkundig, „daß die Ursache weit über die Fahrlässigkeit der drei Angestellten hinausreichte. Es gab eine Reihe beitragender mitursächlicher Faktoren, die das Management und die Direktoren der Firma vorher schon kannten oder die ihnen zur Kenntnis gebracht wurden

... Anfragen zur Behebung verschiedener Mängel, die zur Katastrophe beitrugen, wurden regelmäßig ignoriert und zurückgewiesen". Während das Gericht „die Firma im allgemeinen tadelte", befand es, daß die drei Seeleute zum Unglück beitrugen und sonst niemand in der Firma.

❑ Was werden die drei verurteilten Seeleute über das Gericht und die Rechtsordnung denken?
❑ Was müßte ein Gericht in diesem Fall unternehmen?
❑ Welche Normen und Gesetze sind zu beachten, wenn die Rechtsordnung gewahrt werden soll?

Rechtsordnung und Staatsgewalt

- 10–14jährige Jugendliche weigern sich, weiter die Schule zu besuchen, weil sie nach eigenem Bekunden keine Lust dazu haben.
- In der Fußgängerzone einer Großstadt bieten Kinder ihre Dienste als Schuhputzer an.
- Jemand leidet an einer hochgefährlichen, ansteckenden Krankheit und weigert sich, die Maßnahmen zu ergreifen, die erforderlich sind, um andere vor Ansteckung zu schützen (z. B. Quarantäne).
- Ein Arzt weigert sich, Unfallopfer medizinisch zu betreuen.
- Ein Autofahrer fährt auf der Autobahn in der Gegenrichtung.
- Ein Bewaffneter dringt in einen Kindergarten ein, erschießt ein Kind und droht damit, weitere zu erschießen.

❑ In allen Fällen würde die Polizei eingreifen. Welche Normen haben die genannten Personen verletzt, und warum muß die Polizei unmittelbar eingreifen?

In modernen Gesellschaften darf in der Regel allein der Staat – durch seine Beauftragten – Gewalt ausüben. Man spricht daher vom Gewaltmonopol des Staates. Im Umgang der Menschen untereinander ist Gewalt grundsätzlich ausgeschlossen. Ausnahme ist Gewalt zur Abwendung einer lebensbedrohlichen Situation (= Notwehr). Der Staat darf Gewalt nur zum Schutz der Bürger und des Gemeinwesens anwenden, und auch dann nur, wenn es die Gesetze erlauben. Gewalt darf nicht zur Durchsetzung politischer Ziele oder zur Gestaltung des Gemeinwesens eingesetzt werden.

Zuviel Gewalt durch den Staat?

Es ist 9.30 Uhr. Richterin Ida K. Chen, die Vorsitzende des Familiengerichts in Philadelphia, hat keine Zeit zu verlieren. 62 Fälle häuslicher Gewalt sind heute zu verhandeln. Sie wird keine unnötigen Verzögerungen dulden. Sie wird jeden einzelnen Fall hören. Allen Beklagten wird vorgeworfen, gegen Pennsylvanias „Gesetz zum Schutz vor Gewalt in Beziehungen“ verstoßen zu haben. Es ermächtigt die Gerichte, gegen einen Mann, der seine Partnerin schlägt oder ihr mit Gewalt droht, eine „Sicherheitsanordnung“ (Order of protection) mit sofortiger Wirkung zu erlassen. Als ausreichende Grundlage für die richterliche Anordnung gilt die Aussage des Opfers vor Gericht.
Ein großer, sportlich aussehender Mann wird in Handschellen hereingeführt. Seine Exfreundin, die Klägerin, sitzt hochschwanger neben dem Staatsanwalt und lehnt sich weit hinter ihn zurück, damit der Beklagte sie nicht bemerkt. Sie hat ausgesagt, daß der Mann ihr nach der Trennung drohte, ihr eine Kugel durch den Kopf zu jagen, wenn sie nicht zurückkommt. Dann habe er sie bewußtlos geschlagen. Richterin Chen sucht im Kalender nach einem Termin für eine zweite Anhörung. Der Beklagte verlangt seine sofortige Freilassung. Er behauptet, die Klägerin habe ihn nur aus Eifersucht angezeigt. Der nächstmögliche Termin ist in acht Wochen. Die Richterin schickt den Mann bis dahin zurück ins Gefängnis. Fluchend verläßt er den Gerichtssaal.

❑ Erörtert, inwiefern die Richterin Gewalt anwendet. Sind ihre Maßnahmen angemessen? Haltet ihr die „Sicherheitsanordnung“ für vertretbar?

Schuldig geworden

Schuldig oder nicht?

Ein herrlicher Sonntag bricht gerade im Rheintal bei Karlsruhe an. Sogar die Autobahn erscheint um diese Tageszeit noch etwas verschlafen. Aber frohgelaunt fährt Familie Kertel Richtung Süden.

Schon in der Nacht waren sie in Duisburg aufgebrochen, um noch am späten Abend ihr Reiseziel am Mittelmeer zu erreichen. Zwar ist Herr Kertel ziemlich müde (er hat ja auch einen schweren Arbeitstag hinter sich), aber er hält sich mit Kaffee und Cola einigermaßen munter. Schließlich wollen die vier ihren Urlaub vom ersten bis zum letzten Tag genießen. Da geschieht es.

Auf der Überholspur nähert sich der Wagen mit drei jungen Männern mit hoher Geschwindigkeit. Schon sind sie auf gleicher Höhe, da schert der Wagen nach links aus. Frau Kertel schreit auf, ihren Mann zu warnen. Der jedoch ist einen kurzen Augenblick eingenickt, reißt das Steuer zur falschen Seite herum, und schon gibt es einen furchtbaren Knall.

Auszüge aus einem Zeitungsbericht am nächsten Tag:

Der Fahrer des Unfallwagens stand unter Alkoholeinfluß. Er wurde, wie seine beiden Begleiter, schwer verletzt. Beim Fahrer des zweiten Wagens wurde kein Blutalkohol festgestellt. Er schwebt ebenso wie seine beiden Kinder in Lebensgefahr. Die 38jährige Ehefrau verstarb noch an der Unfallstelle, da der Unfallwagen erst 25 Minuten nach dem Zusammenstoß eintraf. Schaulustige hatten ein früheres Eintreffen verhindert.

Ralf Becker

❑ Spielt die Gerichtsverhandlung.

❑ Zur Verhandlung werden auch die Eltern der drei Jugendlichen und Freunde der Familie Kertel als Zeugen geladen. Wie werden sie sich zur Schuldfrage verhalten?

„Das hab ich nicht gewußt!"

Eine Entwicklungshelfergruppe pflanzte 1985 in Tanzania eine Hirsesorte an, die gegen Dürre widerstandsfähig war. Die Ernte war großartig und rettete Tausende vor dem Verhungern. 1992 stellte sich heraus, daß der Boden durch diese neue Pflanzenart so ausgelaugt war, daß dort nichts mehr gedeihen konnte. „Das haben wir nicht gewußt", sagen die Entwicklungshelfer.

Der Lehrer gibt einem guten, jetzt aber schlechter gewordenen Schüler zwei gerechte Fünfen im Realschulabschluß. Damit hat dieser den Abschluß nicht bestanden. Er erhält keine Lehrstelle. Als der Lehrer erfährt, daß der Vater dieses Schülers in dessen letztem Schuljahr gestorben war und daß er, der Schüler, in diesem letzten Schuljahr eine schwere Hirnhautreizung hatte, äußerte er: „Das hab ich ja nicht gewußt!"

❑ Wer ist in diesen Beispielen schuldig geworden?

❑ Wie sollten die Hauptverantwortlichen angesichts der Misere reagieren?
❑ Wer macht sich schuldig?
Machen sich Lehrer/innen schuldig, wenn
- Schüler schlechte Noten bekommen, obwohl sie sich bemüht haben?
- Schüler faul und uninteressiert sind?
- es in der Klasse so laut ist, daß man sich nicht konzentrieren kann?
- Schüler einen ausländischen Schüler während des Unterrichts hänseln?

Machen sich Schüler/innen schuldig, wenn
- sie zusehen, wie ein Mitschüler gehänselt wird?
- sie einen Lehrer mißachten, verspotten und Witze über seine Schwächen machen?
- sie als begabte Schüler die Fähigkeiten, die in ihnen stecken, nicht nutzen?

❑ Bildet Gruppen, die sich mit diesen Vorwürfen auseinandersetzen. Sucht in Zeitungen und Büchern nach geeigneten Argumenten.

Schuldentlastung

Entlastung durch Sühne:
Für eine Tat sühnen heißt, dafür bestraft zu werden. Die Schuld, so meint man, könne am besten durch eine Strafe bzw. Vergeltung abgetragen werden. – Sühne bedeutet aber auch „Versöhnung". Man nimmt „freiwillig" eine Strafe auf sich, um sich mit dem Geschädigten bzw. mit der Gesellschaft wieder zu versöhnen. Ja, eine Sühne kann eigentlich nur dann von Schuld wirklich befreien, wenn sie *freiwillig* erfolgt.

El Loko: Ohne Titel (1989)

Entlastung durch Wiedergutmachung:
Zur Sühne gehört auch, so meinen viele, eine Wiedergutmachung. Sühne ohne Wiedergutmachung sei wirkungslos und tilge keine Schuld. Auch solche Wiedergutmachung könne aber nur dann wirklich von Schuld entlasten, wenn sie *freiwillig* geschehe. Andere meinen dagegen, daß Wiedergutmachung auch dann Schuld mindere, wenn sie erzwungen sei.

Entlastung durch Entschuldigung und Verzeihung:
Wer sich entschuldigt und um Verzeihung bittet, sieht seine Schuld ein und bittet den anderen um Aufhebung dieser Schuld bzw. Vergebung. Das sei, so meinen viele, die tiefgründigste Form von Ent-Schuldigung, weil der Geschädigte selbst über die Entlastung des Schädigers urteilt. Andere dagegen meinen, daß Entschuldigung und auch Vergebung oft nur Lippenbekenntnisse ohne wirkliche Schuldeinsicht seien.

Entlastung durch Reue und Bekenntnis:
Reue bedeutet vor allem: Freiwillig Schuld anerkennen und sich zur Besserung entschließen. „Wer etwas bereut, befindet sich schon auf dem Weg der Besserung", sagt ein altes Sprichwort. Reue müsse der Entschuldigung vorangehen, sonst sei es keine wirk-

liche Entschuldigung, sagen viele. Andere dagegen meinen, daß Reue allein, ohne Wiedergutmachung, keine große Wirkung haben könne.

Entlastung durch Buße:
Buße ist ein religiöser Begriff. Der Schuldige bekennt seine Schuld vor Gott in Anwesenheit eines Priesters oder Pfarrers (Beichte) und bittet um Vergebung, die ihm dann zugesprochen wird. In früheren Zeiten wurde auch öffentliche Buße verlangt. Die Vergebung kann auch mit weiteren Forderungen verbunden sein, z. B. Opfern, Beten, Fasten usw.

❑ Überlegt Beispiele zu jeder Form der Schuldentlastung und erörtert, ob sie helfen.

Freispruch

Ich kam mit dem Schulzeugnis nach Hause, in dem ein schrecklicher Satz zu lesen war, ein Satz, vor dem mein ganzes Dasein zerbrechen wollte. Ich ging mit diesem Satz große Umwege, wagte mich nicht mit ihm nach Hause, sah immer wieder nach, ob er nicht plötzlich verschwunden war, doch er stand immer da, klar und deutlich.
Als ich schließlich doch nach Hause kam, weil ich nicht die Kühnheit hatte, mich als Schiffsjunge nach Amerika anheuern zu lassen, saß bei meinen Eltern Fritz W. „Was machst du denn für ein betrübtes Gesicht“, rief er mir zu. „Ist es ein schlechtes Zeugnis?“ fragte meine Mutter besorgt, und mein Vater blickte mich an, als sehe er alles Unheil der Welt hinter mir aufgetürmt.
Ich reichte das Zeugnis meiner Mutter hin, aber Fritz riß es mir aus der Hand und las es schon und brach in schallendes Gelächter aus. „Nicht versetzt“, rief er und schlug sich mit seiner kräftigen Hand auf die Schenkel. „Nicht versetzt“, rief er noch einmal, während meine Eltern abwechselnd ihn und mich verstört anstarrten, zog mich zu sich heran und schlug mir auf die Schultern. „Nicht versetzt, genau wie ich“, rief er, „ich bin viermal sitzengeblieben.“
Damit war die Todesangst zerstäubt, alle Gefahr vergangen. Aus den verwirrten Gesichtern meiner Eltern konnte sich keine Wut mehr hervorarbeiten, sie konnten mir nichts mehr vorwerfen, da jetzt Fritz W., dieser tüchtige und erfolgreiche Mann, alle Schuld von mir genommen hatte und mich dazu noch besonderer Ehrung für würdig hielt.

Peter Weiss

❑ Warum fühlte sich der Junge schuldig?
❑ Wie kommt es, daß er am Schluß keine Angst mehr hat?

Mißhandlungen

Manche Kinder werden heute noch immer mit Stöcken, Schnüren, Gürteln und Bügeleisen verprügelt, mit Fußtritten traktiert, auf den Boden oder gegen die Wand geschleudert, mit unflätigen Schimpfworten belegt. Eine beliebte „Strafe“ ist auch ein stundenlanges Einsperren im Klo, Keller oder Speicher.
Kriminaloberrat Günter Bauer gibt in seinem „Beitrag zur Kriminologie“ unter der Kapitel-Überschrift „Das Fallmaterial“ fünfzehn verschiedene Stichworte für Mißhandlungsarten an, die er mit zahlreichen Beispielen belegt, unter anderen: Schlagen, Kneifen, Kratzen, Reißen an den Haaren, Treten, Werfen oder Schleudern gegen Gegenstände, Beibringen von Verbrennungen, Mißhandlung durch Hitze und Feuer, Mißhandeln mittels kaltem Wasser oder Kälte, Würgen, Drosseln, Erstickungsversuche, Turnenlassen, Laufenlassen, Einsperren, Fesseln, Anbinden, Verrenken oder Brechen der Glieder, Einnehmen schmerzhafter Stellungen.

- ❑ Wie fühlen sich Geschlagene und Mißhandelte?
- ❑ Was kann eine solche „Strafe“ bewirken?
- ❑ Sollte man gegen solche Formen von „Strafen“ einschreiten?
- ❑ Worin unterscheidet sich die Cartoon-Folge von den Berichten auf dieser Seite?

Kunst bringt Gunst

e. o. plauen

Strafen als Erziehungsmittel?

Aus dem General-Reglement von 1763:

„Die Disziplin muß weislich geschehen: so daß Kindern die Eigenliebe als die Quelle aller Sünden entdecket und ihre Abscheulichkeit gewiesen, der Eigenwille oder Eigensinn mit Fleiß gebrochen, auch das Lügen, Schimpfen, Ungehorsam, Zorn, Zank, Schlägerei etc. ernstlich, jedoch mit Unterschied und nach vorhergegangener genügsamer Überzeugung des geschehenen Verbrechens bestrafet werden. Wobey die Schulmeister in Züchtigung der Jugend sich aller ungeziemenden Heftigkeit, sündlichen Eifers und Scheltens enthalten sollen."

Aus einem Schulgesetz von 1956:

Folgende Erziehungs- und Ordnungsmaßnahmen können getroffen werden:

1. Durch Klassenlehrer oder durch den unterrichtenden Lehrer: Nachsitzen bis zu zwei Unterrichtsstunden;
2. durch den Schulleiter:
   a) Nachsitzen bis zu vier Unterrichtsstunden,
   b) Überweisung in eine Parallelklasse desselben Typs innerhalb der Schule,
   c) Androhung des zeitweiligen Ausschlusses vom Unterricht,
   d) Ausschluß vom Unterricht bis zu zwei Unterrichtstagen, bei beruflichen Schulen in Teilzeitform Ausschluß für einen Unterrichtstag;
3. durch die Klassenkonferenz/Jahrgangsstufenkonferenz unter Vorsitz des Schulleiters:
   a) Ausschluß bis zu vier Unterrichtswochen,
   b) Androhung des Ausschlusses aus der Schule,
   c) Ausschluß aus der Schule.

Die körperliche Züchtigung ist ausgeschlossen.

(§ 90 BW/Schulgesetz)

❑ Diskutiert das Für und Wider von Prügelstrafen und heute üblichen Schulstrafen. Was sollen und was können diese Strafen bewirken?

Strafen in der Familie

Tommi

Der 3jährige Tommi wurde von seinen Eltern oft gestraft. Eines Tages mußten sie ihren Sohn in der Wohnung für eine Stunde allein lassen. Als sie heimkamen, lag der Kanarienvogel tot auf dem Boden.

Die Eltern, blaß vor Schrecken, errieten, daß Tommi ihn getötet hatte. Konsterniert über die Roheit ihres Sohnes, der sonst von zarter Art war, stellten sie ihn zur Rede. „Vögi hat von den Pralinés genascht!" erklärte der Junge mit empörtem Blick auf den Leichnam des Vogels. „Das darf man nicht, Pralinés naschen! Ich habe Vögi bestraft!" – Es stellte sich heraus, daß die Praliné-Schachtel geleert worden war – gewiß nicht von Vögi …

❑ Erklärt Tommis Verhalten.
❑ Wie sollten die Eltern auf Tommis Tat reagieren?

Was kann Strafe in der Familie bewirken?

Stellt euch folgende Situation in der Familie vor:

- 2jährige nähert sich der Steckdose mit den Fingern.
- Zwei 4jährige streiten sich um Spielzeug und schlagen sich gegenseitig.
- 2jähriger schreit und kreischt und wirft sich auf den Boden, stampft mit den Füßen.
- 6jähriger schlägt die Schwester.
- 13jährige hat im Kaufhaus eine Kassette gestohlen.
- 15jähriger wird ohne Führerschein mit einem Mofa erwischt.
- 15jähriger kommt von der Fete erst am Morgen heim.

❑ Wie sollten die Eltern in jedem der Fälle reagieren? Überlegt euch konkrete Strafen oder andere Maßnahmen. Bedenkt, welche Wirkung solche Strafen haben könnten.

Ab in den Knast

Tageslauf im Jugendstrafvollzug

6.00 Wecken. Der Beamte schließt die Zellentür auf. Wer nach drei Minuten nicht aufgestanden ist, bekommt Freizeitsperre in der Zelle.
6.45 Abrücken zur Arbeit oder in die Schule. Jeder Gefangene muß arbeiten. Stundenlohn ca. DM 1.–. Man kann auch eine Lehre machen: als Schreiner, Mechaniker, Schlosser und Schmied, Elektroinstallateur, Maler, Maurer, Metzger, Bäcker, Koch, Landwirt und Gärtner. Wer keinen Hauptschulabschluß hat, kann ihn nachholen.
11.10 Mittagspause. Gegessen wird in der Zelle oder im Freizeitraum. Das Essen entspricht einem durchschnittlichen Kantinenessen. Auch die Bediensteten essen es.
15.00–16.00 Hofgang. Jeder Gefangene hat das Recht auf täglich eine Stunde Hofgang im Freien. Nicht einmal die Hälfte geht in den Hof – vor allem aus Angst vor Unterdrückung. Anschließend Duschen und gelenkte Freizeitaktivitäten. Sport.
18.30–20.30 Freizeit im Freizeitraum. Video-Programm. Dann Einschluß in die Zelle.
23.30 Nachtruhe. Der Strom wird zentral abgeschaltet. Von Freitag bis Sonntag ist Einschluß schon ab 16.00 bis zum anderen Morgen.
Jeder Gefangene kann Zeitschriften und Tageszeitung abonnieren. Aus einer gut bestückten Anstaltsbibliothek kann er sich Bücher ausleihen. Viermal pro Monat kann er für eine Stunde Besuch im Besucherraum empfangen. Wer will und kann, darf sich in der Küche auf dem Stockwerk etwas kochen.

Bericht: Gerhard Kraft/Gerald Rieker

❑ Welchen Strafzwecken (s. u. Tabelle) dient der Strafvollzug?

Die Art der Strafe (zum Beispiel: Geldstrafe, Gefängnis usw.) und das Strafmaß hängen weitgehend davon ab, welchen Sinn und Zweck die Strafe hat. Soll sie eine Wiedergutmachung oder eine Sühne sein, oder soll sie etwa erzieherisch wirken?

Sinn und Zweck von Strafen

Strafe aufgrund der Schuld des Täters	Strafe aufgrund der Gefährlichkeit des Täters	
Sühne/Vergeltung	*Vorbeugung/Abschreckung*	
↓	allgemeine Abschreckung durch Strafandrohung ↓	Verhütung künftiger Straftaten durch Einwirkung auf den Täter ↓

Erziehung bzw. Besserung des Täters

❑ Bedenkt § 2 des Strafvollzugsgesetzes: „Im Vollzug der Freiheitsstrafe soll der Gefangene fähig werden, künftig in sozialer Verantwortung ein Leben ohne Straftaten zu führen (Vollzugsziel)."
❑ Schreibt einen alternativen Tagesablauf und überlegt weitere Schritte zur Resozialisierung unter der Voraussetzung einer Freiheitsstrafe.
❑ Strafe soll abschrecken, eine Sühne sein und den Täter bessern, damit er nach Abbüßung der Strafe wieder ein normales Leben in der Gesellschaft führen kann. Unter diesem Gesichtspunkt ist zu fragen:
- Welchen Verurteilten sollte man die Möglichkeit zum „Freigang" geben, welchen nicht?
- Sollte man harte oder gemilderte Haftbedingungen bevorzugen?
- Wie könnte man denjenigen, die nach Verbüßung ihrer Strafe aus dem Gefängnis entlassen werden, ihre Wiedereingliederung in die Gesellschaft erleichtern?

Todesstrafe?

„Die Todesstrafe ist abgeschafft", lautet Art. 102 unseres Grundgesetzes. In den meisten Staaten der Erde gibt es sie aber noch immer.

Die Befürworter der Todesstrafe argumentieren:
Sie ist sowohl die billigste als auch die sicherste Methode, sich eines Verbrechers zu entledigen. Bei lebenslanger Haft muß die Gemeinschaft die Kosten für seine Versorgung und Unterbringung übernehmen. „Lebenslänglich" ist nicht immer gleichbedeutend mit lebenslanger Haft: Durch vorzeitige Entlassung kann die Haft-

zeit ebenso verkürzt werden wie durch einen erfolgreichen Ausbruch, durch eine Amnestie ebenso wie durch eine Revolution, welcher üblicherweise die Leerung der Gefängnisse folgt.
Nach dem orientalischen Gesetz verdient es derjenige, der gemordet hat, nicht, daß er selbst am Leben bleibe. Ein solches Verbrechen kann durch den Tod des Täters geahndet werden, er hat sein Leben verwirkt.
Die Todesstrafe hat stark abschreckende Wirkung. Da sie – zumindest in normalen Zeiten – ohnedies nur für die schwersten Verbrechen angedroht ist, führt sie zu einem Rückgang gerade dieser Delikte. Denn wer weiß, daß z. B. Mord mit Todesstrafe bedroht ist, wird vor der Begehung eines solchen Deliktes eher zurückschrecken, als wenn das Gesetz dafür „nur" lebenslange Haft vorsieht.

Die Gegner der Todesstrafe argumentieren:
Lebenslange Haft ist ein ebenso geeignetes Sicherungsmittel wie die Todesstrafe. Die Kosten der Inhaftierung dürften dort, wo es um Menschenleben geht, keine Rolle spielen. Daß sich die staatliche Gewalt gelegentlich gegenüber Gefängnisausbrüchen und -revolten als hilflos erweist, berechtigt sie noch nicht, sich zum Herrscher über Leben und Tod aufzuspielen.
Die Todesstrafe hat keine abschreckende Wirkung, weil ja grundsätzlich jeder Täter in erster Linie damit rechnet, man werde ihn nicht entdecken und verhaften.
Dazu kommt die Gefahr eines Justizirrtums. Weder ein Sachverständiger noch ein Richter ist unfehlbar und allwissend. Fehler und Irrtümer sind, allen Erweiterungen der menschlichen Erkenntnismöglichkeiten zum Trotz, nie auszuschließen. Das gilt auch für Justizirrtümer. Ein Todesurteil kann aber niemals mehr rückgängig gemacht werden, wenn es einmal vollstreckt worden ist.

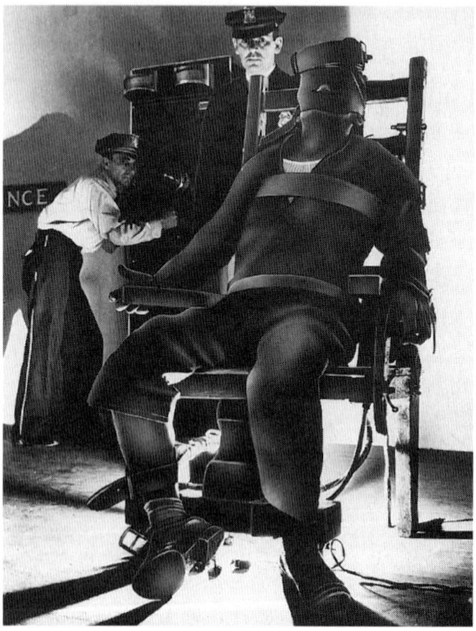

Elektrischer Stuhl

❑ Diskutiert die Argumente und ergänzt sie. Bedenkt dabei, daß auch diejenigen Staaten, welche die Todesstrafe noch nicht abgeschafft haben, die „Erklärung der Menschenrechte der UNO vom 10. Dezember 1948" unterschrieben haben, in welcher der Art. 1 lautet: „Alle Menschen sind frei und gleich an Würde und Rechten geboren."

Konflikte

Versprechen gegen Rechte?

Helmut K. ist als Lehrling in einem Betrieb beschäftigt. Er stellt fest, daß sein Lehrherr laufend gegen die Bestimmungen verstößt. Als Helmut mit seinen Eltern darüber spricht, nehmen diese ihrem Sohn das Versprechen ab, daß er nicht gegen den Lehrherrn aufmucken werde, damit er seine Lehrstelle nicht verliere.
Helmut K. fügt sich einige Wochen lang dem Wunsch der Eltern; doch dann trifft er ehemalige Klassenkameraden, die in der Gewerkschaft organisiert sind. Von ihnen erfährt er, daß Lehrlinge, die gegenüber dem Lehrherrn auf der Einhaltung des Ausbildungslehrvertrages bestanden hatten und denen deshalb ein Hinauswurf angedroht worden war, folgende Erfahrung gemacht hätten: Sie hatten dem Lehrherrn einen Arbeitsgerichtsprozeß angedroht, falls er künftig nicht den Ausbildungsvertrag strikt einhalte. Daraufhin hatte der Lehrherr schlagartig sein Verhalten geändert.

❑ Soll Helmut sein Versprechen den Eltern gegenüber halten?
❑ Haltet ihr den möglichen Konflikt von Helmut für einen Gewissenskonflikt? Begründet eure Meinung.

Rabbi Joshua

Zu Rabbi Joshua flieht ein unschuldig Verfolgter aus dem Nachbarstaat und bittet um Asyl. Joshua versteckt ihn in seinem Haus. Kurz danach kommen die verfolgenden Soldaten. Sie wüßten, so sagen sie, daß sich der Flüchtige in der Stadt versteckt halte, und sie fordern seine Herausgabe bis zum nächsten Sonnenaufgang. Andernfalls würden sie die Stadt zerstören. – Joshua verbringt die Nacht bleich und ratlos. Schließlich entdeckt er in seinem Gesetzbuch (Mishna) einen Paragraphen: „Wenn das Leben vieler in Gefahr ist, darf der Flüchtige ausgeliefert werden." Schwersten Herzens übergibt er den Flüchtling an die Soldaten. – In der nächsten Nacht träumt er, daß der Prophet Elia ihn anklage: „Du hättest nicht auf das geschriebene Gesetz, sondern auf das Gesetz deines Herzens hören sollen."

❑ Haltet ihr Rabbi Joshuas Entscheidung für richtig oder für falsch?
❑ Was könnte Elia mit dem „Gesetz des Herzens" gemeint haben? Nennt ähnliche Beispiele aus eurem Alltag.
❑ Haltet ihr Joshuas Konflikt für einen Gewissenskonflikt? Begründet eure Meinung.

- eine innere Stimme, die mir das Richtige sagt
- ein inneres Alarmsignal, das mich frühzeitig warnt
- Ausdruck meiner Ruhe, Zufriedenheit oder Angst
- Gottes Stimme in mir, die mich oft mahnt
- wie ein Container, in dem mal diese, mal andere Normen geladen werden – je nach Erziehung und Gesellschaft
- ein innerer Richter, der über mein Verhalten urteilt
- mein gesamtes Verhalten, das mal richtig, mal falsch ist
- ein Hang zum Guten
- ein innerer Gerichtshof in mir

Wolfgang Mattheuer: Zwiespalt

❑ Ordnet die Beschreibungen einander zu, die ähnlich sind.
❑ Welche Beschreibungen passen am besten zu den Beispielen auf der vorangehenden Seite?
❑ Wählt die Beschreibungen aus, die zu euren eigenen Gewissenserfahrungen am besten passen, und erläutert eure Wahl.

Verpflichtung und Freiheit

S.52

„Gut" und „Böse" sind Begriffe, mit denen wir, ohne viel nachzudenken, umgehen. Wer aber sagt uns, was gut und was böse ist? Jeder Mensch erfährt in seiner Erziehung Orientierung. In der Kindheit sind es die Eltern, die bestimmte Handlungen als gut und andere als böse bezeichnen.

Mit zunehmendem Alter muß jeder Mensch die Unterscheidung zwischen Gut und Böse selbst treffen. Die Stimmen, die ihm früher den Weg wiesen, werden zur Stimme im Menschen, zur Stimme, die warnt, die zuredet und auf Verpflichtungen hinweist. Der Begriff „innere Stimme" ist eine Umschreibung für das, was man als Gewissen bezeichnet. Dem Menschen ist die Fähigkeit geschenkt, sein Gewissen zu entwickeln. Er kann es bilden, verfeinern und vervollkommnen; er kann es auch verbilden und (fast) ganz zum Schweigen bringen. Es kann auch nicht ausgeschlossen werden, daß sich das Gewissen irrt.

In der Erklärung der Menschenrechte der Vereinten Nationen von 1948 wird die Gewissensfreiheit als Menschenrecht verkündet. Auch das Grundgesetz der Bundesrepublik Deutschland erklärt die Freiheit des Gewissens für unverletzlich: Nach Art. 4 kann zum Beispiel keiner gegen sein Gewissen zum Kriegsdienst gezwungen werden.

Ein Psychologe hat sich einmal das Tagebuch eines Zweijährigen ausgedacht. Hierin wird dargestellt, was ein Kind im Laufe eines Tages erleben kann:

8.10 Kölnisch Wasser auf den Teppich gespritzt. Riecht fein. Mama böse. Kölnisch Wasser ist verboten.

8.45 Papas Feuerzeug in den Kaffee geworfen. Prügel gekriegt.

9.00 In der Küche gewesen. Wollte sie untersuchen. Rausgeflogen. Küche ist verboten.

9.15 In Papas Arbeitszimmer gewesen. Bücher hervorgerissen. Rausgeflogen. Arbeitszimmer ist auch verboten.

9.20 Schrankschlüssel abgezogen. Mama wußte nicht, wo er war. Ich auch nicht. Böser Hansi. Klaps auf das Händchen. Schlüssel verboten.

10.00 Rotstifte gefunden. Tapete bemalt. Ist verboten.

10.20 Stricknadel aus Strickzeug gezogen und krummgebogen. Zweite Stricknadel in Sofa gesteckt. Stricknadeln sind verboten.

Der berühmte Urwaldarzt und Friedensnobelpreisträger Albert Schweitzer berichtete folgende Begebenheiten aus seiner Kindheit:

„Es ist der Mausche!“ rief ein Junge aus der oberen Klasse. „Der Jude und Viehhändler aus dem Nachbardorf!“ Da rannten alle Kinder hinter dem Karren her. Der Junge, der gerufen hatte, zog seine Jacke aus. Er knüpfte sie so zusammen, daß sie zwei Zipfel bekam, die wie Schweinsohren aussahen. Dann stülpte er sich die Jacke über den Kopf, schnitt Grimassen, machte Sprüche und rief: „Mausche! Mausche! Mausche!“
Die anderen Kinder lachten. Ein paar machten es ihm nach. Alle, auch Albert, riefen: „Mausche! Mausche! Mausche!“
Da wandte sich der Jude um. Die Horde stand still. „Gewiß wird er mit seinem Stock auf uns losgehen!“ dachte Albert. Aber der Mann lächelte die Kinder gütig an. Dann gab er seinem Esel einen Klaps auf das Fell und schritt weiter. Die Kinder fingen wieder an zu johlen und folgten ihm.
Albert aber blieb zurück. Das Lächeln des Juden hatte ihn überwältigt. Daß ein Mensch, der verspottet und verfolgt wurde, schwieg und gütig blieb, machte ihm einen großen Eindruck.
Als Mausche das nächste Mal durch das Dorf kam, grüßte ihn Albert ehrerbietig. Später gab er ihm oft die Hand und begleitete ihn ein Stück auf seinem Weg.

Auf dem Mittagstisch dampfte eine Fleischsuppe. Die Mutter schöpfte. Der Vater sprach das Tischgebet. Alle aßen.
Nur Albert rührte die Suppe nicht an.
„Was ist los mit dir, Albert?“ fragte die Mutter. „Ich ... ich mag nicht“, antwortete Albert. Der Vater schaute Albert streng an. „Die Suppe wird gegessen!“ befahl er. „Es gibt viele Kinder auf der Welt, die dankbar wären, wenn sie einen Teller Fleischsuppe hätte.“
„Laß ihn, Vater!“ sagte die Mutter. Sie kannte Albert. Sie wußte, daß ihn etwas beschäftigte, von dem er nicht reden wollte.
„Geh in dein Zimmer, Albert, und leg dich hin“, sagte sie.
Albert lag in den Kleidern auf dem Bett. Schon lange hatte er darunter gelitten, daß er für seine Kameraden etwas besseres war: der Sohn des Pfarrers, das Herrenbüble. Einer, der feinere Kleider anhatte als sie. Einer, der Klavierspielen durfte. Einer, der zweimal in der Woche Fleisch bekam, während die Bauern jeden Tag Kraut, Kartoffeln und Münsterkäse aßen. Nur an Festtagen oder wenn geschlachtet wurde, kamen Würste und Fleischsuppe auf den Tisch.
„Ich esse nie mehr Fleischsuppe!“ gelobte sich Albert. „Und ich kleide mich nie mehr anders als die Dorfbuben.“

❑ Hier werden unterschiedliche Erfahrungen erzählt, die den Prozeß der Gewissensbildung beeinflussen können. Findet heraus, von welcher Art die Einflüsse bei jedem Beispiel sind, dic gewissensprägend sein dürften.
❑ Überlegt mögliche Folgen, die mit solch unterschiedlichen Erfahrungen für die Entwicklung des Gewissens verbunden sein können.

Muß-Gewissen und Sollte-Gewissen

Kinder lernen zunächst durch Verbote, Gebote, Strafen und Vorbilder, was erlaubt ist und was nicht. Ihr Gewissen sagt ihnen, was sie tun müssen und was sie nicht tun dürfen. Deshalb kann man das kindliche Gewissen ein *Muß-Gewissen* oder auch ein *autoritäres Gewissen* nennen.
Aber auch schon Kinder können ihr Verhalten beobachten und sich fragen, ob sie selbst so sein wollen, wie sie sich verhalten. Eltern und Erzieher können Fragen unterstützen, z. B.: Können sich andere auf mich verlassen, bin ich gerecht zu meinen Mitmenschen, verhalte ich mich fair usw. Mit solchen Fragen beginnt die Suche nach dem, was eine Person sein kann und sein will. Eine andere Art von Gewissen entwickelt sich. *Ich* tue etwas, um dem zu entsprechen, wozu ich mich selbst verpflichte – was *ich* aufgrund eigener Entscheidung sein sollte. Manche nennen dieses Gewissen ein *Sollte-Gewissen*, andere ein *humanistisches Gewissen* (humanistisch = der menschlichen Bestimmung entsprechend).

❑ Beschreibt mit eigenen Worten den Unterschied zwischen einem Muß- oder autoritären Gewissen oder einem Sollte- oder humanistischen Gewissen. Erörtert, ob man jedes „Sollte-Gewissen“ als humanistisch bezeichnen kann.

Autoritätskonflikt und Gewissen

Die heute 16jährige Ayse lebt, seit sie zwei Jahre alt ist, mit Eltern und einem älteren, später auch dem jüngeren Bruder in der Bundesrepublik. Nach außen gibt sich die Familie liberal und großzügig. Auch als die Tochter in die Pubertät kommt, darf sie ausgehen und einen türkischen Freund haben. Doch dann soll Ayse in der Türkei verheiratet werden. Sie läuft weg – zu ihrem Freund. Der rät ihr, etwas abzuwarten, bis sich die Wogen geglättet haben.

Gitti Hentschel

❑ Warum soll Ayse vermutlich in die Türkei geschickt und dort verheiratet werden?
❑ Fragt eure ausländischen Mitschülerinnen, ob ihnen ähnliche Fälle bekannt sind.
❑ Ayse liebt ihre Eltern und erkennt ihre Autorität an, trotzdem will sie selbständig sein. Was geht in ihr vor?
❑ Ihr könnt ihre „innere Stimme“ auch auf unterschiedliche Personen verteilen und so den Gewissenskonflikt spielen. Denkt euch unterschiedliche Fortsetzungen dieser Geschichte aus.

Menschenrechte als Maßstab

Gleiches Recht für alle?

„Natürlich bin ich gegen Rassentrennung. Was können denn diese armen Menschen dafür, daß sie eine andere Hautfarbe haben? Es muß endlich Schluß gemacht werden mit der Diskriminierung! Aber selbstverständlich bekommen Sie meine Unterschrift. Man muß doch schließlich beweisen, daß man tolerant ist. Also ich habe nichts gegen die Neger. Vor Gott sind alle Menschen gleich.

Rassenkrawalle in Chicago? Also wissen Sie, ich verstehe ja die Amerikaner nicht. Haben doch eine Demokratie. Sollen den Negern doch endlich die Gleichberechtigung geben. Sind ja schließlich auch Menschen.

Wenn einer zu mir an die Tür kommt? Na, hören Sie mal! Man hat doch ein Herz für diesen armen Teufel! Erst gestern war noch einer hier. Ein ganz schwarzer, sage ich Ihnen. So was von schwarz! Zuerst habe ich mich ja ein bißchen erschrocken, als ich die Tür aufmachte und er plötzlich vor mir stand. Aber er war sehr nett. Wollte Zeitungen verkaufen. Eigentlich kaufe ich grundsätzlich nicht an der Tür. Aber in diesem Fall … Da macht man natürlich eine Ausnahme. Er sollte ja auch nicht denken …

Sicher, ich habe ihm die Hand gegeben. Na ja, ein etwas komisches Gefühl war das ja. Ich habe mir auch gleich hinterher die Hände gewasch …

→ S.49f.

Aber das tut man ja sonst auch.

Wie bitte?

Ob ich etwas dagegen hätte, wenn meine Tochter … mit einem Neger? Sie, werden Sie nicht unverschämt. Meine Tochter ist ein anständiges Mädchen! Die tut so was nicht!“

Josianne Maas

❑ Welches Verhältnis hat die Person zu Farbigen? Nennt Textstellen zur Erläuterung.

Manche glauben heute noch:

- es sei ganz „natürlich“, Farbige nicht wie Weiße zu behandeln;
- die Ausländer und Zuwanderer bei uns sollten froh sein, daß sie überhaupt eine Bleibe haben und arbeiten dürfen;
- daß sich alle an unsere Sitten und Gewohnheiten zu gewöhnen haben.

❑ Setzt die Reihe dieser Vorurteile fort und erörtert, wie sie zustande kommen.

Grundgesetz Art. 3:
Niemand darf wegen seines Geschlechtes, seiner Abstammung, seiner Rasse, seiner Sprache, seiner Heimat und Herkunft, seines Glaubens, seiner religiösen oder politischen Anschauung benachteiligt oder bevorzugt werden.

Allgemeine Erklärung der Menschenrechte:
1948 hat die Generalversammlung der Vereinten Nationen (UNO) unter dem Eindruck des grauenhaften Zweiten Weltkrieges die sogenannten „Menschenrechte" formuliert. Die wichtigsten Artikel:

Art. 1: Alle Menschen sind frei und gleich an Würde und Rechten geboren. Sie sind mit Vernunft und Gewissen begabt und sollen einander im Geiste der Brüderlichkeit begegnen.
Art. 3: Jeder Mensch hat Recht auf Leben, Freiheit und Sicherheit seiner Person.
Art. 4: Niemand darf in Sklaverei und Leibeigenschaft gehalten werden.
Art. 7: Alle Menschen sind vor dem Gesetz gleich und haben ohne Unterschied Anspruch auf gleichen Schutz durch das Gesetz.
Art. 9: Niemand darf willkürlich festgenommen, in Haft gehalten oder des Landes verwiesen werden.
Art. 11: Jeder Mensch, der einer strafbaren Handlung beschuldigt wird, ist so lange als unschuldig anzusehen, bis seine Schuld in einem öffentlichen Verfahren..., gemäß dem Gesetz nachgewiesen wird.
Art. 13: Jeder Mensch hat das Recht, jedes Land einschließlich seines eigenen zu verlassen, sowie in sein Land zurückzukehren.
Art. 14: Jeder Mensch hat das Recht, in anderen Ländern vor Verfolgungen Asyl zu suchen und zu genießen.
Art. 18: Jeder Mensch hat Anspruch auf Gedanken-, Gewissens- und Religionsfreiheit.
Art. 19: Jeder Mensch hat das Recht auf freie Meinungsäußerung.
Art. 20: Jeder Mensch hat das Recht auf Versammlungs- und Vereinigungsfreiheit zu friedlichen Zwecken.

- ❑ Warum kann man diese Menschenrechte auch Grundrechte nennen?
- ❑ Sammelt zu jedem Artikel Beispiele seiner Beachtung bzw. Mißachtung.
- ❑ Welche Menschenrechte würdet ihr noch hinzufügen?

Wie kam es zu den Menschenrechten?

Das Mittelalter kannte noch keine persönlichen Freiheiten für alle, sondern nur gemeinsame Rechte für einzelne Stände. Diese wurden „von oben" gewährt und „nach unten" meist sorgsam verteidigt. Dazu gehört auch die berühmte *Magna Charta Libertatum* von 1215, die englische Barone ihrem König abgetrotzt haben. Diese „Große Urkunde der Freiheiten" wurde später zum Grundstein des englischen Verfassungsrechtes umgedeutet und enthielt bereits den zukunftsweisenden Satz: „Kein freier Mann soll verhaftet oder eingekerkert oder um seinen Besitz gebracht oder geächtet oder verbannt oder sonst in irgendeiner Weise ruiniert werden ..., es sei denn auf Grund eines gesetzlichen Urteils."
Diese wichtige Bindung der Staatsgewalt an Recht und Gesetz fand in der sogenannten *Habeas-Corpus-Akte* (lat. nach dem Anfang alter Haftbefehle: habeas corpus „du sollst den Körper haben") von 1679 ihre Erweiterung. Fortan sollte jeder Untertan der englischen Krone vor willkürlicher Verhaftung geschützt sein und das

Recht besitzen, eine richterliche Überprüfung der Zulässigkeit seines Verhaltens zu verlangen.

Im 18. Jahrhundert ging der Kampf um die weitere Befreiung des Individuums auf die 13 englischen Kolonien Amerikas über. Der Unmut der Kolonien entzündete sich an der willkürlichen englischen Steuer- und Handelspolitik. Dabei konnte sich die Forderung „no taxation without representation“ (keine Besteuerung ohne Teilhabe an der Volksvertretung) noch auf altenglische Rechtssätze stützen. Daneben beriefen sich die Wortführer der amerikanischen Revolution sehr bald auf das Naturrecht (Rechte und Pflichten, die jedem Menschen von Natur mitgegeben sind).

Bahnbrechend wurde bereits die *Virginia Bill of Rights* vom 12. Juni 1776, weil mit ihr die erste Menschenrechtserklärung den Rang einer Verfassung erhielt:

„Alle Menschen sind von Natur aus gleichermaßen frei und unabhängig und besitzen gewisse angeborene Rechte, deren sie, wenn sie den Status einer Gesellschaft annehmen, durch keine Abmachung ihre Nachkommenschaft berauben oder entkleiden können, und zwar den Genuß des Lebens und der Freiheit und dazu die Möglichkeit, Eigentum zu erwerben und zu besitzen und Glück und Sicherheit zu erstreben und zu erlangen“ (Art. 1).

Weiter garantiert die Urkunde den Bürgern das Recht, bei allen Anklagen dem gesetzlichen Richter vorgeführt zu werden, das Recht auf Schutz vor ungesetzlicher Hausdurchsuchung und Verhaftung, das Recht auf Pressefreiheit und das Recht auf freie Religionsausübung.

Zur bedeutendsten *Erklärung der Menschen- und Bürgerrechte* kam es am 26. August 1789, zur Zeit der Französischen Revolution, in der französischen Nationalversammlung. Sie beginnt folgendermaßen:

„Die als Nationalversammlung eingesetzten Vertreter des französischen Volkes haben in der Erwägung, daß die Unkenntnis, das Vergessen oder Verachten der Menschenrechte die alleinigen Ursachen des öffentlichen Unglücks und der Korruption der Regierungen sind, beschlossen, in einer feierlichen Erklärung die natürlichen, unveräußerlichen und heiligen Rechte des Menschen darzulegen, damit diese Erklärung allen Mitgliedern der Gesellschaft stetig vor Augen steht und sie unablässig an ihre Rechte und Pflichten erinnert.“

❑ Stellt eine Zeitliste her und markiert die wichtigsten Stationen der Entwicklung der Menschenrechte. Setzt diese Liste bis in die Gegenwart fort.

❑ Welche Rolle spielt der Gedanke des Naturrechts in der Virginia Bill of Rights und in der Erklärung der französischen Nationalversammlung?

❑ Von der französischen „Erklärung der Menschen- und Bürgerrechte“ waren die Frauen praktisch ausgeschlossen. Die Schriftstellerin Olympe de Gouges verfaßte wenige Tage später eine „Erklärung der Rechte der Frau und Bürgerin“ und forderte darin, daß die Menschenrechte nicht nur Männer-, sondern auch Frauenrechte sein müssen. Zwei Jahre später wurde sie hingerichtet. Welche Gründe könnte das gehabt haben?

Befehlsnotstand

Du bist Unteroffizier, und dein Land befindet sich im Kriegszustand. Du bist zur Bewachung von sechzehn Kriegsgefangenen abkommandiert, die noch nicht in ein Lager überführt werden konnten. Die Truppen deiner Einheit werden zurückgedrängt, und es ist klar abzusehen, daß es auch für dich bald Zeit wird, den Rückzug anzutreten. Der Feind nähert sich schneller, als du es erwartet hast, und deine Lage wird sehr ernst. Du kannst die Gefangenen nicht einfach zurücklassen; andererseits würdest du, wenn du sie mitnimmst, nicht schnell genug vorankommen. Als du gerade aufbrechen willst, erhältst du einen Befehl deines Vorgesetzten, die Gefangenen seien zu erschießen, wenn sie zurückgelassen werden müßten. Bei Befehlsverweigerung droht dir selbst der Tod.

❑ Diskutiert den Fall.
❑ Überlegt, warum bei diesem Fall Menschenrechtsverletzungen nur schwer verhindert werden können. Was müßte sich ändern?

Beispiel Kinderarbeit

Vor kaum mehr als hundert Jahren war die bittere Not, die heute in den Ländern der Dritten Welt herrscht, auch bei uns gang und gäbe: Kinderarbeit im Erzgebirge im vorigen Jahrhundert. Die ganze Familie bis hin zu den Kleinsten fertigt Klöppelspitzen in Heimarbeit an.

Wo Menschen aus politischen, rassischen oder religiösen Gründen verfolgt und unterdrückt werden, kann von einer freien Entfaltung der Persönlichkeit keine Rede sein. Häufiger verhindern aber wirtschaftliche Not und Ausbeutung eine freie Entwicklung des Menschen. Ihre traurigste Erscheinung ist die Kinderarbeit. 150 Millionen Kinder in der Welt werden, nach Angaben des Kinderhilfswerkes „terre des hommes“, gezwungen, als Beitrag zum Einkommen ihrer Familien täglich bis zu 15 Stunden zu arbeiten:

Da werden einmal Geschicklichkeit und Fingerfertigkeit von Kindern ausgenutzt. So sind beispielsweise Jungen im indischen Bundesstaat Bihar damit beschäftigt, täglich mehr als 1000 Zigaretten zu drehen, oder in Thailand in einer illegalen Edelsteinschleiferei täglich bis zu 500 Granatsteine in Fasson zu bringen. Ähnlich wie beim Teppichknüpfen in Persien, Afghanistan oder Marokko ist das Besticken der Saris mit zierlichen Mustern reine Kinderarbeit.

Da werden Kinder in Bergwerke geschickt. Sie müssen in gebückter Haltung und mit primitiven Werkzeugen Kohle abbauen. Die Grubenbesitzer sparen dadurch die Kosten für den Ausbau mannshoher Stollen. Verhältnisse, wie sie in englischen und deutschen Zechen im vergangenen Jahrhundert üblich waren, findet man heute noch in Kolumbien.

Da wird die Arbeitskraft von Kindern ausgebeutet, sei es als Tagelöhner in brasilianischen Zuckerrohrplantagen oder in Ziegelbrennereien von Bogotá in Kolumbien, wo schon Fünfjährige die schweren Ziegel zu den Brennöfen schleppen müssen.

Da werden Kinder von gewissenlosen Geschäftemachern in die Prostitution gezwungen. Berüchtigt ist die thailändische Hauptstadt Bangkok, wo schätzungsweise 200 000 Kinder arbeiten müssen, unter ihnen 30 000 Mädchen unter 15 Jahren, die in Bordellbetriebe eingesperrt sind.

Es stellt sich die Frage, ob ein Boykott (= Weigerung zu kaufen) die Erzeuger nicht zwingen würde, auf die Ausbeutung von Kindern zu verzichten oder zumindest die Arbeitsbedingungen zu verbessern. Dagegen kann man argumentieren, daß ein solcher Boykott die Kinder selbst ihrer bescheidenen Lebensgrundlage berauben würde.

❑ Sammelt Informationen über Kinderarbeit – früher in Deutschland und heute in vielen anderen Ländern.
❑ Diskutiert über Möglichkeiten und Folgen eines Boykotts der von Kindern hergestellten Produkte.
❑ Formuliert eine „Erklärung der Kinderrechte“.

Eine Wurzel – drei Religionen

Die Mehrzahl der Menschen in Deutschland bekennt sich zu einer der großen Religionen. Die meisten sind Christinnen und Christen; sie gehören zu einer evangelischen Landeskirche, zur römisch-katholischen Kirche oder zu einer Freikirche. Eine zunehmende Anzahl ist muslimisch; diese Menschen versuchen, ihre religiöse Verwurzelung im Islam auch in Deutschland zu behalten. Seit dem Zweiten Weltkrieg leben nur noch wenige Jüdinnen und Juden in Deutschland; viele haben auch angesichts von Gewalttaten gegen ihre Einrichtungen und gegen sich selbst Angst, hier zu leben.
Religion kann trennen, wie Religionskriege in vielen Ländern, Verfolgungen und Streitigkeiten zwischen Angehörigen unterschiedlicher Religionen auch bei uns zeigen. Religionen können verbinden, wenn ihre Gläubigen sich gegenseitig dulden und tolerant miteinander leben. Deswegen ist es wichtig, die drei Religionen, die bei uns verbreitet sind, kennenzulernen: das Judentum, das Christentum und den Islam.
In *auf andere achten 5/6* war von diesen Religionen bereits die Rede: von ihren Gotteshäusern Synagoge, Kirche und Moschee, von ihrem gemeinsamen Stammvater Abraham, von ihren besonderen Religionsstiftern Mose, Jesus und Mohammed und vom Zusammenleben der drei Religionen. In dem folgenden Kapitel geht es zuerst um Bräuche und Symbole, welche die drei abrahamitischen Religionen gemeinsam haben:

Essen verbindet und macht satt
Die heiligen Essen: ihre Riten – woher sie kommen – wozu sie dienen

Licht macht hell und wärmt
Verschiedene Licht-Symbole und ihre Bedeutung

Und es wird gezeigt, wie sich die Religionen im Leben auswirken:

Glauben und Leben im Christentum
Wie engagieren sich christliche Kirchen und einzelne Gläubige in unserer Gesellschaft? Können sie sich dabei auf das Beispiel Jesu berufen?

Glauben und Leben im Islam
Das Bekenntnis zum allmächtigen Gott bestimmt den Alltag. Wichtige Gebote.

Glauben und Leben im Judentum

Warum sollen Gläubige gute Taten vollbringen? Was kritisierten die Propheten? Ein verfolgtes Volk: Auswirkungen im Alltag und in der Politik

Schließlich geht es um die Frage der Toleranz:

Zusammenleben der Religionen

Religionsfreiheit. Die Rolle der Menschenrechte. Auch Religionen müssen tolerant sein.

Essen verbindet und macht satt

S.79f.

Wenn sich alle Menschen vertragen würden, wäre der Weltfrieden nicht gefährdet. Jeder Mensch hat seine eigenen Vorstellungen von Frieden. Ich meine, der Frieden gehört mit ins Leben wie Freunde und gutes Essen.
Sibylle, 16 Jahre

- ❑ Warum zählt Sibylle mit dem Frieden auch Freunde und gutes Essen zum Leben auf?
- ❑ Was versteht Sibylle unter einem guten Essen?
- ❑ Könnte Essen etwas mit Gott zu tun haben?

Christentum

Unser tägliches Brot gib uns heute

Christinnen und Christen denken öfter daran, daß wir ohne Nahrung, ohne Essen und Trinken nicht leben können. Im Vater-Unser-Gebet lautet eine Bitte: „Unser tägliches Brot gib uns heute“. Viele beten vor dem Essen und danken Gott als dem Schöpfer und anderen Menschen dafür, daß sie ausreichend zu essen und zu trinken haben.

Im christlichen Gottesdienst gibt es auch so etwas wie ein heiliges Essen, nämlich das Abendmahl. (In der katholischen Kirche wird das Abendmahl Kommunion = Gemeinschaft genannt. Abendmahl und Kommunion werden als Sakrament = heilige Handlung bezeichnet.)

Dieser Holzschnitt vom letzten Essen Jesu mit seinen zwölf Jüngern, dem sogenannten Abendmahl, stammt von Albrecht Dürer (1523).

Das Abendmahl

Die christliche Abendmahlsfeier hat mehrere Wurzeln. Die erste reicht zurück in die Ursprünge des Volkes Israel. Mose und die Israeliten sitzen fluchtbereit in ihren Häusern. Da befiehlt Gott: „Jede Familie soll ein Lamm nehmen, es zur Abendzeit schlachten und mit dem Blut des Lammes die beiden Türpfosten und die Oberschwelle bestreichen. Ihr sollt das Lamm in angstvoller Eile essen und Reste verbrennen. Das Blut ist mein Schutzzeichen für euch, daß euch auf der Flucht nichts passiert. Diesen Gedenktag sollt ihr von Geschlecht zu Geschlecht als ewige Ordnung feiern" (2. Mose 12, Verse 1–14). Deswegen feiern die Juden jedes Jahr das Passah-Fest mit einem ausgiebigen Essen. Der Karfreitag und Ostern sind die entsprechenden christlichen Fest- und Feiertage; der Gründonnerstag gilt als der Einsetzungstag des christlichen Abendmahles durch Jesus. In manchen Gemeinden feierten Juden und Christen Passah und Ostern gemeinsam bis in das 4. Jahrhundert hinein. In Israel gibt es die Vorstellung, daß Gott den Stammvater der Juden, Christen und Muslime, Abraham, zu sich an seinen Tisch genommen habe und am Ende der Zeiten alle Gläubigen an diesen Tisch zu einem Freudenmahl einladen werde. Und Jesus gilt bei den Christen als derjenige Gesandte Gottes, der vor seinem Tod in der Vorfreude auf das himmlische Essen mit Abraham die Feier des Passah-Mahles seinen Jüngern nochmals einschärfte. Sie feierten mit Brot und Wein das letzte gemeinsame Abendessen, eben das sogenannte Abendmahl.

Über dieses letzte Abendmahl wird in der kirchlichen Abendmahlsfeier berichtet: „Der Herr Jesus in der Nacht, da er verraten ward und mit seinen Jüngern zu Tische saß, nahm er das Brot, sagte Dank, brach es, gab es seinen Jüngern und sprach: Nehmet hin und esset, das ist mein Leib, der für euch gegeben wird. Das tut zu meinem Gedächtnis. Desgleichen nach dem Abendmahl nahm er den Kelch, sagte Dank, gab ihnen den und sprach: Trinket alle daraus, das ist mein Blut des Neuen Testamentes (= Bündnis), das für euch und für viele vergossen wird zur Vergebung der Sünden. Das tut, so oft ihr es trinket, zu meinem Gedächtnis."

Heute wird das Abendmahl in den christlichen Kirchen in verschiedenen Formen gefeiert. Im herkömmlichen Brauch teilen Geistliche und Helfer am Altar Brot oder Oblaten (= Hostien = kleine runde Teigfladen) und Wein (oder Saft, Wasser) aus. In manchen Abendmahlsfeiern geben sich die Gottesdienstbesucher gegenseitig Brot und Wein (Saft, Wasser). Und in einigen Kirchengemeinden wird das Abendmahl als bescheidenes gemeinsames Essen durchgeführt.

Christen glauben, daß *Jesus* bei ihrem Abendmahl *anwesend* ist. In der Bibel wird Jesus öfter mit einem Weizenkorn verglichen: Er wurde nach seinem Tod am Kreuz in die Erde gelegt und ist wieder lebendig geworden.

Christinnen und Christen erinnern sich beim Abendmahl an Jesus und verpflichten sich zum Verzeihen und zum Teilen. Sie versuchen, in der Erinnerung an Jesu Wirken das Reich Gottes unter uns Menschen zu verwirklichen. In einem Gleichnis: Wie aus Körnern Ähren aufwachsen, aus denen dann Brot gemacht wird, so wächst das Reich Gottes und wird später von Gott selbst vollendet werden. Dann wird Gott die Menschen zu einem großen Mahl einladen, allen voran den Erzvater der Juden, Christen und Muslime, Abraham.

Es war in Israel üblich, aus verschiedenen Anlässen Tiere zu opfern: aus Dankbarkeit für die Errettung aus Ägypten, aus Freude über die gelungene Flucht aus Ägypten, als blutiges Zeichen für die Bewahrung während der Flucht, aus dem Gefühl heraus, Gottes Schutz auch in Zukunft zu erhalten.
Es wurde unterschieden zwischen tierischen Brandopfern und Speiseopfern aus gebackenen Fladen oder Korn, Öl und anderen pflanzlichen Stoffen.
Über die Opferbräuche könnt ihr nachlesen in 3. Mose 1–7.

- ❑ Nennt verschiedene Wurzeln des Abendmahls.
- ❑ Aus welchen Gründen feiern Christen das Abendmahl?
- ❑ Was bedeuten Brot und Wein bei der Abendmahlsfeier?
- ❑ Nennt andere Symbole und erklärt ihre Bedeutung.

Judentum ✡

Im Judentum gibt es verschiedene Feste, die mit Essen verbunden sind. Die beiden bekanntesten sind das Passah-Fest, dessen Ursprung im vorhergehenden Abschnitt behandelt wurde, und die Sabbat-Feier des jüdischen Ruhetages.

Das Passah-Fest

Das Passah-Fest dauert acht Tage. Es wurde früher im Tempel mit der Opferung und dem gemeinsamen Essen von Passahlämmern und in der Familie gefeiert, heute nur noch in der Familie und mit einzelnen Gottesdiensten in der Synagoge. Die jüdischen Familien erinnern sich an die Errettung ihrer Urväter durch Gott aus Ägypten und an den Durchzug durch das Schilfmeer. Zum Haupttag des Festes wird der Tisch reichlich

Feierliches Essen am Sederabend

gedeckt. Der Hausvater spricht die Segensworte über vier Becher Wein, über das ungesäuerte Brot und über die zum Fest gehörenden Speisen. Er stimmt Psalmen und Gebete an, erzählt von der Befreiung aus Ägypten, als ob die ganze Familie damals selbst dabeigewesen wäre. Volkstümliche Lieder werden gesungen, und es wird reichlich gegessen, getrunken und gefeiert. Passah ist eine Familienfeier, ein Hausgottesdienst und zugleich ein Festmahl.

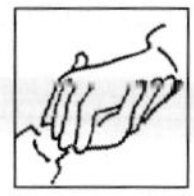

❑ Lies in der Bibel über den Ursprung des Passah-Festes nach: 2. Mose 12, Verse 1–14. Und zum Ablauf des Festes: 2. Mose 12, Verse 15–20. 46–49.
❑ Welche Nahrungsmittel und Gegenstände sind beim Passah-Fest wichtig? Beschreibt das Bild.

Der Sabbat

Während die Christen den Sonntag als ersten Tag der Woche feiern in Erinnerung an die Auferstehung Jesu Christi (Markus 16, Verse 1 und 2), feiern die Juden den siebenten Tag als Ruhetag.

Die Sabbatfeier

Am Schluß der Erzählung von der Erschaffung der Erde und des Menschen durch Gott heißt es: „Denn in sechs Tagen machte der Herr Himmel und Erde, aber am siebenten Tage ruhte er und erquickte sich.“ Deswegen leben fromme Juden die ganze Woche auf den Sabbat hin. Am Freitag, an dessen Abend der Sabbat beginnt, wird gebacken und werden Speisen vorbereitet, wird die Wohnung geschmückt und nach einem Bad festliche Kleidung angelegt. Der Sabbat soll wie eine Königin, wie eine Braut empfangen werden. Die Frau des Hauses, die sonst im jüdischen Gottesdienst keine eigenständige Rolle spielt, begrüßt bei der häuslichen Sabbatfeier den beginnenden Sabbat. Sie entzündet die beiden Sabbatkerzen und spricht darüber den Segen.

Man besucht am Freitagabend den Synagogengottesdienst und eilt nach Hause, um dort die Feier im Familienkreis fortzusetzen. Der Hausvater begrüßt den Sabbat mit dem Friedensgruß, spricht das „Lob der Frau“ und vollzieht die Segnung des Tages. Er erhebt den bis zum Rand mit Wein gefüllten Becher, trinkt daraus und reicht ihn bis zum jüngsten Kind weiter.

Nach dem rituellen Händewaschen und dem Tischgebet eröffnet der Hausherr die Mahlzeit, indem er vom Sabbatbrot für sich und für alle anderen je ein Stück abschneidet und austeilt. Die Sabbatmahlzeit soll schön und festlich sein. Es wird ausgiebig gefeiert, Sabbatlieder werden gesungen.

Am Samstag geht der Sabbat mit dem Synagogengottesdienst und einer guten Mittagsmahlzeit weiter. Mit dem Abendessen beginnt man möglichst spät, um den Sabbatfrieden und die Sabbatfreude noch etwas auszudehnen. Dann verabschiedet der Hausvater den Sabbat, indem er den Becher wieder reihum gehen läßt. Alle sollen die Wohlgerüche der Gewürzkräuter in der „Sabbatbüchse“ riechen. Die Sabbatkerze läßt das Licht des Sabbat in die folgende Woche hineinleuchten.

❑ Die Juden benennen die Wochentage nach der Zahl bis zum Sabbat, also 5., 6. usw. Tag vor dem Sabbat. Was besagt dies für den Sabbat? Woher haben die Wochentage bei uns ihre Namen?
❑ Lies das „Lob der Frau“ in der Bibel nach: Sprüche 31, Verse 10–31.

Im Islam gibt es wie im Judentum und Christentum Feste, die mit Essen und Trinken verbunden sind. Alle drei Religionen stammen ursprünglich aus ländlichen Kulturen. Deswegen spielen pflanzliche und tierische Nahrungsmittel und als Getränke Wasser und Wein eine wichtige Rolle. Brot, Fleisch, Wasser: Das sind Lebensmittel, die nicht selbstverständlich vorhanden sind. Teilen des täglichen Brotes ist notwendig.

S.147

Ramadan, Fastenbrechen (Bayram oder Id al-Fitr) und Zakat (Abgabe)

Zum Alltag der Muslime gehört das gemeinsame Essen. Meist essen die Männer und Frauen getrennt. Das wichtigste gemeinsame Essen wird am Ende des Fastenmonates Ramadan veranstaltet. Mehrere Familien treffen sich, tauschen Geschenke, Glück- und Segenswünsche aus und veranstalten gemeinsam ein ausgiebiges und fröhliches Nachtmahl:

Als der Fastenmonat Ramadan zu Ende war, gab es ein großes Fest. Alle freuten sich, daß nun die Anstrengung vorbei war.
Jetzt gibt es aber viel zu essen, dachte Hassan. Und viele Leute kommen zu Besuch. Da muß Mutter aber eine Menge einkaufen. Hoffentlich gibt sie nicht das ganze Geld aus, das wir gespart haben. Das ist doch für die Armen.
Am Morgen des Festtages durfte Hassan mit dem Vater und den anderen Männern in die Moschee gehen zum Gebet. Unterwegs fragte er den Vater: Wie ist das jetzt mit dem Geld, das wir gespart haben? Wir wollen es doch den Armen geben? Das ist richtig, sagt der Vater. Das habe ich auch gemacht. Der Prophet hat gesagt, man soll das Geld den Armen geben, bevor man zum Gebet geht.
Da war Hassan zufrieden. Der Vater sagte weiter: Auch von dem guten Essen, das Mutter kocht, wollen wir etwas abgeben. Weißt du, es gibt auch bei uns arme Leute. Sie verhungern wohl nicht, aber es geht ihnen nicht sehr gut. Darum bringen wir ihnen auch etwas von unserem Festessen, damit sie sich freuen.

Ramadan-Essen in der Wohnung eines Imam, Berlin

Wie können wir den Armen noch helfen, fragte Hassan. Nun, sagte der Vater, das erkläre ich dir, wenn wir von der Moschee wieder nach Hause gehen.
In der Moschee saßen schon viele Leute, die Männer vorn und die Frauen hinten. Hassan setzte sich neben den Vater auf den Boden. Bald wurde gebetet. Nach dem Gebet sagten alle zueinander: Id mubarak. Das bedeutet gesegnetes Fest. Der Tag nach dem Monat Ramadan heißt ja auch Ramadan Bayram oder Id al-Fitr.
Auf dem Weg nach Hause sagte der Vater: Ich wollte dir doch erzählen, wie wir den Armen helfen. Weißt du, im Koran steht geschrieben, die Menschen, die genug zum Leben haben, müssen den Armen jedes Jahr etwas von ihrem Besitz abgeben. Früher hatten die Menschen meistens Vieh, Kamele, Schafe oder Korn und Gemüse und Obst. Davon haben sie den Armen etwas abgegeben. Das nennt man Zakat. Wir heute geben Zakat meistens als Geld. Wenn wir 100 Mark haben, sollen wir davon den Armen ungefähr 3 Mark abgeben. Aber warum gibt es dann so viele arme Menschen? fragte Hassan. Wenn die Reichen den Armen immer etwas abgeben, dann müssen doch alle Menschen bald reich sein.
Ja, sagte der Vater, aber leider hören nicht alle Menschen auf das Wort von Allah. Besonders die Reichen wollen nicht hören. Sie wollen nur immer mehr und immer mehr, aber sie wollen nichts abgeben.

Das habe ich schon einmal gehört, dachte Hassan. So war das auch in Mekka, als der Prophet Mohammed dort lebte. Warum ist das so? fragte Hassan. Der Vater antwortete: Weißt du, wenn man sehr reich ist, denkt man, daß man sich alles auf der Welt kaufen kann und man denkt nicht mehr an Allah. Man denkt nur noch an sich selbst.
Das verstehe ich nicht, sagte Hassan.
Nun, sagte der Vater, weißt du noch wie die Schahada beginnt?
Ja, antwortete Hassan, aschhadu an la ilaha illa-Ilah. Das bedeutet: Ich bezeuge, es gibt keinen Gott außer Allah.
Siehst du, sagte der Vater, das ist es, was viele vergessen, wenn sie reich sind. Sie vergessen, daß nur Allah groß und mächtig ist. Aber sie glauben, weil sie so viel Geld haben, sind sie auch groß und mächtig.
Hassan dachte ein Weilchen nach. Dann fragte er: Also, Zakat geben, das beduetet, daß zuerst einmal die Armen Geld bekommen, damit sie leben können. Und außerdem bekommen die anderen nie so viel, daß sie Allah vergessen. Denn sie geben ja immer etwas ab. Ist das richtig?
Ja, sagte der Vater, das ist ganz richtig. Und wir geben jedes Jahr Zakat. Weißt du, Hassan, es gibt zwar viele reiche Leute, die wollen keine Zakat geben, aber das stört uns nicht. Wir hören auf das Wort von Allah und geben Zakat. Und wenn die anderen nicht hören wollen, so ist das ihre Sache.

Ahmad von Denffer

- ❑ Muslime feiern und geben anderen ab. Nennt Gründe für beides.
- ❑ Welche Bedeutung hat die Zakat für die Gesellschaft?
- ❑ Erkundigt euch, wie Muslime in Deutschland die Zakat einsammeln und verteilen.
- ❑ Muslime haben Fastentage. Welches sind die Gründe?
- ❑ Welche Schwierigkeiten ergeben sich für muslimische Kinder während der Schulzeit im Blick auf das Essen und das Fasten? Wie sieht dies für einen muslimischen Arbeitnehmer am Arbeitsplatz aus?

Licht macht hell und wärmt

Licht spielt in allen Religionen eine wichtige Rolle:

Christentum

Psalm 104 aus dem jüdischen Liederbuch der Psalmen

Lobe den Herrn, meine Seele!
O Herr, mein Gott,
wie bist du so groß!
Pracht und Hoheit ist dein Gewand,
der du in Licht dich hüllst
wie in ein Kleid,
der den Himmel ausspannt
wie ein Zeltdach,
der seinen Söller zimmert
über den Wassern,
der Wolken zu seinem Wagen macht,
der einherfährt
auf den Flügeln des Sturmes,
der die Winde zu seinen Boten bestellt,
zu seinen Dienern Lohe und Feuer,
der die Erde auf ihre Pfeiler
gegründet,
daß sie nimmermehr wankt.

Ein Morgenlied aus einem christlichen Liederbuch

2. O Gott, du schöner Morgenstern, gib, was wir von deiner Lieb begehrn: All deine Licht' zünd in uns an, laß's Herz an Gnad kein' Mangel han.
3. Treib aus, o Licht, all Finsternis, behüt uns, Herr, vor Ärgernis, vor Blindheit und vor aller Schand / und beut uns Tag und Nacht dein Hand,
4. zu wandeln als am lichten Tag, damit, was immer sich zutrag, wir stehn im Glauben bis ans End / und bleiben von dir ungetrennt.

Johannes Zwick um 1496–1542
Evangelisches Kirchengesangbuch, Nr. 336

Sonne, Mond und Sterne

In der jüdischen Bibel wird am Anfang von Gott erzählt, wie er den Himmel und die Erde erschuf und sprach: „Es werde Licht! Und es ward Licht. Und Gott nannte das Licht Tag und die Finsternis nannte er Nacht ... Es sollen Lichter werden an der Feste des Himmels, Tag und Nacht zu scheiden, und sie sollen als Zeichen dienen, und zur Bestimmung von Zeiten, Tagen und Jahren, und sie seien Lichter an der Feste des Himmels, daß sie auf die Erde leuchten! Und es geschah also. Gott machte die zwei großen Lichter: das größere Licht, daß es den Tag beherrsche, und das kleinere Licht, daß es die Nacht beherrsche, dazu auch die Sterne. Und Gott setzte sie an die Feste des Himmels, daß sie auf die Erde leuchten und Tag und Nacht beherrschen und Licht und Finsternis scheiden."

→ S. 144f.

❑ Welche Ordnungen gibt das Licht?

❑ Licht und Segen hängen zusammen. Lest dazu in der Bibel: 4. Mose 6, Verse 22–27.

Die Menora

Die Menora ist ein siebenarmiger Leuchter, der einst im Heiligtum des Tempels von Jerusalem stand (2. Mose 25, Verse 31 ff.). An jedem Arm und am Mittelschaft ist ein Napf für das Öl angebracht; die Lichter brennen in einer waagerechten Linie. Mit der Gründung des Staates Israel am 14. Mai 1948 wurde die Menora zum Staatssymbol. Sie erinnert die Juden an die Zeit vor der Zerstörung des Tempels durch die Römer im Jahr 70 n. Chr. und an ihre Vertreibung in die ganze Welt. Die Menora ist das Zeichen für die Einheit des „auserwählten Volkes Gottes". Zugleich verbinden die Juden mit der brennenden Menora die Bedeutung von Licht: wärmen und verbrennen. Wie in anderen Religionen ist die Kerze ein grundlegendes Symbol für den helfenden und unheimlichen Gott.

Die Menora vor der Knesset (Parlamentsgebäude in Jerusalem): Symbol des Staates Israel

In die fünf Wochen vor Weihnachten, wenn Christen die Adventszeit (= Ankunft Jesu Christi) an vier Adventssonntagen feiern, fällt das Lichterfest der Juden, auch Tempelweihe oder Chanukka-Fest genannt. Es ist das Erinnerungsfest an die Neueinweihung des Tempels in Jerusalem im Jahr 165 v. Chr. Im Gegensatz zur ursprünglichen siebenarmigen Menora hat der Chanukka-Leuchter acht Arme und in der Mitte einen Halter für ein neuntes Licht. Mit diesem „dienenden Licht" werden die anderen angezündet, wobei Kerzen oder Öl verwendet werden. Das folgende Gedicht für Kinder zum Aufsagen an Chanukka nimmt darauf Bezug:

Lichtchen

Ein Lichtchen am ersten,
Am zweiten Tag zwei,
Damit es an jedem Tag
Lichter doch sei.
Am achten Tag achte,
Wie leuchtet es hehr:
Und immer noch eines,
Und eines noch mehr!

Wir jüdischen Kinder
Sind Lichter zumal,
Wir brennen von selber
Mit fröhlichem Strahl.
Wir lachen und leuchten,
Wie jedes es kann,
Dann suchen wir andre
und stecken sie an.

Heut freut sich nur eines
Am jüdischen Brauch,
Doch morgen schon freut sich
Ein anderes auch.
Ach, wenn's mit uns Kindern
Doch immer so wär: –
Und immer noch eines
Und eines noch mehr!

Max Levy

❑ „Wir jüdischen Kinder sind Lichter zumal". Erklärt diese Aussage.

Christentum

Licht der Welt

Die ersten Christen haben die Lichtsymbolik der Juden beibehalten und sie auf die Person des Jesus von Nazareth übertragen. Dieser Jesus ist nach Meinung der Christen der von den Juden erwartete Messias-König. Und deswegen wird er das „Licht der Welt" genannt, das in der finsteren Welt leuchtet. Wer diesem Licht Gottes nachfolgt, so heißt es in der christlichen Bibel, der trägt dessen Wärme und Helligkeit mit sich herum und gibt sie an andere Menschen weiter. So wird das Kerzenlicht im Christentum zum Symbol für Jesus Christus selbst.
In einem alten Tauflied heißt es:

Tauf uns, Herr Christ, mit Geist und Feur, dein himmlisch Bild in uns erneur; laß deine Kraft an uns sich sehn, daß wir vom Tod mit dir erstehn.

❑ Welche Bedeutung haben Taufkerzen?
❑ In dem Tauflied kommt Feuer vor. Was hat dies mit Licht zu tun?
❑ Besucht eine Kirche (Synagoge, Moschee), einen Friedhof. Welche Licht-Symbole findet ihr? Welche Bedeutung haben sie jeweils?

Eine Taufe

Islam

Die Lichtsure des Korans

Im Islam gibt es die sogenannte Lichtsure: „Gott ist das Licht von Himmel und Erde. Sein Licht ist einer Nische zu vergleichen, mit einer Lampe darin. Die Lampe ist in einem Glas, das so blank ist, wie wenn es ein funkelnder Stern wäre. Sie brennt mit Öl von einem gesegneten Baum, einem Ölbaum, der weder östlich noch westlich ist, und dessen Öl fast schon hell gibt, ohne daß Feuer darangekommen ist, – Licht über Licht..." (Sure 24, 35).

Im Islam darf Gott nicht bildlich dargestellt werden. Deswegen ist gerade das Licht für Muslimas und Muslime eine ganz wichtige Erscheinung Allahs.

- ❑ Wie wird Gott in der Lichtsure beschrieben?
- ❑ Wo begegnet euch Licht im Judentum, im Christentum und im Islam?
- ❑ Warum wird Licht oft als Bild (Symbol) für Gott genommen?
- ❑ Wo begegnen euch Sonne-, Mond-, Stern-Symbole? Worauf weisen sie hin?
- ❑ Was könnte gemeint sein, wenn in Religionen von der Erleuchtung von Menschen durch Gott erzählt wird?

Lichterketten

S.48–52

Der Vorsitzende des Zentralrats der Juden in Deutschland, Ignatz Bubis, hat angesichts der jüngsten ausländerfeindlichen Übergriffe dazu aufgerufen, Lichterketten zu bilden oder vergleichbare Formen des Protestes zu wählen. Die Bürger hätten schon früher gezeigt, daß sie die Anschläge auf ausländische Mitbürger entschieden ablehnten. „Eine solche Demonstration ist jetzt wieder angebracht“, betonte Bubis.

❑ Welche Bedeutung hat das Licht in sogenannten Lichterketten?

Glauben und Leben im Christentum

Jesus: ein neuer Lebensstil

Von Jesus wird in der christlichen Bibel erzählt, daß er als Wanderprediger umherzog. Er lebte wie die Mehrzahl der damaligen Juden in armen Verhältnissen und kannte deswegen die Alltagssorgen anderer Menschen. Die meisten mußten sich um das tägliche Essen und die notwendigste Kleidung sorgen. Die wenigsten hatten eine dichte Hütte und konnten ihre Kinder zu einem Rabbi in den Unterricht schicken. Die Kinder mußten auf dem Feld mitarbeiten und manchmal betteln gehen. Trotzdem nennt Jesus diese Menschen im Namen Gottes glücklich und spricht ihnen in seiner Bergpredigt Mut zu:

„Glücklich – mehr noch: selig sind,
die arm sind vor Gott und sich nicht einbilden,
selbst stark genug zu sein, ohne Ihn.
Glücklich, die Gottes Barmherzigkeit brauchen
und alles von seiner Liebe erwarten,
denn Gott liebt sie und macht sie reich
und tut ihnen zu seinem Reich die Tür auf.
Glücklich, die Leid tragen,
denn Gott wird sie trösten.
Glücklich, die behutsam und friedlich sind,
denn diese Erde wird ihnen gehören.
Glücklich, die nach Gerechtigkeit hungern und dürsten,
denn Gott wird sie satt machen.
Glücklich zu preisen die Barmherzigen,
denn Gott wird ihnen barmherzig sein.
Glücklich die Menschen, denen Gott ein reines Herz gibt,
denn sie werden ihn schauen.
Glücklich, die Frieden machen, wo Streit ist,
denn sie sind die Kinder Gottes.

Glücklich zu nennen, die verfolgt werden,
weil sie die Gerechtigkeit lieben
und weil Gottes Wille ihnen wichtig ist,
denn Gottes Welt steht ihnen offen.
Glücklich seid ihr, wenn man euch verleumdet und verfolgt,
weil ihr zu mir gehört.
Glücklich seid ihr,
wenn man euch Böses nachsagt und dabei lügt.
Freut euch und seid unbekümmert,
denn Gott legt euch einen reichen Lohn bereit.
Glücklich seid ihr,
denn es geschieht euch nur,
was vorher den Dienern und Kindern Gottes,
den Propheten, geschehen ist.“

Matthäus 5, 1–12
übertragen von Jörg Zink

❑ Jesus erzählt von verschiedenen Erfahrungen, die Menschen glücklich machen. Welche nennt Jesus? Sucht hierfür Beispiele.

Christen mischen sich ein

Menschen im Käfig

Den Gottesdienst am dritten Advent in unserer Hongkonger Gemeinde werden wir nicht so schnell vergessen. Das Presbyterium hatte Mitglieder einer Aktionsgruppe eingeladen, die mit den sogenannten Cage Men (Käfigmännern) arbeitet. Und so kam es, daß uns Herr Lau und Herr Tong, beide etwa Ende fünfzig, mit Dias aus ihrem Alltag berichteten. Wie die meisten der rund 50 000 Käfigmänner in Hongkong sind die beiden als Flüchtlinge aus China gekommen. Als Analphabeten konnten sie immer nur Gelegenheitsarbeiten finden, zum Beispiel als Straßenkehrer oder als Hafenarbeiter. Nun werden sie für harte körperliche Arbeit langsam zu alt, und überhaupt gibt es immer weniger Jobs für Ungelernte. Wie die meisten Hongkonger haben Herr Lau und Herr Tong keinerlei Rentenansprüche, aber auch keine Familie, die im Alter für sie sorgen könnte. So sind sie auf Sozialhilfe angewiesen: knapp 800 HK$ (ca. 160 DM, bei Lebenshaltungskosten, die höher als in Deutschland liegen!) sowie ein Mietzuschuß von noch einmal 800 HK$. Für so eine geringe Summe kann man aber in Hongkong nicht einmal ein Zimmerchen mieten. 800 HK$ reichen gerade für einen „Cage", einen Käfig: Herr Lau und Herr Tong teilen sich mit 78 anderen Männern eine Wohnung von knapp 90 Quadratmetern (dies ist kein Schreibfehler!). Das Apartment ist vollgestellt mit Doppelstockbetten, jedes Bett ist von einem Drahtgitter umgeben. Dieser Raum: 1,90 Meter mal 0,90 Meter, ca. 1 Meter hoch, ist alles, was ein Cage Man sein eigen nennt. Die 80 Männer in der Wohnung von Herrn Lau und Herrn Tong teilen sich eine Toilette, eine Dusche und eine winzige Küche. Herr Tong berichtet uns, daß es ständig zu Streit zwischen den Bewohnern kommt.

Die Situation der Cage Men ist ein Skandal: zum einen, weil die Eigentümer solcher Wohnungen an der Armut der Cage Men erheblich mehr verdienen, als wenn sie die Wohnung normal vermieten würden. Zum anderen aber auch, weil Hongkong eine reiche Stadt ist, mit Haushaltsüberschüssen von zweistelligen Milliardenbeträgen! Es wäre ein leichtes, den Cage Men einen anständigen Lebensabend zu ermöglichen. Aber statt dessen baut man lieber einen neuen Flughafen und noch einen Autotunnel unter dem Hafen, alles im Interesse der Reichen.

Es gab am dritten Advent in unserem Gottesdienst keine Predigt. Nur Dias von der unbeschreiblichen Enge in den Käfigen, und dazu die Berichte von Herrn Lau und Herrn Tong, schüchtern vorgetragen und von Mitarbeitern der Aktionsgruppe mühsam ins Englische übersetzt. Aber durch diese Worte hindurch hörten wir plötzlich die Weihnachtsgeschichte, die Geschichte von dem Kind Jesus, das in einem Stall geboren wurde, weil seine Eltern nicht genug Geld hatten, um ein Hotelzimmer zu bezahlen. (Lest es selbst nach: Nirgendwo in Lukas 2 steht, daß die Herbergen überfüllt waren. Und selbst wenn: Für Leute mit ausreichenden Finanzen findet sich immer noch ein behagliches Plätzchen ...)

C. Währisch-Oblau/G. Oblau

Eine Familie sucht Schutz in einer Kirche.

❑ Überlegt, was diese Familie in die Kirche geführt hat. Was erwarten sie?

Rigoberta Menchú

Rigoberta Menchú hat 1992 den Friedensnobelpreis erhalten. Sie ist eine India aus Guatemala. Sie hält an den Riten ihrer Vorfahren fest und orientiert sich gleichzeitig am Christentum für ihren Befreiungskampf:

„Mein politisches Denken kam nicht aus Schulen, sondern ich sah immer mehr ein, daß meine eigenen Erfahrungen für ein ganzes Volk Gültigkeit hatten. Ich dachte viel über alles nach, was unsere Vorfahren uns überliefert hatten, und wollte es weiterhin in die Tat umsetzen, trotz der Gefahr, wie meine Eltern und Geschwister mißhandelt, verschleppt und umgebracht zu werden. Man durfte die Hoffnung nicht verlieren. Wir dachten darüber nach, daß unsere Feinde nicht nur die Landbesitzer waren, die uns zur Arbeit zwangen und uns schlecht bezahlten. Sie töteten uns nicht erst jetzt, sondern brachten uns schon als Kinder um, durch Hunger, Unterernährung und Elend. Und wir entdeckten, daß Gott keineswegs einverstanden ist mit unserem Leid, daß es kein Schicksal war, das Gott uns auferlegt hatte, sondern daß es die Menschen dieser Erde waren, die uns Leid, Armut, Elend und Ungerechtigkeit aufluden. Ich bin Christin, und als Christin beteilige ich mich an unserem Kampf. Für mich als Christin gibt es nur eins: das Leben Christi. Christus war ein einfacher Mann, er wurde in einer kleinen Hütte geboren. Er gab sein Leben, aber er lebt weiter, denn Generationen sind ihm bis heute gefolgt. Unsere Wirklichkeit zeigt uns heute, daß wir eine Kirche der Armen brauchen, daß man uns aber nicht mit einer Kirche kommen soll, die nicht einmal weiß, was Hunger ist.“

❑ Wie setzt Menchú die Seligpreisungen um?

Christus hat keine Hände, nur unsere Hände,
um seine Arbeit heute zu tun.
Er hat keine Füße, nur unsere Füße,
um Menschen auf seinen Weg zu führen.

Christus hat keine Lippen, nur unsere Lippen,
um Menschen von ihm zu erzählen.
Er hat keine Hilfe, nur unsere Hilfe,
um Menschen an seine Seite zu bringen.

❑ Welche Anstöße gibt dieser Text?
❑ Nennt Notsituationen in unserer Gesellschaft, die Christen zum Helfen herausfordern.
❑ Welche christlichen Hilfsorganisationen arbeiten in eurer Nähe? Informiert euch über ihre Arbeit.

caritas

Glauben und Leben im Islam

Al-Fatiha = die Eröffnende

S. 147

„Im Namen Gottes, des Barmherzigen, des Erbarmers!
Lob sei Gott, dem Herrn der Welten,
dem Barmherzigen, dem Erbarmer,
dem Herrn des Gerichtstages.
Dir dienen wir, und Dich bitten wir um Hilfe:
Führe uns den geraden Weg,
den Weg derer, denen Du Gnade erwiesen hast,
nicht derer, die dem Zorn verfallen sind,
noch derer, die in die Irre gehen."

Sure 1 des Koran

Gott ist allmächtig

S. 146

Der zwölfjährige Asif ist in Pakistan geboren und wohnt seit einigen Jahren mit seiner Familie in London. Er führte ein Gespräch mit einem Christen über die Bedeutung seines Glaubens an Allah. In dem folgenden Gespräch erzählt Asif von seinem Wunschtraum, als Pilot ein Flugzeug führen zu dürfen:

„Ich würde beten – wenn ich mich ausruhen könnte, würde ich beten. Ich würde meinen Vater fragen und andere [aus des Vaters Generation], ob ich die *Salat* [das fünfmal täglich zu verrichtende Gebet des Mohammedaners] im Flugzeug sprechen dürfte. Ich würde Zeugnis ablegen. Ich würde hoch oben sein und sagen: ‚Ich bezeuge, daß kein Gott ist außer GOTT', und ‚Ich bezeuge, daß Mohammed der Abgesandte Gottes ist.' Ich könnte vielleicht auch sagen ‚Gott ist der Größte', das könnte ich sagen; Gott würde es hören, hoffe ich."

„Ich weiß, es ist wahr, daß viele Piloten nicht zu Allah beten, ja, zu niemandem. Im Fernsehen habe ich Piloten gesehen, und sie waren wie die Lehrer in der Schule oder die Ärzte und Schwestern in der Klinik. Ich weiß nicht, ob Allah uns hilft, wenn eine Maschine nicht funktioniert – wahrscheinlich nicht. Aber Er könnte uns helfen, sie zu reparieren. Er könnte uns stark machen, so daß wir unser Bestes geben könnten. Darüber hinaus – ich weiß nicht. Ich bin sicher, Er könnte uns bestrafen, sogar, wenn das Flugzeug in Ordnung ist – wenn es keine Probleme mit den Motoren hat. Er könnte uns schwach werden lassen …

Wenn du Allah mißachtest oder Seinen Geboten nicht gehorchst, wirst du deine Kraft verlieren. Du wirst Sein Feind werden. Er wird dich angreifen. Nein [ich hatte danach gefragt], Er wird dich nicht schlagen, das meine ich nicht. Mein Vater sagt: ‚Wenn du Allah nicht gehorchst, verlierst du Seinen Geist; wenn du aber gehorchst, dann ist Sein Geist in dir, in deinem Inneren, und du wirst dein Allerbestes geben. Er will, daß wir Ihm folgen, und wenn wir es tun, hilft Er uns.' … Er kann dir Seine Kraft einhauchen. Er kann dir das Gefühl geben, daß die Welt auf dich hören und dir gehorchen wird. Manchmal hat man ja das Gefühl, daß nichts geht. Meine Mutter erzählte uns einmal von jemandem, der einen Wagen hatte, und nichts funktionierte [in dem Wagen], bis der Mann seine Gebete sagte und auch nicht damit aufhörte, als er wieder aufstand und zu dem Wagen ging, und da klappte es auf einmal, er konnte fahren, er konnte den Wagen auslachen und ihn herausfordern, ruhig noch mehr Ärger zu machen – aber es passierte nichts mehr!"

❑ Was will Asif mit dem Beispiel vom Piloten klarmachen? Wie sieht er Gott, und wie sieht er uns Menschen?

Wichtige Gebote im Islam

Im Koran wird in Sure 17 erzählt, daß Mohammed eines Nachts auf Anweisung und unter dem Schutz Allahs von Mekka nach Jerusalem reiste und dort eine Offenbarung empfing. Ein Teil dieser Offenbarung ist so wie eine Kurzfassung der Vorschriften, Gebote und Verbote des Islam: → S. 149

Setz nicht (dem einen) Gott einen anderen Gott zur Seite, damit du (schließlich) nicht getadelt und verlassen dasitzt! Und dein Herr hat bestimmt, daß ihr ihm allein dienen sollt. Und zu den Eltern (sollt ihr) gut sein. Wenn eines von ihnen (Vater oder Mutter) oder (alle) beide bei dir (im Haus) hochbetagt geworden (und mit den Schwächen des Greisenalters behaftet) sind, dann sag nicht ‚Pfui!‘ zu ihnen und fahr sie nicht an, sondern sprich ehrerbietig zu ihnen, und senke für sie in Barmherzigkeit den Flügel der (Selbst)erniedrigung und sag: ‚Herr! Erbarm dich ihrer (ebenso mitleidig), wie sie mich aufgezogen haben, als ich klein (und hilflos) war!‘ Euer Herr weiß sehr wohl, was ihr in euch bergt. (Er erkennt) falls ihr rechtschaffen seid (euren guten Willen an, auch wenn ihr seinen Geboten nicht durchweg nachzukommen vermögt). Den Bußfertigen ist er bereit zu vergeben. Und gib dem Verwandten, was ihm (von Rechts wegen) zusteht, ebenso dem Armen und dem, der unterwegs ist! Aber sei (dabei) nicht ausgesprochen verschwenderisch! Diejenigen, die verschwenderisch sind, sind Brüder der Satane. Und der Satan ist seinem Herrn gegenüber undankbar. Und falls du dich von ihnen abwendest (ohne ihnen etwas zu geben), indem du erwartest, daß dein Herr, wie du hoffst, sich (ihrer) erbarmen wird, dann sprich (wenigstens) begütigend zu ihnen. Mach nicht, daß deine Hand (gleichsam) an deinen Hals gefesselt ist! Aber streck sie (auch) nicht vollständig aus (indem du hemmungslos Geschenke austeilst), damit du (schließlich) nicht getadelt und (aller Mittel) entblößt dasitzt! Dein Herr teilt den Unterhalt (reichlich) zu, wem er will, und begrenzt (ihn auch wieder). Er kennt und durchschaut seine Diener. Und tötet nicht eure Kinder aus Furcht vor Verarmung! Wir bescheren ihnen und euch (den Lebensunterhalt). Sie zu töten ist eine schwere Verfehlung. Und laßt euch nicht auf Unzucht ein! Das ist etwas Abscheuliches – eine üble Handlungsweise! Und tötet niemand, den (zu töten) Gott verboten hat, außer wenn ihr dazu berechtigt seid! Wenn einer zu Unrecht getötet wird, geben wir seinem nächsten Verwandten Vollmacht (zur Rache). Er soll (aber) dann im Töten nicht maßlos sein. Und tastet das Vermögen der Waise nicht an, es sei denn auf die (denkbar) beste Art! (Laßt ihr Vermögen unangetastet) bis sie volljährig geworden ist (und selber darüber verfügen darf)! Und erfüllt die Verpflichtung (die ihr eingeht). Nach der Verpflichtung wird (dereinst) gefragt.

Sure 17,22–34

❑ Nennt die grundlegenden Gebote des Islam.

❑ Vergleicht diese mit den zehn Geboten der Juden und Christen (2. Mose 20). Eine Übersichtstabelle kann nützlich sein, um ähnliche Gebote nebeneinanderzustellen und Unterschiede besser zu erkennen.

Mitzwa: die gute Tat

Wer zum jüdischen Volk gehört, muß in Erinnerung an Gottes Erwählung ebenfalls Gutes tun. Joseph, ein jüdischer Junge, der mit seinen Eltern in den USA lebt, erzählt davon:

„Es braucht nicht irgend etwas Großartiges zu sein. Das Beste ist, wenn du es im Stillen tust – und nicht, um damit zu prahlen! Dad sagt immer: ‚Hier wird nicht geprahlt.‘ Mom sagt, eine Mitzwa sollte eine Sache zwischen dir und Gott bleiben. Manchmal wünschte ich, ich könnte ihre Worte vergessen. Ich möchte ihr erzählen, was ich getan habe – irgendeine gute Tat, meine Mitzwa –, aber ich tue es nicht. Sie würde sich darüber freuen – sie würde mir keinen Vortrag halten. Aber ich halte mir meinen Vortrag schon selber."
Joseph benutzte das Wort „Vortrag" häufig und ungezwungen. „Sie sehen, wir haben ‚das Buch‘, unsere Bibel; sie sagt uns, was wir glauben und wie wir leben sollen. ‚Ich will kein leeres Wissen‘, sagt Dad immer. Sein Großvater war Rabbiner, und er sagte zu Dad: ‚Ein Jude lebt das Gesetz.‘ Dad hat mir mal gesagt: ‚Lerne nichts auswendig. Erinnere dich an das, was du Gutes getan hast, und mach so weiter!‘ Aber ich muß auch Sachen auswendig lernen, und das habe ich ihm gesagt. Klar, hat er geantwortet, aber ich weiß, worauf er hinauswollte. Sie wissen ja, er ist Rechtsanwalt! Den Studenten an der Uni hält er Vorträge, und uns hält er auch seine belehrenden Vorträge! Sein Großvater nahm ihn immer auf den Schoß und erzählte ihm von den ‚Vorschriften‘ und dem ‚Gesetz‘ – Tora und Talmud. Ich kann nicht alles davon; Dad auch nicht, aber er sagt, alles liefe darauf hinaus, ‚ein Jude in den Augen Gottes zu sein‘, und das heißt, den ganzen Tag lang ein guter Mensch zu sein, jeden einzelnen Tag – jedenfalls meistens (niemand kann vollkommen sein)!"

- ❑ Welches Bild von Gott hat Joseph?
- ❑ Was bedeutet Gott für das Leben im Alltag?

Propheten Gottes

In Israel wurden von Zeit zu Zeit Männer von Gott berufen, die den selbstsüchtigen Lebensstil des Volkes öffentlich anprangerten. Diese Männer wurden Propheten genannt: (griechisch) Seher, Wahrsager, von Gott berufener Sprecher. Es gab auch Prophetinnen, aber deren Überlieferungen sind fast alle verlorengegangen.

„... weil ihr die Armen niedertretet!"
Ein solcher Prophet war Amos, der als Maulbeerbaumzüchter im 8. Jahrhundert v. Chr. in Israel lebte und von Gott zum Propheten auserwählt wurde. Er mußte im Auftrag Gottes die Mißstände im Lande aufzählen, manchmal unter Lebensgefahr:

Wehe denen, die Recht in Wermut verwandeln und Gerechtigkeit mit Füßen treten.
Sie hassen den, der im Tor Recht spricht, und empfinden Ekel vor dem, der die Wahrheit sagt.
Weil ihr die Armen niedertretet und Pachtzins von ihnen erpreßt, könnt ihr euch Häuser bauen aus behauenen Steinen.
Aber ihr sollt nicht wohnen darin!
Prächtige Weinberge habt ihr gepflanzt; aber den Wein sollt ihr nicht trinken!
Denn ich kenne den Umfang eurer Schuld und das Ausmaß eurer Verbrechen. Die Unschuldigen bringt ihr ins Unglück. Bestechen laßt ihr euch. Und im Tor beugt ihr den Armen das Recht.

Amos 5, Verse 7; 10–12

Ich hasse eure Feste und verachte sie, eure Festversammlungen kann ich nicht riechen!
An euren Opfergaben habe ich keinen Gefallen, und eure Mastkälber will ich nicht sehen! Geht mir fort mit dem Geplärr eurer Lieder, euer Harfenspiel will ich nicht mehr hören!
Aber das Recht soll strömen wie Wasser, und die Gerechtigkeit wie ein Bach, der niemals austrocknet.

Amos 5, Verse 21–24

- ❑ Was kritisiert Amos? Welche Verhältnisse prangert er an?
- ❑ Was sagt Amos über Gott aus?
- ❑ Was fordert Amos? Was soll nach dem Willen Gottes geschehen?

„... ein Greuelopfer ist es mir!“

Gesicht Jesajas, des Sohnes des Amoz, das er über Juda und Jerusalem schaute in den Tagen der judäischen Könige Usia, Jotham, Ahas und Hiskia.

Anklage gegen das treulose Volk
Höret, ihr Himmel, horche auf, o Erde! Denn der Herr redet: Kinder habe ich großgezogen und emporgebracht, und sie – sind von mir abgefallen. Der Ochse kennt seinen Meister, und der Esel die Krippe seines Herrn; Israel hat keine Einsicht, mein Volk hat keinen Verstand. O wehe der sündigen Nation, dem schuldbeladenen Volke, der Brut von Bösewichten, den mißratenen Kindern! Verlassen haben sie den Herrn, verworfen den Heiligen Israels, haben den Rücken gewandt.

Jesaja 1, Verse 1–4

Höret das Wort des Herrn, ihr Fürsten von Sodom! Horch auf die Weisung unseres Gottes, du Volk von Gomorrha! Was soll mir die Menge eurer Schlachtopfer? spricht der Herr. Satt habe ich die Brandopfer von Widdern und das Fett der Mastkälber, und das Blut der Stiere und Lämmer und Böcke mag ich nicht. Wenn ihr kommt, mein Angesicht zu schauen, wer hat das von euch verlangt, daß ihr meine Vorhöfe zertretet? Bringet nicht mehr unnütze Gaben – ein Greuelopfer ist es mir. Neumond und Sabbat, Versammlungen berufen – ich mag nicht Frevel und Feiertag. Eure Neumonde und eure Feste haßt meine Seele; sie sind mir zur Last geworden, ich bin's müde, sie zu ertragen. Und wenn ihr eure Hände ausbreitet, verhülle ich meine Augen vor euch; auch wenn ihr noch so viel betet, ich höre es nicht. Eure Hände sind voll Blut; waschet, reiniget euch! Tut hinweg eure bösen Taten, mir aus den Augen! Höret auf, Böses zu tun, lernet Gutes tun! Trachtet nach Recht, weiset in Schranken den Gewalttätigen; helfet der Waise zum Rechte, führet die Sache der Witwe!

Jesaja 1, Verse 10–17

- ❑ Welches Verhalten der Israeliten kritisiert der Prophet Jesaja?
- ❑ Welche Verhaltensweisen fordert er im Namen Gottes?
- ❑ Wie begründet Jesaja seine Reden?

Leidensgeschichte

In manchen europäischen Ländern werden jüdische Friedhöfe verwüstet, Botschaftsgebäude Israels teilweise zerstört, Jüdinnen und Juden bedroht, verfolgt, getötet. In London, wo es eine große jüdische Gemeinde gibt, werden deren Kaufläden, Schulen, Versammlungsräume bewacht aus Angst vor Attentaten.

Es gibt in der Geschichte viele Beispiele für Judenverfolgung. Das grausamste Vorgehen gegen das jüdische Volk hat in Deutschland unter dem Hitler-Regime stattgefunden. 1941 erließ Hitler ein Gesetz, daß alle Juden in Deutschland und in den besetzten Gebieten den sechszackigen Stern in gelber Farbe offen und gut sichtbar auf der Kleidung zu tragen hatten. Juden durften nur noch in besonders gekennzeichneten Läden einkaufen. Es war vorgeschrieben, was sie kaufen durften. Dies reichte kaum zum Leben. Später wurden sie zu Tausenden in Lager abtransportiert und dort ermordet: jüdische Kinder, Frauen, Männer.

Polizeiverordnung über die Kennzeichnung der Juden vom 1. 9. 1941

§ 1

(1) Juden, die das sechste Lebensjahr vollendet haben, ist es verboten, sich in der Öffentlichkeit ohne einen Judenstern zu zeigen.

(2) Der Judenstern besteht aus einem handtellergroßen, schwarz ausgezogenen Sechsstern aus gelbem Stoff mit der schwarzen Aufschrift „Jude". Er ist sichtbar auf der linken Brustseite des Kleidungsstücks fest aufgenäht zu tragen.

§ 2

Juden ist es verboten,

a) den Bereich ihrer Wohngemeinde zu verlassen, ohne eine schriftliche Erlaubnis der Ortspolizeibehörde bei sich zu führen;

b) Orden, Ehrenzeichen und sonstige Abzeichen zu tragen.

Diese gelbe Kennzeichnung ist älter. Im Jahr 1215 gebot eine kirchliche Verordnung, daß alle Juden im christlichen Europa einen „Gelben Fleck" als Erkennungszeichen tragen müßten. Gott hatte dem Kain ein Zeichen gemacht: „daß ihn niemand erschlüge" (1. Mose 4, Vers 15), also ein Schutzzeichen. Die Kirche machte daraus ein Erkennungszeichen für Ausgestoßene. Hitler konnte darauf zurückgreifen.

❑ Gibt es in eurer Umgebung Einrichtungen der Juden oder Orte, die an eine jüdische Gemeinde erinnern (Synagoge, Friedhof, Schule, Ritualbad, Erinnerungstafel)? Informiert euch bei älteren Bewohnern und auf dem Bürgermeisteramt.

❑ Verfolgung und Haß ziehen sich durch die ganze jüdische Geschichte. Überlegt mögliche Auswirkungen auf das Leben von einzelnen Juden und auf die Politik des Staates Israel.

Zusammenleben der Religionen

Wozu haben wir Religion?

❑ Was möchte der Jugendliche mit dem Schild „Gott“ zeigen?
❑ Wogegen könnte er damit protestieren?

Juden, Christen und Muslime glauben an Gott

Dabei gibt es große und kleine Unterschiede, etwa in ihrer Vorstellung von Gott. *Juden* erinnern sich dankbar daran, daß Gott sie aus Ägypten errettet und ihnen das „verheißene Land“ Palästina gegeben hat. Und sie freuen sich darauf, daß Gott am Ende dieser Welt den Messias (= gesalbter König der Juden) senden wird. *Christen* glauben daran, daß Gott den Messias in der Person Jesu von Nazareth bereits zu uns auf die Erde gesandt hat. Deswegen können alle Menschen im Glauben an diesen Jesus zu Gott kommen und später im „Himmel“ bei Gott Frieden finden. Und *Muslime* sind Gott dankbar, daß er Mohammed als den letztgültigen Propheten gesandt hat und durch ihn für alle Menschen den Koran gebracht hat als Anweisung zu einem guten Leben hier auf Erden mit dem „Himmel“ als dereinstige Belohnung. Warum gibt es nicht die Möglichkeit, daß alle drei Religionen sich auf ein gemeinsames Bekenntnis zu Gott einigen?
Dazu hat der 1994 gestorbene Zukunftsforscher *Robert Jungk* seine Vorstellung von Gott in einem Interview erzählt:

Sie stammen aus einem jüdischen Elternhaus. Wie sehr hat die Kultur des Judentums Sie geprägt?
Sehr tief und sehr wenig zugleich. Die religiöse Kultur des Judentums hat mich wenig geprägt. Ich bin kaum in den Tempel gegangen, höchstens zu den hohen Feiertagen, ich habe auch nicht die Speisegesetze befolgt. Was mich geprägt hat, war die Begegnung mit Martin Buber, der in unserer Jugendgruppe fast wie ein Heiliger verehrt wurde. Buber hat zwei große Ideen entwickelt: zum einen die Notwendigkeit, den Dialog zwischen den Menschen, und zum anderen die Idee des Messianismus. Der Messianismus bedeutet, daß man das Heil auf dieser Erde erwarten darf und nicht im Jenseits. Dieser Gedanke hat mich sehr beeindruckt.
Glauben Sie an Gott?
Ich glaube an Gott, aber nicht an einen bestimmten Gott. Gerade im Judentum darf man ja den Namen Gottes nicht nennen; denn wenn man ihn nennt, macht man ihn schon kleiner, Gott ist etwas Un-Nennbares, er ist größer als alles, was wir kennen. Wenn ich an Gott denke, dann denke ich an den Himmel über mir, ohne den ich nicht leben könnte, und den ich niemals, unter keinen Umständen, erreichen kann. Und dieses Unnennbare, Unerreichbare, das ist für mich Gott.

❑ Welche beiden Anliegen von Buber waren Robert Jungk wichtig?
❑ In welchen Punkten können auch Christen und Muslime ihm zustimmen, in welchen würden sie ihm widersprechen?

Religion und Toleranz

Wir haben die drei abrahamitischen Religionen kennengelernt: das Judentum, das Christentum und den Islam. Welche ist nun die wahre Religion? Oft führten sie sogar Krieg gegeneinander. Aus einer solchen Kriegszeit, der Zeit der mittelalterlichen Kreuzzüge des „christlichen Abendlandes" gegen das nichtchristliche „Morgenland", wird die folgende Geschichte erzählt. Der muslimische Sultan Saladin stellt dem Juden Nathan die Frage, ob das Judentum, das Christentum oder der Islam die wahre Religion sei. Und der Jude Nathan beantwortet diese Frage mit einer Gleichniserzählung:

Vor langer Zeit lebte in einem fernen Land ein Mann, dem ein guter Freund einen Ring von unschätzbarem Wert geschenkt hatte. Sein Stein war ein Opal, der wunderbar in allen Farben leuchtete und die geheime Kraft besaß, den, der ihn trug, bei Gott und allen Menschen beliebt zu machen.
Dem Mann gefiel das sehr. Er trug den wunderkräftigen Ring bei Tag und Nacht an seinem Finger und sorgte sich darum, wie er ihn seiner Familie für alle Zeiten erhalten könnte.
Schließlich setzte er fest, daß nach seinem Tod sein Lieblingssohn den Ring bekommen und ihn seinerseits wieder dem Sohn weitergeben sollte, den er am meisten liebte. Und jeder, der den Ring besaß, sollte der oberste Herr des Hauses sein.
So wanderte der Ring von Sohn zu Sohn und kam endlich zu einem Mann, der drei Söhne hatte, die er alle auf die gleiche Weise liebte. Hin und wieder nur, wenn er mit einem von den dreien allein war, schien ihm gerade dieser der liebste zu sein. Und so geschah es, daß er am Ende allen dreien den Ring versprach.
Als der gute Vater spürte, daß sein Tod herannahte, kam er deswegen in große Verlegenheit. Schließlich konnte ja nur einer von den Söhnen den Ring bekommen. Aber es tat ihm im Herzen weh, die beiden anderen zu enttäuschen. Darum grübelte er lange

nach, wie er die Sache gerecht entscheiden könnte.
Heimlich sandte er nach einem Künstler und bestellte bei ihm zwei Ringe, die vollkommen gleich aussehen sollten wie sein eigener. Der Künstler war ein Meister seines Fachs und gab sich große Mühe. Und als er dem Vater die beiden Ringe brachte, da glichen sie dem Musterring so vollkommen, daß nicht einmal der Vater selbst sie auseinanderhalten konnte.
Der gute Vater war erleichtert. Als seine letzte Stunde herankam, rief er seine Söhne zu sich, jeden allein, segnete ihn und gab ihm einen der Ringe. Danach starb er.
Kaum war der Vater begraben, kam jeder Sohn mit seinem Ring und wollte der oberste Herr des Hauses sein. Wie groß war da die Überraschung, als die drei Söhne ihre Ringe nebeneinanderlegten! Denn wie sehr sie sich auch zankten, wie sehr auch jeder seinen eigenen Ring für den einzig richtigen hielt, sowenig konnten sie herausfinden, welcher der echte war.
Schließlich verklagten sich die Söhne gegenseitig. Jeder schwur dem Richter, daß der Vater ihm den Ring versprochen und vor seinem Tod eigenhändig übergeben habe. Der Richter hörte sich alles an, dachte darüber nach und sprach:

„Soviel ich weiß, besitzt der echte Ring die Wunderkraft, den, der ihn trägt, bei Gott und allen Menschen beliebt zu machen. Das wird die Wahrheit an den Tag bringen, denn die falschen Ringe werden das doch wohl nicht können!"
Er sah die drei Brüder lange an und fragte schließlich: „Nun, wer von euch ist der, den die anderen am meisten lieben? Sagt es mir! Dann weiß ich, daß es dieser ist, der den echten Ring besitzt!"
Die Brüder schwiegen. Der Richter aber sprach: „Es scheint, daß jeder von euch nur sich selbst liebt. Also sind eure Ringe alle drei nicht echt. Vielleicht hat euer Vater den echten Ring verloren und ließ darum drei neue machen. Vielleicht auch wollte er die Tyrannei des einen Rings nicht länger dulden: Er hat euch alle drei gleich geliebt und wollte nicht, daß einer einen Vorteil hätte vor den beiden anderen. So geht hin und sorgt dafür, daß Gott und alle Menschen euch so lieben, als hättet ihr den echten Ring. Seid sanftmütig, verträglich, barmherzig und fromm. Vielleicht bekommt dann euer Ring die Wunderkräfte des echten Rings. Es liegt an euch!"
Damit entließ der Richter die drei Brüder.

Nach Gotthold Ephraim Lessing

❑ Spielt diese Geschichte weiter: Die drei Brüder treffen sich anschließend und reden miteinander.

Menschenbild im Islam

Der du dich zugedeckt hast!
Stell dich auf, und warne vor der Strafe Gottes!
Und preise deinen Herrn,
Reinige deine Kleider,
Und meide die Besudelung durch den Götzendienst!
Und sei nicht wohltätig in Erwartung von Gegengaben, so daß du, statt dich zu verausgaben, dir letzten Endes mehr Vermögen schaffst!
Und sei geduldig in Erwartung der Entscheidung deines Herrn!

Sure 74,1–7

Diese Worte hat nach der Überlieferung der Erzengel Gabriel an Mohammed gerichtet, als er ihn um 610 n. Chr. im Auftrag Allahs zum Propheten berief. Sie haben die Grundlagen des Glaubens und der Lebensführung aller Muslime zum Inhalt, die in diesem Kapitel unter den folgenden Aspekten entfaltet werden:

Der Mensch in der Schöpfung

Gott hat die Welt und die Menschen geschaffen und die Menschen als seine Statthalter eingesetzt.

Hingabe und Dienst

Das ganze Leben soll Allahs Willen entsprechen. Im Endgericht wird alles geprüft.

Leben in der Gemeinschaft

Im Zusammenleben gelten die Gesetze des Koran. Radikale wollen einen Gottesstaat.

Frauen im Islam

Zwischen Tradition und dem Streben nach Selbständigkeit müssen Mädchen und Frauen ihre Rolle finden.

Der Mensch in der Schöpfung

In drei Suren des Korans (2,30ff.; 7,11ff.; 20,115ff.) wird berichtet, wie Gott (= Allah) Welt und Leben geschaffen und den Menschen einen Auftrag gegeben hat. Die folgenden Texte sind keine wörtliche Übersetzung der Suren, sondern eine Nacherzählung.

Am Anfang erschuf Allah . . .

S.127

Himmel und Erde und was darin ist . . . Sonne, Mond und Sterne mit ihrem Licht, Wolken und Wind, Meere und Flüsse, Gebirge und Täler, Fische und Vögel, wilde und zahme Tiere. Alles formte Er zu einer schönen, vollkommenen Welt. Er ließ Tag und Nacht werden, Sommer und Winter. Er schickte Regen und Sonnenschein. Er ließ die Pflanzen wachsen, blühen und Früchte tragen. Er lehrte die Vögel, Nester zu bauen und ihre Jungen auszubrüten. Er lehrte die Ameisen, Burgen mit tausenderlei Höhlen und Gängen anzulegen, die Bienen, sechseckige Waben zu bauen und Honig zu sammeln, und die Spinnen, feine Netze zu weben. Was du auch siehst in der freien Natur, alles kommt von Allah, und so gewaltig es auch sein mag, vom Größten bis zum Kleinsten ist es Allah leicht, denn er braucht nur zu einem Ding zu sagen: „Sei!“ und es ist.

So begann es auch für die Muslime: Adam, der erste Mensch, liegt nackt und bloß im Paradies, bewundert von acht Engeln. Die Darstellung stammt aus einem persischen Manuskript des 16. Jahrhunderts.

Der Mensch als Statthalter Gottes

Als alles vollendet war, sprach Allah zu den Engeln: „Ich will auf Erden einen Statthalter einsetzen, und zwar den Menschen“. Die Engel waren entsetzt. Sie fragten: „Willst Du dort wirklich einen einsetzen, der seinen freien Willen mißbrauchen kann?“ Nun haben aber die Engel Einsicht in viele Dinge, doch längst nicht in alle Geheimnisse Allahs. Darum sprach Allah zu ihnen: „Ich habe Wissen über Dinge, die Ihr nicht wißt.“ Aus schwarzem Schlamm erschuf Er den Menschen und erweckte ihn zum Leben und machte von der gleichen Art eine Gefährtin für ihn. Er nannte den Mann Adam und die Frau Hawwa (Eva). Er lehrte den Menschen die Namen und Eigenschaften aller Dinge. Dann stellte Er Adam den Engeln vor und sprach zu ihnen: „Wenn Ihr aufrichtig seid, dann nennt mir die Namen der Dinge.“ Da schämten sich die Engel und erwiderten: Wir haben kein Wissen außer dem, was Du gelehrt hast. Nur Du bist allwissend.“ Da forderte Allah Adam auf: „Sag' Du ihnen die Namen der Dinge.“ Das tat Adam, und Allah sprach: „Habe ich euch nicht gesagt, daß ich die Geheimnisse des Himmels und der Erde kenne und weiß, was Ihr offen zeigt und was Ihr verheimlicht?“ Und Er befahl den Engeln, sich vor Adam niederzuwerfen. Die Engel gehorchten. Nur Iblis weigerte sich und sprach: „Vor dem da werde ich mich doch nicht niederwerfen! Ich bin viel besser als er. Ich bin aus Feuer geschaffen und er aus Schlamm!“

→ S.151

- ❑ Beschreibt Stellung und Auftrag der Menschen in der Schöpfung im Verhältnis zu Allah, den Engeln und Iblis, dem Teufel.
- ❑ Vergleicht diese Schöpfungsgeschichte mit den beiden biblischen Überlieferungen in 1. Mose 1 und 2 und zeigt Gemeinsamkeiten und Unterschiede.

Unter Gottes Anleitung

Wie in der Bibel (1. Mose 2 und 3) darf das erste Menschenpaar in einem paradiesischen Garten leben und alle seine Früchte genießen. Nur von einem Baum sollten sie nicht essen. Von Iblis verführt, essen sie dennoch davon und werden von Allah aus dem Garten vertrieben. Da sie bereuen, läßt sie Allah auf der Erde leben und verspricht: „Ich will euch nicht euch selbst überlassen. Ich will euch das Wissen offenbaren, das für ein gutes Leben auf der Erde notwendig ist. An einem bestimmten Tag werde ich euch erwecken und Gericht halten. Wer meiner Rechtleitung folgt, wird sich nicht verirren und nicht ins Elend fallen, sondern seine wahre Würde wiedererlangen. Wer sich aber abwendet, der wird am Tag der Auferstehung in Schande dastehen.“

- ❑ Erklärt das Wort Rechtleitung. Überlegt, was mit dem Wissen genau gemeint sein könnte, das Allah offenbaren will.

Hingabe und Dienst

S.134

Rita ist pakistanischer Herkunft, lebt aber in London. In einem Gespräch weist ihr Gesprächspartner darauf hin, daß Rita öfter als andere Kinder Wörter wie Unterwerfung und Gehorsam verwende. Rita antwortet:

Wenn du dich Allah ergibst

„Wir gehen in unsere Moschee, um Gott zu sagen, daß wir Ihm gehören. Mein Vater sagt, zu Gott beten heißt Ihm sagen: ‚Ich bin dein Diener, sage mir, was ich tun soll.‘ Gott hat uns gemacht, und Er hat zu entscheiden, wohin wir gehen: Himmel oder Hölle. Er trifft die Wahl. Aber auch wir hier entscheiden uns. ‚Du hast die Wahl‘, sagt meine Mutter immer wieder. ‚Du entscheidest, was du tust, und Allah merkt es sich.‘ Du mußt abwarten, bis du stirbst. Er kann dich vor der Hölle bewahren, und Er kann dich in den Himmel holen, wann immer Er will. Wenn etwas Schlimmes passiert, mußt du es als eine Botschaft Gottes akzeptieren. Er will uns nicht weh tun, aber manchmal muß Er uns bestrafen. Wenn du Ihm nicht folgen kannst, dann wirst du Ihn nicht im Himmel besuchen. Mein Vater sagt jeden Tag zu uns, daß verwöhnte Kinder nicht in den Himmel kommen. Der Himmel ist der Ort, wo Gott Seinen verstorbenen Anhängern zu leben erlaubt. Du kannst nicht einfach so in den Himmel kommen! Allah muß dich dort haben wollen. Er erwählt dich nur, wenn du Ihn gewählt hast. Verstehen Sie? (Ich nickte). Wenn du betest und Er sieht, daß du einer Seiner Diener bist und Ihm dein Leben geben willst, dann wird Er auf deiner Seite sein. Dann werden der Teufel und Seine Soldaten dich nicht gefangennehmen. Aber wenn man sagt, man sei ein Moslem, und dabei geht man nur ab und zu in die Moschee, und wenn man den Leuten erzählt, daß man an Allah glaubt, aber nicht rein ist, sondern Wein trinkt oder anderen Alkohol und das falsche Essen ißt und nicht wirklich meint, was man in seinen Gebeten sagt, dann wird Allah nicht mit einem sein. Er wird nicht für dich kämpfen, wenn du Ihn brauchst, wenn du nicht den ganzen Weg an Seiner Seite gegangen bist. Ob man vollkommen sein muß? Nein. Niemand ist es außer Allah, nehme ich an. Aber du mußt dich darum bemühen, immer besser zu werden. Wenn du dich Allah ergibst, dann wird Er dafür sorgen, daß der Teufel sich dir ergibt.“

- ❑ Jeder Mensch steht vor einer Entscheidung. Erklärt, worin sie besteht und welche Folgen sie hat.
- ❑ Welche konkreten Gebote und Verbote sind nach diesem Text von Menschen zu beachten? Weitere Gebote findet ihr in diesem Buch auf S. 135.
- ❑ Wie erklären Muslime schlimme Erfahrungen bzw. Leiden?

Die fünf Hauptpflichten des Islam

Der Prophet Mohammed hat fünf Pflichten des Gläubigen als Grundpfeiler des islamischen Glaubens bezeichnet:

Ihr findet Erläuterungen des ersten, des dritten und des vierten Grundpfeilers in diesem Buch auf S. 124f., 134f. Das fünfmalige Beten ist in auf andere achten 5/6, S. 165f. beschrieben.

Die Pilgerfahrt nach Mekka (Hadsch)

Jeder Muslim, der es sich finanziell leisten kann und auch gesundheitlich dazu in der Lage ist, hat die Pflicht, einmal im Leben nach Mekka, dem Zentrum des Glaubens, zu reisen. Schon vor der Zeit des Propheten Mohammed pilgerten die Araber nach Mekka und opferten dort mehreren Gottheiten. Mohammed reinigte das Heiligtum von diesen Göttern und bestimmte, daß nur Gott (= Allah) dort verehrt werden dürfe. Kurz bevor ein Muslim Mekka erreicht, zieht er sich ein weißes Pilgergewand an, vollzieht vorgeschriebene Waschungen, läßt sich die Nägel schneiden und den Bart kämmen. Sein erster Gang führt ihn zum eigentlichen Heiligtum, der Kaaba, um den schwarzen Stein zu küssen, der dort eingemauert ist. Später hört er sich eine Predigt an. Tage dauert es, bis er alle heiligen Orte um Mekka besucht hat. Ein Schlachtopfer, bei dem das Fleisch an Arme verteilt wird, bildet den Abschluß der vorgeschriebenen Riten. Danach legt er sein Pilgergewand ab, läuft noch siebenmal um die Kaaba, trinkt aus dem heiligen Brunnen Zemzem, wäscht sich und beendet im nahegelegenen Mika seine Pilgerfahrt mit einem Festessen. Viele besuchen auf der Heimreise noch das Grab Mohammeds in Medina. Zu Hause darf der Pilger nun einen grünen Turban tragen und sich „Hadschi“ nennen.

→ S. 124f.

❑ Muslime bezeichnen häufig die Pilgerfahrt nach Mekka als Krönung des Lebens. Erklärt die Äußerung.

❑ Der Text erwähnt eine wichtige Tat des Propheten Mohammed. Berichtet von seinem Leben und seiner Bedeutung für den Islam (vgl. dazu: auf andere achten 5/6, S. 161–163).

Das Paradies: Lohn für die Frommen

Euer Gott ist ein einziger Gott. Diejenigen, die nicht an das Jenseits glauben, lehnen (diese Botschaft) mit ihrem Herzen hochmütig ab. Wahrlich, Gott weiß, was sie geheimhalten, und was sie bekanntgeben. Er liebt die Hochmütigen nicht ... Am Tag der Auferstehung, wird Er sie zuschanden machen und sagen: ‚Wo sind (nun) meine Teilhaber, hinsichtlich derer ihr (gegen mich und den Gesandten) Opposition getrieben habt?' Diejenigen, denen das Wissen gegeben worden ist, sagen (dann): ‚Heute sind die Ungläubigen der Schande und dem Unheil preisgegeben.' (Sie), die von den Engeln abberufen werden, nachdem sie (in ihrem Erdenleben) gegen sich selber gefrevelt haben. Sie behaupten dann: ‚Wir haben (im Erdenleben) nichts Böses getan.' (Ihnen wird erwidert:) ‚Aber nein! Gott weiß Bescheid über das, was ihr getan habt. Tretet nun zu den Toren der Hölle ein, um (ewig) darin zu weilen! – Ein schlimmes Quartier für die Hochmütigen!' Und zu denen, die gottesfürchtig sind, sagt man: ‚Was hat euer Herrscher herabgesandt?' Sie sagen: ‚Etwas Gutes.' Diejenigen, die rechtschaffen sind, haben hier im Diesseits Gutes zu erwarten. Aber die Behausung des Jenseits ist wahrhaftig besser. Welch treffliche Behausung für die Gottesfürchtigen! (Das sind) die Gärten von Eden, in die sie (dereinst) eingehen, (Gärten) in deren Niederungen Bäche fließen, und in denen sie (alles) haben, was sie wollen. So vergibt Gott denen, die (ihn) fürchten.

Sure 16, 22–31

❑ Dieser Auszug aus dem Koran erzählt vom „Tag der Auferstehung" und von einem Leben im Jenseits. Beschreibt diese Vorstellungen und überlegt, wie sie sich auf das Alltagsleben der Muslime auswirken werden.

Leben in der Gemeinschaft

Die islamische Umma

Der Prophet Mohammed hatte Menschen aus verschiedenen Völkern, Stämmen und Familien als Anhänger gewonnen. Mit ihnen gründete er eine Gemeinschaft, die die alten Bindungen an Volk und Stamm ersetzen sollte. Er nannte sie Umma. Umma meint eine Gemeinschaft, die auf den Gesandten Gottes hört. Der Islam spricht auch von einer christlichen oder jüdischen Umma. Die islamische Umma wird im Koran als die beste beschrieben:
„Ihr seid die beste Gemeinschaft (= Umma), die unter den Menschen entstanden ist. Ihr gebietet, was recht ist, verbietet, was verwerflich ist, und glaubt an Gott."

Sure 3, 110

Für die islamische Gemeinschaft ist Gott der eigentliche Herrscher. Eigentlich sollte es nicht viele islamische Staaten, sondern nur den einen islamischen Staat geben, der alle Muslime zu einer Umma vereint.
Umma beruht nicht auf einer Rasse, Sprache, Geschichte oder einem Land. In ihr verschmelzen Völker, Rassen und Hautfarben zu einer familiären Bruderschaft. Zu ihr gehören arabische, nichtarabische, östliche, westliche, weiße und schwarze Menschen.

❑ Der Umma-Gedanke soll sich auch auf die Gesetze des Staates auswirken und das Alltagsleben bestimmen. Sammelt Beispiele dafür aus arabischen Staaten, von denen Zeitungen berichten.

„Es gibt keinen Gott außer Allah, und Mohammed ist sein Prophet" – dieser islamische Glaubensgrundsatz stand auf den Fahnen, die Anhänger der radikalen Hamas in Gaza bei einer Kundgebung mit sich führten.

Radikalismus und Fundamentalismus im Islam

Gottes Gebote sollen das Leben in allen Einzelheiten bestimmen. Die Gebote des Koran sind daher auch die Grundlage der Umma. Radikale Muslime folgern daraus, daß alle Gebote auch Staatsgesetze sein müßten. Wer den Islam nicht akzeptiert, soll bekehrt oder bekämpft werden. → S.135

Sultanhussein Tabaneh und die Menschenrechte:
„Die Menschheit besteht aus Menschen, die glauben, und aus Menschen, die nicht glauben. Solche, die ihren Schöpfer vergessen und sich nur auf ihren Verstand und auf das Werk ihrer Hände verlassen, setzen sich auf die Entwicklungsstufe von Tieren; sie beschmutzen die Menschheit. Die Ungläubigen haben sich selbst ausgeschlossen aus der Menschheit. Sie dürfen allerdings nur in Kriegen getötet werden. Außerhalb der Kriege haben sich die Gläubigen darum zu bemühen, sie vom rechten Glauben zu überzeugen. Menschen, die nicht an den einen, einzigen und unsichtbaren Gott glauben, gehören nicht in den Kreis der Menschheit. Ihre Existenz

ist schädlich für die Menschen. Anders verhält es sich mit denen, die vom wahren Glauben wenigstens in Ansätzen überzeugt sind. Dazu gehören Juden und Nazarener (Christen). Ihr Glaube hat jedoch nicht den hohen Grad des Islams erreicht. Sie befolgen andere Gesetze als die Vorschriften des Koran. Sie können daher nicht gleichberechtigt neben die Moslems gestellt werden ... Tötet nun ein Moslem einen solchen Nichtmoslem, dann darf er selbst nicht zur Todesstrafe verurteilt werden, denn seine Entwicklungsstufe ist höher als diejenige des Getöteten."

- ❑ Sultanhussein Tabaneh hat diese Erklärung auf einer internationalen Konferenz für Menschenrechte in Teheran 1968 abgegeben. Nennt die grundlegenden Menschenrechte, denen er hier widerspricht.
- ❑ Überlegt Folgen für die Gesetzgebung und für die Außenpolitik eines Staates, der sich die Ansichten von Sultanhussein Tabaneh zu eigen macht.
- ❑ Auch im christlichen Europa wurden jahrhundertelang Andersgläubige als Menschen zweiter Klasse behandelt. Sammelt Beispiele.

Frauen im Islam

Es ist nicht so Sitte

Semra kommt aufgeregt aus der Schule. Ertan und Hatice sind schon zu Hause; sie warten darauf, daß Semra das Essen fertigmacht, denn die Mutter geht bis 15 Uhr arbeiten. Hatice fragt neugierig, was denn los sei. „Stellt euch vor", platzt Semra heraus, „wir fahren eine Woche ins Landschulheim. Da schlafen alle Mädchen in einem großen Raum zusammen, und Unterricht haben wir nur ganz wenig und ..." „Halt! Nun mal langsam!" dämpft sie Ertan, „du glaubst doch nicht, daß Vater dir das erlaubt?" Semra schaut ihn entsetzt an. „Aber", stottert sie, „alle fahren mit, vielleicht können wir ihn überreden?" Semras Stimmung ist gedämpft, und als Mutter nach Hause kommt und die Neuigkeit erfährt, kann sie die Stimmung der Tochter nicht verbessern, denn ohne den Vater wird nichts entschieden.
Endlich um 19 Uhr kommt der Vater nach Hause. Semra platzt gleich mit ihrer Frage heraus: „Darf ich mit ins Landschulheim? Wir fahren im April eine Woche. Unsere Klassenlehrerin hat gesagt, daß wir dabei auch Selbständigkeit und Hilfsbereitschaft lernen." Der Vater runzelt die Stirn, er geht nachdenklich ins Wohnzimmer. Als alle beim Abendessen sitzen, sagt er sehr bestimmt: „Semra, schlag dir das aus dem Kopf. Das kommt überhaupt nicht in Frage." „Aber warum denn nicht, Vater?" Semra fängt an zu weinen. Der Vater denkt nach. „Sieh mal Semra. Du bist nun schon ein großes Mädchen und wirst verstehen. Was sollen wir denn ohne dich machen? Mutter und ich arbeiten den ganzen Tag für euch. Wer soll denn Hatice zum Kindergarten bringen, und wer soll das Essen mittags kochen? Du weißt, eine tür-

kische Familie ist eine feste Gemeinschaft, in der jeder seinen festen Platz hat und seine Aufgaben erfüllen muß.“ Das versteht Semra. Aber da ist noch etwas anderes: „Und warum darf Ertan immer übers Wochenende mit seinem Fußballverein weg?“ „Weißt du“ sagt die Mutter, „es ist in der Türkei nicht so Sitte, daß Mädchen mit Jungen so weit von zu Hause wegfahren und zusammen wohnen. Wir bleiben auch in Deutschland Türken.“
Semra schluckt. Sicher will sie Türkin bleiben, und sicher liebt sie auch ihre Familie, und sicher ist sie sogar stolz darauf, schon so viele Dinge selbständig im Haushalt erledigen zu dürfen. Trotzdem bleibt sie traurig, obwohl sie weiß, daß ihr Vater sich in der nächsten Zeit sehr um sie kümmern wird.

Heide Hansen

❑ Macht Spiele: Semra, Bruder, Schwester, Vater zu Hause; die Situation der Klasse. Vielleicht ist auch der Lehrer oder die Lehrerin dabei. Anschließend könnt ihr eine Pro-und-Contra-Diskussion durchführen.

Zwischen Tradition und Fortschritt

→ S.145

Vor Gott sind Mann und Frau gleich. Im Alltag ist die Frau dem Mann aber nicht gleichgestellt. Während die Frauen heute in den meisten islamischen Ländern die gleichen politischen Rechte und Pflichten haben, gibt es im Ehe- und Familienrecht immer noch deutliche Unterschiede. Viele Frauen erhalten heute eine berufliche Ausbildung und üben ihren Beruf auch aus.

Eine islamische Stimme:
„Die Gleichheit zwischen Mann und Frau ist bedeutungslos. Es ist, als ob man die Gleichheit von Rosen und Jasmin diskutieren würde. Jede hat ihren eigenen Duft, ihre eigene Farbe und ihre eigene Schönheit. Mann und Frau sind nicht gleich, jeder hat seine eigenen Züge und Besonderheiten. Aber sie ergänzen sich. Jeder hat seine Pflichten und Aufgaben, die mit seiner Natur und seinem Wesen in Einklang stehen.“
Die Tradition:
Aufgaben des Mannes: Der Vater – im Fall seines Todes der älteste Sohn – ist das Oberhaupt der Familie und vertritt sie nach außen. Er hat die Pflicht, seine Familie zu beschützen. Als Familienvater hat er das Recht, über das Geschick der übrigen Familienmitglieder zu bestimmen.
Aufgaben der Frau: Die Frau hat eine gute Hausfrau und Mutter zu sein. Während ihr im häuslichen Bereich auch die männlichen Familienmitglieder Respekt schulden, spielt sie im öffentlichen Leben eine geringe Rolle.

Glück und Leid

Natürlich möchten wir am liebsten alle immer glücklich sein. Deswegen erinnern wir uns gerne an glückliche Stunden. Und wir entwerfen ständig neue Bilder von glücklichem Leben und Zusammenleben. Verläßt uns das Glück, etwa durch Krankheit oder Verlust eines nahestehenden Menschen, dann sind wir traurig und verstehen uns und die Welt nicht mehr. Wir müssen versuchen, unser Leid zu verstehen und anzunehmen.
Das folgende Kapitel will anregen und helfen, die eigenen Erfahrungen und Vorstellungen von Glück und Leid und diejenigen anderer Menschen zu verstehen, sich kritisch damit auseinanderzusetzen:

Ich bin glücklich, wenn

Was heißt glücklich sein?
Welche Vorstellungen von Glück gibt es?
Ändern sich die Vorstellungen von glücklichem Zusammenleben im Laufe des Lebens?
Können Drogen Glück bringen?

Enttäuschungen

Machen wir uns zu idealistische Vorstellungen von Glück?
Kommt es auf den kleinen glücklichen Augenblick an?
Was gefährdet Glück?

Glück und Leid

Wo begegnet uns Leid?
Wie können wir mit Trauer umgehen?
Gibt es Trost?

Nachdenken über Glück

Was haben Philosophen unter Glück verstanden?
Gibt es ein Recht auf Glücklichsein?

Die tägliche Ration Glück:

Am Montag:	das Morgenlicht . . .
am Dienstag:	mit den Fingerspitzen . . .
am Mittwoch:	ein Bild von . . .
am Donnerstag:	. . . getroffen
am Freitag:	den Duft von . . . gerochen
am Samstag:	die Stimme von . . . gehört
am Sonntag:	. . . vergessen.
am Montag:	aufgepaßt, daß sich all das nicht einfach wiederholt.

Ich bin glücklich, wenn ...

Kinder einer Schulklasse antworteten auf die Frage: „Wie stelle ich mir das große Glück vor?“:

Mein Vater und meine Mutter waren fast elf Jahre verheiratet und plötzlich hatten sie Krach gekriegt. Seit zwei Jahren sind meine Eltern schon geschieden. Ich war sehr traurig. Nach einem Jahr rief mein Vater dann an, und ich war sehr glücklich. Als ich ihn dann wiedersah, hatte ich ein schönes Gefühl. Ich würde so richtig glücklich sein, wenn meine Eltern wieder zusammengehen würden.

Glück, vollendetes Glück, ist für mich, ein ruhiges, friedliches und harmonisches Leben zu führen. Zurückgezogen von der heutigen Wegwerfgesellschaft in noch unverschmutzter und sauberer Umwelt zu leben. Dem Leistungsdruck der heutigen Gesellschaft zu entgehen. Menschen um mich zu haben, die mich verstehen, mit denen man diskutieren kann. Einen Beruf auszuüben, der mir Spaß macht, wo ich draußen bin, ein Stück von der Natur bin. Und das, was ich zum Leben brauche, selbst herstellen kann.

Nachmittags an meinem Computer spielen.

„Unter Abenteuer stell ich mir vor, daß der Tag nicht so abläuft wie jetzt, daß man sich aussuchen kann, was man machen will. Nicht immer nur: Schule, Mittagessen, Hausaufgaben, draußen spielen, Abendessen, Fernsehen.“

So will ich als Erwachsener sein: Ich möchte abends ganz lange aufbleiben. Ich gehe fast immer ins Kino. Ich würde zu meinen Kindern sagen: „Ihr braucht nicht in die Schule zu gehen, wir üben jeden Tag eine Stunde, und damit ist Schluß!“ Ich würde mit meinen Kindern jeden Tag wegfahren. Abends dürfen sie so lange aufbleiben wie ich. Ich lasse sie auch Quatsch machen, soviel sie wollen. Und mir lasse ich einen Bart stehen!

Als Erwachsener will ich normal, lieb, dünn, modern sein, eine schicke Frisur haben. Ohrringe tragen, meistens einen langen Rock anziehen und moderne Schuhe, mich etwas schminken, einen schönen Bikini anhaben.

Wenn ich erwachsen bin, kaufe ich mir einen Bauernhof mit Hunden, Katzen, Hasen, Kühen, Pferden, Schweinen und Schafen. Dann heirate ich. Und sonntags bring ich meinen fünf Hunden das Sprechen bei.

Ich möchte ein Tennisstar sein wie Boris Becker oder Agassi.

Ich möchte dann ein Motorrad haben und einen Freund dazu. Ich möchte mit 15 Jahren ein Kind bekommen, es soll ein Junge sein und Sven heißen.

- ❑ Ordnet den Aussagen Personen zu.
- ❑ Welche Glücksvorstellungen findet ihr bei Erwachsenen?
- ❑ Was hast du dir vor fünf Jahren gewünscht zum Glücklichsein?
- ❑ Wie stehst du heute dazu?
- ❑ Du kannst einen Tag nach deinem Geschmack gestalten. Was gehört alles dazu, daß du hinterher sagen kannst: Das war ein glücklicher Tag für mich!

- ❑ Warum nehmen Jugendliche Drogen?
- ❑ Wonach können Menschen süchtig sein?
- ❑ Glück wird in der Werbung angeboten. Fertigt eine Collage an aus Texten, Bildern, Liedversen, Glücksverheißungen. Sprecht darüber.

S.22

Felix Nußbaum: Einsamkeit (1942)

Erfüllung und Verlangen

Zum ersten Male

Es muß im Jahre 1912 gewesen sein. Wir fuhren von Göttingen bis Eichenberg mit der Bahn, ein Dutzend Jungen, und wateten dann durch den hohen Schnee querfeldein auf die Burgruine Hanstein zu. Damals hatte das Wanderwesen gerade begonnen. Jede Fahrt bedeutete noch ein Abenteuer. Jugendherbergen gab es noch nicht. Und wenn es sie gegeben hätte, wären wir an ihnen vorbeigegangen. Noch lag der Glanz des Neuen, ja des Unerhörten über allen Unternehmungen. Man entdeckte die Landschaft, die Freiheit, die Lieder, die Spiele, die Tänze, die Freunde, sich selbst, die Welt, alles. Ich war vierzehn Jahre alt und erst wenige Wochen bei der Gruppe. Wir dachten nicht viel über das Leben nach, aber wir lebten. Um die Abenddämmerung trafen wir auf der Ruine ein. Und alsbald begann im Saal, den eine Balkendecke, verglaste Fenster und ein offener Kamin bewohnbar machten, eine bewegende und erregende Weihnachtsfeier. Für mich war sie deshalb so bewegend, weil fast alles, was geschah, unter dem verklärenden Zeichen des „Zum ersten Male" stand. Zum ersten Male sah ich einen Weihnachtsbaum, der keinen anderen Schmuck als einige wenige Kerzen trug und mit seinem weit ausladenden, stark durftenden Gezweig so waldhaft, so unberührt wirkte. Zum ersten Male erfuhr ich, was das ist, eine Gemeinschaft. Zum ersten Male war ich nicht mehr allein. Und dann kam noch ein anderes, ein unvergeßliches „Zum ersten Male".

Ehe wir uns im aufgeschütteten Stroh schlafen legten, tastete ich mich die dunkle Stiege im Turm empor. Als ich oben ins Freie trat, flimmerte ein winterlich klarer Sternenhimmel über mir. Ich erkannte den Orion, den Fuhrmann, den Großen Bären, ich erkannte Perseus, den ich vor allen anderen liebte, Andromeda, Kepheus und Kassiopeia. Zu meinen Füßen lagen die verschneiten Bergrücken und Wälder. Dahinten im Tal strömte die Werra. Unmittelbar unter mir dämmerte hinter den Fenstern des Saales ein rötlicher Kerzenschein. Dort summten und sangen die Kameraden. Und da überkam mich plötzlich ein Glücksgefühl von geradezu mystischer Tiefe. Wie traumverloren war das mattsilberne Bergland mit seinen Schatten, wie geheimnisvoll die Grenzenlosigkeit der Nacht mit den strahlenden Sternbildern! Wie abgründig das Schweigen ringsumher! Wie liebte ich dies alles! Wie liebte ich die Welt!

Aber seltsamerweise brachte das Glück, das Übermaß von Glück, keinen Frieden in meine Seele, sondern Unruhe. Es war das Glück, ohne Frage. Ich glaubte zu wissen, daß ich nie wieder so glücklich sein könne wie in dieser Stunde. Und doch war es nicht

genug. Es fehlte etwas. Ich zitterte vor Glück und ich zitterte gleichzeitig vor Ungenügen und Sehnsucht. Eine Ahnung überkam mich, daß nichts, was ein Mensch auf Erden erlebt, imstande sei, die Ruhelosigkeit in ihm zu stillen.

Manfred Hausmann

❑ Das erste Mal etwas erleben, das erste Mal etwas geschafft haben – erzählt von eigenen Erlebnissen und überlegt, warum Menschen dabei sehr glücklich oder auch sehr unglücklich sein können.
❑ Total glücklich, und trotzdem fehlt etwas. Erklärt dieses zwiespältige Gefühl.

Der schwierige Umgang mit dem Glück

Vom süßen Brei

M. C. Escher: Hand mit spiegelnder Kugel (1935)

Es war einmal ein armes, frommes Mädchen, das lebte mit seiner Mutter allein und sie hatten nichts mehr zu essen. Da ging das Kind hinaus in den Wald und begegnete ihm darin eine alte Frau, die wußte seinen Jammer schon und schenkte ihm ein Töpfchen, zu dem sollt' es sagen: „Töpfchen koch!" so kochte es guten, süßen Hirsenbrei, und wenn es sagte: „Töpfchen steh!" so hörte es wieder auf zu kochen. Das Mädchen brachte den Topf seiner Mutter heim und nun waren sie ihrer Armut und ihres Hungers ledig und aßen süßen Brei, so oft sie wollten. Auf eine Zeit war das Mädchen ausgegangen, da sprach die Mutter: „Töpfchen koch!", da kocht es und sie ißt sich satt; nun will sie, daß das Töpfchen wieder aufhören soll, aber sie weiß das Wort nicht. Also kocht es fort und der Brei steigt über den Rand heraus, und kocht immer zu, die Küche und das ganze Haus voll, und das zweite Haus und dann die Straße, als wollt's die ganze Welt satt machen, und ist die größte Not und kein Mensch weiß sich da zu helfen. Endlich, wie nur noch ein einziges Haus übrig ist, da kommt das Kind heim und spricht nur: „Töpfchen steh!", da steht es und hört auf zu kochen, und wenn sie wieder in die Stadt wollten, haben sie sich durchessen müssen.

❑ Erläutert die Redewendung: „Zuviel des Guten". Überlegt, welche Erfahrungen sich damit verbinden können.

Die andern haben's besser

„Wenn ich solch ein schönes Häuschen hätte wie die Schnecke, brauchte ich mich nicht in der Erde zu verkriechen", klagte ein Regenwurm.

„Und wie bequem wollte ich mir's darin machen!" sagte eine Grille.

„Ich habe eins", stöhnte die Schnecke, „und muß die Last Tag und Nacht mit mir herumschleppen. Was gäbe ich darum, wenn ich's los wäre!"

So könnte ich glücklich sein

Glücksgefühl

Verdammt,
ich wünschte
ich könnte
mein ganzes Leben
so fühlen
wie jetzt

Frei
ungebunden
akzeptiert
dieses leicht – leere
Kribbeln
im Bauch

Musik
unter der Haut
Leben
in den Beinen
Lachen
im Gesicht

Arme ausbreiten
abheben
davonschweben
wie ein Schwamm
das Leben
aufsaugen

Verdammt,
ich weiß
ich werde oft
traurig sein

Nicole Pompetzki, 19 Jahre

Marc Chagall: Der Spaziergang (1917/18)

Mein Geburtstag auf Station F

Wie Ihr vielleicht von der letzten Rundschau mitbekommen habt, war ich ein halbes Jahr in der Kinderklinik auf Station F. In der Zeit hatte ich auch Geburtstag. „Schade“, habe ich gedacht, „jetzt kann ich meinen Geburtstag nicht mal zu Hause feiern.“ Aber es kam ganz anders. Als der 12. Juni hereinbrach, gratulierte zuerst die Nachtschwester kurz nach 0.00 Uhr. Morgens dann zum Frühstück (das ich natürlich ins Bett bekam) sind alle Schwestern und Schülerinnen in mein Zimmer gekommen, haben einen Kranz mit fünfzehn Kerzen gebracht und „Happy Birthday“ gesungen. Geschenke waren auch dabei. Dann so gegen 10.00 Uhr war Visite. Nichtsahnend lag ich im Bett und machte mit Uta (Spielschwester) ein Spiel. Plötzlich geht die Tür auf und Michael (Lehrer) stürmt mit seiner Gitarre ans Bett und begann zu singen. Die ganze Visite, samt Oberarzt Dr. Ranke, sangen ein Lied. Dieses Lied hatte Gerlinde (Oberspielschwester) auf die Melodie „Ein Mann der sich Kolumbus nannte“ umgedichtet. Dr. Stier und Dr. Ranke waren die besten und lautesten Sänger. Die Schwestern und Schülerinnen bildeten den „backgroundchor“. Das war eine sehr schöne und ungewöhnliche Geburtstagsüberraschung. Danach kam meine Mutter mit einem großen Kuchen, den wir am Nachmittag verspeisten. Die Spielschwestern stellten im Gang alle Tische zusammen, so daß es eine große Festtafel gab. Dann setzten wir uns alle drumherum und sangen nochmals das umgedichtete Lied, begleitet von Johannes, der Saxophon spielen kann.
Danach aßen wir alle den ganzen Kuchen. So einen schönen Geburtstag hätte ich mir in der Kinderklinik nicht vorgestellt.

Gerd Huß

Hannelore Neumann-Tachilzik:
Bildnis eines Jugendlichen (1983)

Der Tod des Bruders

Eugen schlief tief und fest. Jemand rüttelte ihn. Er fuhr hoch. Schlaftrunken erkannte er seine Schwester Helene. Sie saß auf dem Rand des Bettes und hielt ihn fest. Sie starrte ihn an. Ihr Gesicht war ganz blaß. Langsam und deutlich sagte sie: „Willst du deinen Bruder noch einmal sehen?“

Sie trug ihn über den Hausflur. Der war nur halb erleuchtet. Sie kamen zum Vorderzimmer. Eugen hörte Stimmen. Leise öffnete Helene die Tür. Das Licht lag voll auf dem Bett. Eugen sah seinen Bruder. Still lag er da, ganz fremd. Sein Gesicht war erstarrt. Er war tot.

Die Mutter saß hilflos auf einem Stuhl, den Kopf in die Hände gestützt. Sie weinte. Und dann begann sie zu reden: „Er war genau zwölf Jahre und zwanzig Tage alt.“ Immer wieder sagte sie es: „Er war genau zwölf Jahre und zwanzig Tage alt... Er war genau zwölf Jahre und zwanzig Tage alt...“

Der Vater versuchte, sie zu trösten. Dabei suchte er selbst nach Trost: „Der beste Junge von allen, die ich habe“, murmelte er vor sich hin, „bei Gott, der beste von allen...“

Später kamen Männer. Sie legten die Leiche in einen Sarg und trugen sie aus dem Haus.

nach Thomas Wolfe

❑ Abschied nehmen ist schwer. Schreibt einen Brief an Eugen, an seine Schwester Helene, an die Mutter, an den Vater. Versucht sie zu trösten.

❑ Es gibt verschiedene Situationen, in denen Menschen Abschied nehmen müssen. Beschreibt sie. Welche Gefühle verbinden Menschen mit Abschiednehmen?

Nachdenken über Glück

Der „Fall“

Eine sommerliche Absprache

Klaus und Karin gehen seit einem Jahr miteinander. Sie sind in derselben Klasse. In den diesjährigen Sommerferien wird Karin vier Wochen lang in ein Sport-Ferienlager fahren und Klaus in der gleichen Zeit mit seinen Eltern zu einer Sommerfrische. Die beiden wissen, daß sie einander fehlen werden, da sie jede freie Minute zusammen verbracht haben, und beide fragen sich, ob sie im Lauf der Ferien andere Freundschaftsbeziehungen anknüpfen werden. Das Ferienlager veranstaltet viele Tanzabende und Gemeinschaftsaktivitäten, und im Urlaubsort von Klaus wird es viele Parties geben. Klaus und Karin glauben beide, daß es albern wäre, wenn sie sich weigerten, diese Unterhaltungsangebote wahrzunehmen, aber beide haben, seit sie miteinander gehen, keine anderweitigen Verabredungen gehabt.

„Ich finde, du kannst ruhig zum Tanzen und zu den anderen Veranstaltungen gehen“, sagt Klaus, „solange du dich nicht mit anderen Jungs anfreundest.“

„Das ist unfair", erwidert Karin. „Warum soll ich mich nicht mit anderen Jungs anfreunden? Mir würde es nichts ausmachen, wenn du dich dort mit einem anderen Mädchen verabredest. Warum machen wir es nicht so, daß jeder tut, was er will, und einigen uns darauf, daß wir einander nach den Ferien keine Fragen stellen?"

❑ Diskutiert Karins Vorschlag. Was haltet ihr davon?

Wer auf Lust setzt, der…

In der griechischen Philosophie hat *Epikur* (341–271 v. Chr.) die Meinung vertreten, daß derjenige Mensch glücklich werde und sei, der seine natürlichen Bedürfnisse wie Essen, Trinken, Lieben, Schlafen befriedige. Die Lust ist, so sagte er, „Anfang und Ende des seligen Lebens". Aber nicht jede Lust ist erstrebenswert, sondern allein solche Lustempfindungen, die keinen Schmerz zur Folge haben. Epikur schreibt:

Durch wechselseitiges Abmessen und durch die Betrachtung des Zuträglichen und Abträglichen vermag man dies alles zu beurteilen. Denn zu gewissen Zeiten gehen wir mit dem Gut um wie mit einem Übel und mit dem Übel wiederum wie mit einem Gute. […]

Kein Mensch nämlich verachtet die Lust, weil sie Lust ist, oder haßt sie oder flieht sie, sondern nur, weil auf sie große Schmerzen folgen für jene, die nicht mit Überlegung der Lust nachzugehen verstehen.

❑ Beantwortet die Frage von Karin und Klaus aus der Sicht Epikurs.

Es geht um das größtmögliche Glück der größtmöglichen Anzahl

Der englische Philosoph *Jeremy Bentham* (1748–1832) sah die Bedeutung des Glücks im gesellschaftlichen Nutzen. Glück bedeutet: das größtmögliche Glück für die größtmögliche Anzahl von Menschen zu verwirklichen. So schreibt Bentham, daß im Zusammenleben der Menschen Leid vermieden und Freude gefördert werden sollen.

❑ Wie würde Bentham unseren Fall lösen?

Glücklich ist, wer pflichtbewußt handelt

Der Philosoph *Immanuel Kant* (1724–1804) meinte, daß wir Menschen so etwas wie eine moralische Stimme, eine Gewissensstimme, haben. Auf diese Stimme müssen wir bei unserem Tun achten und nicht auf den möglichen Erfolg oder Mißerfolg, auf das mögliche Lust- oder Schmerzempfinden, auf Freude oder Trauer. Diese innere Stimme sagt, daß wir andere Menschen nie als Mittel zur Erfüllung unserer Wünsche ansehen dürfen.

→ S.110

❑ Nehmt aus der Sicht Kants Stellung.

Die unwürdige Greisin

Meine Großmutter war zweiundsiebzig Jahre alt, als mein Großvater starb. Er hatte eine kleine Lithographenanstalt und arbeitete darin mit zwei, drei Gehilfen bis zu seinem Tod. Meine Großmutter besorgte ohne Magd den Haushalt, betreute das alte, wacklige Haus und kochte für die Mannsleute und Kinder. Sie war eine kleine magere Frau mit lebhaften Eidechsenaugen, aber langsamer Sprechweise. Mit recht kärglichen Mitteln hatte sie fünf Kinder großgezogen – von den sieben, die sie geboren hatte. Davon war sie mit den Jahren kleiner geworden. Von den Kindern gingen die zwei Mädchen nach Amerika, und zwei der Söhne zogen ebenfalls weg. Nur der Jüngste, der eine schwache Gesundheit hatte, blieb im Städtchen. Er wurde Buchdrucker und legte sich eine viel zu große Familie zu.

So war sie allein im Haus, als mein Großvater gestorben war. Die Kinder schrieben sich Briefe über das Problem, was mit ihr zu geschehen hätte. Einer konnte ihr bei sich ein Heim anbieten, und der Buchdrucker wollte mit den Seinen zu ihr ins Haus ziehen. Aber die Greisin verhielt sich abweisend zu den Vorschlägen und wollte nur von jedem ihrer Kinder, das dazu imstande war, eine kleine geldliche Unterstützung annehmen... Die Kinder schrieben ihr, sie könne doch nicht ganz allein leben, aber als sie darauf überhaupt nicht einging, gaben sie nach und schickten ihr monatlich ein bißchen Geld. Schließlich, dachten sie, war ja der Buchdrucker im Städtchen geblieben.

Der Buchdrucker übernahm es auch, seinen Geschwistern mitunter über die Mutter zu berichten. Seine Briefe an meinen Vater, und was dieser bei einem Besuch und nach dem Begräbnis meiner Großmutter zwei Jahre später erfuhr, geben mir ein Bild von dem, was in diesen zwei Jahren geschah.

Es scheint, daß der Buchdrucker von Anfang an enttäuscht war, daß meine Großmutter sich weigerte, ihn in das ziemlich große und nun leerstehende Haus aufzunehmen. Er wohnte mit vier Kindern in drei Zimmern. Aber die Greisin hielt überhaupt nur eine sehr lose Verbindung mit ihm aufrecht. Sie lud die Kinder jeden Sonntagnachmittag zum Kaffee, das war eigentlich alles.

Sie besuchte ihren Sohn ein- oder zweimal in einem Vierteljahr und half der Schwiegertochter beim Beereneinkochen. Die junge Frau entnahm einigen ihrer Äußerungen, daß es ihr in der kleinen Wohnung des Buchdruckers zu eng war. Dieser konnte sich nicht enthalten, in seinem Bericht darüber ein Ausrufezeichen anzubringen.

Auf eine schriftliche Anfrage meines Vaters, was die alte Frau denn jetzt so mache, antwortete er ziemlich kurz, sie besuche das Kino.

Man muß verstehen, daß das nichts Gewöhnliches war, jedenfalls nicht in den Augen ihrer Kinder. Das Kino war vor dreißig Jahren noch nicht, was es heute ist... Eigentlich gingen nur Halbwüchsige hin oder, des Dunkels wegen, Liebespaare. Eine einzelne alte Frau mußte dort sicher auffallen. Und so war noch eine andere Seite dieses Kinobesuchs zu bedenken. Der Eintritt war gewiß billig, da aber das Vergnügen ungefähr unter den Schleckereien rangierte, bedeutete es „hinausgeworfenes Geld". Und Geld hinauszuwerfen, war nicht respektabel...

Etwa ein halbes Jahr nach dem Tod des Großvaters schrieb der Buchdrucker meinem Vater, daß die Mutter jetzt jeden zweiten Tag im Gasthof esse. Was für eine Nachricht!

Großmutter, die zeit ihres Lebens für ein Dutzend Menschen gekocht und immer nur die Reste aufgegessen hatte, aß jetzt im Gasthof! Was war in sie gefahren?

Bald darauf führte meinen Vater eine Geschäftsreise in die Nähe, und er besuchte seine Mutter. Er traf sie im Begriffe, auszugehen. Sie nahm den Hut wieder ab und setzte ihm ein Glas Rotwein mit Zwieback vor. Sie schien ganz ausgeglichener Stimmung zu sein, weder besonders aufgekratzt noch besonders schweigsam. Sie erkundigte sich nach uns, allerdings nicht sehr eingehend, und wollte hauptsächlich wissen, ob es

für die Kinder auch Kirschen gäbe. Da war sie ganz wie immer. Die Stube war natürlich peinlich sauber, und sie sah gesund aus.
Das einzige, was auf ihr neues Leben hindeutete, war, daß sie nicht mit meinem Vater auf den Gottesacker gehen wollte, das Grab ihres Mannes zu besuchen. „Du kannst allein hingehen", sagte sie beiläufig, „es ist das dritte von links in der elften Reihe. Ich muß noch wohin."...
Mein Vater hatte im Gasthof ein Zimmer genommen, aber erwartet, daß er zum Wohnen doch von seiner Mutter eingeladen werden würde, wenigstens pro forma, aber sie sprach nicht davon. Und sogar als das Haus voll gewesen war, hatte sie immer etwas dagegen gehabt, daß er nicht bei ihnen wohnte und dazu das Geld für das Hotel ausgab!
Aber sie schien mit ihrem Familienleben abgeschlossen zu haben und neue Wege zu gehen, jetzt, wo ihr Leben sich neigte. Mein Vater, der eine gute Portion Humor besaß, fand sie „ganz munter" und sagte meinem Onkel, er solle die alte Frau machen lassen, was sie wolle.
Aber was wollte sie?
Das nächste, was berichtet wurde, war, daß sie eine Bregg bestellt hatte und nach einem Ausflugsort gefahren war, an einem gewöhnlichen Donnerstag. Eine Bregg war ein großes, hochrädriges Pferdegefährt mit Plätzen für ganze Familien... Und nach der Bregg kam die Reise nach K., einer größeren Stadt, etwa zwei Eisenbahnstunden entfernt. Dort war ein Pferderennen, und zu dem Pferderennen fuhr meine Großmutter.
Der Buchdrucker war jetzt durch und durch alarmiert. Er wollte einen Arzt hinzugezogen haben. Mein Vater schüttelte den Kopf, als er den Brief las, lehnte aber die Hinzuziehung eines Arztes ab.

Nach K. war meine Großmutter nicht allein gefahren. Sie hatte ein junges Mädchen mitgenommen, eine halb Schwachsinnige, wie der Buchdrucker schrieb, das Küchenmädchen des Gasthofs, in dem die Greisin jeden zweiten Tag speiste. Dieser „Krüppel" spielte von jetzt ab eine Rolle...
„Sie hat dem Krüppel jetzt einen Hut gekauft mit Rosen drauf", schrieb der Buchdrucker verzweifelt. „Und unsere Anna hat kein Kommunionskleid!" Die Briefe meines Onkels wurden ganz hysterisch, handelten nur von der „unwürdigen Aufführung unserer lieben Mutter" und gaben sonst nichts mehr her. Das Weitere habe ich von meinem Vater. Der Gastwirt hatte ihm mit Augenzwinkern zugeraunt: „Frau B. amüsiert sich ja jetzt, wie man hört." In Wirklichkeit lebte meine Großmutter auch diese letzten Jahre keinesfalls üppig. Wenn sie nicht im Gasthof aß, nahm sie meist nur ein wenig Eierspeise zu sich, etwas Kaffee und vor allem ihren geliebten Zwieback. Dafür leistete sie sich einen billigen Rotwein, von dem sie zu allen Mahlzeiten ein kleines Glas trank. Das Haus hielt sie sehr rein, und nicht nur die Schlafstube und die Küche, die sie benutzte. Jedoch nahm sie darauf ohne Wissen ihrer Kinder eine Hypothek auf. Es kam niemals heraus, was sie mit dem Geld machte...
Sie starb ganz unvermittelt, an einem Herbstnachmittag in ihrem Schlafzimmer, aber nicht im Bett, sondern auf dem Holzstuhl am Fenster. Sie hatte den „Krüppel" für den Abend ins Kino eingeladen, und so war das Mädchen bei ihr, als sie starb. Sie war vierundsiebzig Jahre alt.

Bertolt Brecht

❑ Beschreibt das Glück der Großmutter. Wie beurteilt ihr dies?

Leben in Raum und Zeit

Die Welt, die uns umgibt, ist uns meist bekannt und vertraut. Manchmal fühlen wir uns darin wohl, manchmal wie Fremde. Manchmal ändert sich etwas, ohne daß wir es gleich merken. Manchmal sind wir unzufrieden und suchen nach Neuem. Manchmal strengen wir uns selbst an, etwas zu verändern. Bleiben wir die gleichen, aber unser Lebensraum ändert sich? Oder bleibt unser Lebensraum gleich, und nur wir ändern uns und betrachten dann unsere Umgebung mit anderen Augen? Dieses Kapitel soll zum Nachdenken darüber anregen, wie und warum wir unsere Lebenswelt – als Lebensraum und Lebenszeit – wahrnehmen, und warum wir sie so verstehen, wie wir sie verstehen.

Lebensraum Stadt

Am Beispiel Stadt wird gezeigt, wie Wahrnehmung und Befinden zusammenhängen.

Natur als Lebensraum – Natur heute

Wahrnehmung der Natur, Umgang mit der Natur und Deutung der Natur sind nicht zu trennen. Die Natur hält uns einen Spiegel vor.

Zeit als Lebensraum

Die Wahrnehmung der Zeit ordnet unser Leben.

Deutungen von Zeit

Zeitdeutungen vermitteln Lebenssinn.

Auf die Perspektive kommt es an

Die eigene Perspektive steuert Wahrnehmung und Erfahrung.
Perspektivenwechsel ermöglicht neue Erfahrungen.

Geschichten verändern Perspektiven

Geschichten erzählen Erfahrungen aus einer bestimmten Perspektive.
Geschichten können Perspektive und damit Erfahrungen verändern.

Geschichten, Mythen, Weltbilder

Geschichten vom Ursprung deuten unsere Welt, indem sie von grundlegenden Ordnungen und Ereignissen berichten. Sie beanspruchen, die Spielräume menschlicher Verantwortung zu bezeichnen.
Wie verhalten sie sich zur wissenschaftlichen Weltsicht?
Können die modernen Wissenschaften die alten Geschichten ersetzen?

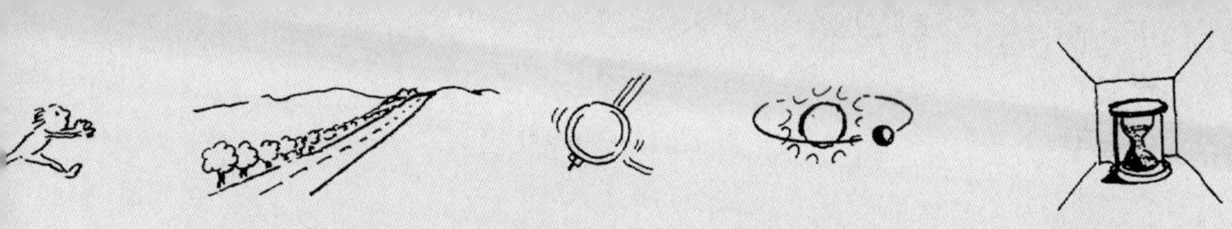

Lebensraum Stadt

Manchen macht es Spaß, in der Stadt zu leben. Andere leiden unter dem Lärm, dem Verkehr, den vielen Menschen oder den hohen Häusern. Zwei Beispiele:

Unbarmherzig wie Beton

Beton ist pflegeleicht. Es reizt, ihn anzupinseln. Beton tötet das Lebendige. Beton ist das Gras des Jahres 2000 und der fette Profit von heute.
Gigantomanie* und Beton sind die besten Freunde.
Durchquere einen Berg: orangenes Licht, eine lange dunstige Betonröhre, noch immer nicht das runde Loch mit dem Tageslichtschimmer. Eine Angst vorm Ersticken beschleicht dich.
Verliere dich in einer Flughafenhalle. Bewegt durch Rolltreppen, geleitet von Lichtern, deine Füße haften auf Gumminoppen. Endlose Gänge, vollgepfropft von Menschen, aber du bist doch einsam. Schau dich um: Stahl, Glas und Beton. Es gibt kein Entrinnen. In dieser Szene ist Natur nur noch ein vages Versprechen. Reklametafeln von Fluglinien verheißen sie irgendwo in der Ferne.

** Sucht nach Riesenhaftem, Gigantischem*

Auf der Straße:
Wo ist der Himmel geblieben? Dein Blick irrt die glatten Fassaden der Häuser hoch. Erst in der Hans-guck-in-die-Luft-Haltung findest du, was du gesucht hast. Bäume stehen in der Stadt heutzutage in Beeten, die von Waschbeton eingefaßt sind. Betonkübel mit Blumen zitieren das, was zerstört wurde. Der Wahnsinn steht auf betonernen Füßen. Wenn du willst, kannst du auch auf die Betonprächtigkeit herabblicken. Du hast die Wahl, mußt nicht immer ehrfurchtsvoll heraufblicken oder verzweifelt die Wolken suchen. Speise einmal im obersten Stockwerk eines Fernsehturms. Meistens drehen sich diese Dinger sogar. Der betonierte Käfig, in dem sich pausenlos Lichter schlängeln, liegt dir dann zu Füßen.
Wohnen im Beton. Schau aus dem Fenster, du blickst auf andere aus Beton gegossene Zellen mit Stores vor den Fenstern. Der Spielplatz vor der Türe hat eine Kletterröhre aus Beton. Die Aufzugtüren im Haus sind zerkratzt, die Wände mit Sprüchen beschrieben. Die Kinder und Jugendlichen haben auf die Trostlosigkeit reagiert. Schlag einen Nagel in die Wand. Er wird sich verbiegen, oder der Hammer rutscht auf deinen Daumen.

Boris Penth/Günther Franzen

Schöne Stadt, leuchte und leuchte.

Tagsüber mochte Heiza die Hochhäuser nicht so sehr. Manchesmal fühlte er sich erniedrigt unter der blanken Größe eines Verwaltungsgebäudes, das ihm wuchtig mitteilte, was er für ein unbedeutendes Würmchen war. Aber schon, wenn es vom Sonnenlicht feuerte in den Fenstervierecken oder Spiegeln der Fassaden, war es versöhnlich.

Blitzende Rückspiegel, eine Antenne wackelte an einem Wagen, der vor einer Ampel hielt, und schlug Lichterfunken, und die Lichterfunken schlugen von den Auslagenscheiben zurück.

Gleißende Straßenbahnschienen und ein Glanz auf dem warmen Asphalt, wie weich, und rundum das eben noch zahme Gebrüll des Verkehrs. Eine Schnellbahn dröhnte über eine Brücke, auf den Trägern ein weicher Schimmer, und eine Straßenbahn schrillte in die Kurve, und drei Reihen Autos starteten von einer Ampel weg, was für eine famose Musik.

Er stand da und wollte mitsingen, mitbrüllen.

In der Dämmerung vom zarten Gelb bis zum tiefsten Rot, in das schon ein Blauviolett hineinkühlt zum Abend, der geduldige Wechsel der Lichter in den spiegelnden großen Bauten. Nachts sprangen die Fenstervierecke erleuchtet an den Fassaden, Wohnzimmer, Bad, Schlafzimmer, das fahlblaue Licht der Fernseher...

Mein Territorium, dachte er, ging ohne Erwartung durch die Straßen. Es war ein enttäuschungsfreier Raum. Nur ja nicht reden. Was für eine Ergriffenheit vom ineinanderblinkenden Takt der Verkehrsampeln, in die Tiefe eines nächtlichen Boulevard hinein, ja, bin ich denn noch zu retten, dachte er, holder Knabe schleicht hypnotisiert von den Lichtern der Großstadt durch dieselbe und hascht versonnen nach den Kleinigkeiten, die er bisher übersehen hat.

Nämlich, dachte er und ließ sich noch ein wenig an der kritischen Stimme auflaufen aus der Lichtertrance, nämlich sind wir möglicherweise statt mit Blindheit nun mit Schönheit geschlagen, guter Mann, so geht's nicht weiter. Er blieb vor einer Auslage stehen, in der eingeschaltete Videomonitore übereinandergeschichtet standen, Aufzeichnung eines Rockkonzerts. Der berühmte Musiker beendete soeben seinen Instrumentalpart und nahm eine Zigarette aus einer Schachtel, die auf einem großen Verstärker lag, zündete sie an. Die Kamera fuhr hoch, man konnte über das ganze Publikum sehen, hoch vom Rang, Hunderte zündeten sich auch gerade Zigaretten an, überall flammten kurz Feuerzeuge und Streichhölzer auf. Peter Glaser

❑ Vergleicht die beiden Schilderungen und beschreibt, in welche Stimmung die Erfahrung der Stadt die Verfasser jeweils versetzte. Ihr könnt auch Bilder malen oder Collagen zusammenstellen, die eure Wahrnehmung von „Stadt" oder die der Verfasser zum Ausdruck bringen.

Das Orania-Center war groß, beeindruckend groß. Mitten in der Wüste, südlich von Salt Lake City, ragten die Türme der gewaltigsten Universität der Welt in den Himmel.
Jonathan Clarke lebte nun zwei Jahre in dieser abgeschiedenen Welt aus Stahl, Glas und Beton. Trotzdem fesselte ihn der Anblick der Stadt von einem der Türme aus immer aufs neue. 1998, im Jahr seiner Geburt, begannen die Menschen hier die „Towers of Science“ aus dem Boden zu stampfen. Nun, 22 Jahre später, stand er kurz vor dem Abschluß seiner Ausbildung zum Ingenieur für Satellitenbau.
Um das Funktionieren des riesigen Bildungsapparates zu gewährleisten, war der Tagesablauf der Studenten vorgeschrieben. Vom morgendlichen Aufstehen in den unteren Ebenen 12–18 ging es zum Lernen hinauf zu den Ebenen 3–8. Danach durfte man sich in den Bereichen 9, 10 und 11 vergnügen oder, wieder in den Schlafräumen, lernen. Alles in allem verlief das Leben ohne größere Probleme, und nur selten mußte die Patrouille eingreifen. Die bewaffneten Polizisten hatten ihre Anweisungen, Störungen zu beseitigen, und waren nicht zimperlich.
Jonathan hielt sich an diesem Abend in Ebene 9 auf, wo sich die Bars, Restaurants und Spielcenter befanden. Gelangweilt sah er auf die Uhr. Noch drei Stunden bis zur Nachtruhe. Er hatte ein bißchen gespielt, einen Film zum zweiten Mal gesehen und fühlte sich leer. Er hatte eine Einladung zu eine Fete auf Ebene 14, aber er wußte nicht, ob er hingehen sollte. Es war immer dasselbe: viel zu trinken, viel zu rauchen und hinterher eine Nummer mit einem betrunkenen Mädchen, dessen Namen er nicht erfahren würde. Im Grunde hatte er keine Lust. Schließlich ging Jonathan hinunter zur Ebene 10, um sich eine Pizza zu kaufen.
Er benutzte die Haupttreppe, die sich an den Wänden eines riesigen quadratischen Schachts entlangwand. In der Mitte des Schachts waren Wegweiser und Anschlagtafeln montiert, die sich wie ein Bandwurm durch alle Etagen zogen. Als Jonathan gerade Ebene 10 erreicht hatte, hörte er unter sich lautes Geschrei. Schon blieben Schaulustige stehen, um das Mädchen anzustarren, das dort mit einer Betäubungspistole herumlief, wie sie in der medizinischen Abteilung verwendet wurde. Jonathan stellte sich neben einen Typ mit Bart und Nickelbrille, vermutlich ein Ökologe.

„Was ist denn da unten los?“
„Ach, nichts weiter“, stellte sein Nachbar sarkastisch fest, „die Kleine hat ein paar Pillen zu viel für die Reise geschluckt, und jetzt fehlt ihr die Rückfahrkarte, das ist alles.“
„Das ist in letzter Zeit aber öfters passiert!“
Jonathan hatte kaum zugehört. Er sah gespannt auf das Mädchen. Sie umklammerte die Pistole mit beiden Händen und richtete sie auf jeden, der sich ihr näherte. Die Leute hatten einen Kreis um sie herum gebildet. Nun versuchte ein Student, langsam auf sie zuzugehen und redete mit beruhigenden Worten auf das Mädchen ein. Das Mädchen schrie den Studenten an: „Geh’ weg! Warum gehst du nicht weg? Laßt mich doch alle in Frieden! Haut ab!“ Der Student ließ sich nicht stören: „Niemand tut dir etwas. Du bist nur müde und willst schlafen, nicht wahr? Ich will dir doch nur helfen.“
„Hau ab! Du willst mich auch nur einsperren. Ich soll ersticken. Ihr nehmt mir die Luft weg! Ihr atmet, ohne zu denken, ha! Und nur, weil ich denke, wollt ihr verhindern, daß ich atme! Aber das gelingt euch nicht; keiner kann mich einsperren!

Dirk Kellmann

- ❑ Dies ist kein Bericht, sondern eine Phantasiegeschichte. Manchmal werden solche Geschichten als Science-fiction bezeichnet. Was ist damit gemeint, und trifft diese Bezeichnung für die Geschichte zu?
- ❑ Könnt ihr Gründe für das Verhalten des Mädchens erkennen?
- ❑ Ist zu erwarten, daß Schulen und Hochschulen der Zukunft so aussehen? Vergleicht eure Schule mit dieser Science-fiction-Schule. Wollt ihr solche Schulen?

Natur als Lebensraum

Ein Traum

S.76–78

Ich gehe im Wald spazieren. Es riecht gut nach Natur. Ich habe meine Freundin an meiner Seite; sie genießt es genau wie ich, allein zu sein. Der Tau glänzt auf den Grashalmen am Wegrand. Kein Mensch ist weit und breit zu sehen. Es ist schön, wie sie mit ihren goldschimmernden Haaren an meiner Schulter lehnt. Sie hat ihren Schritt dem meinen angepaßt. Nie habe ich mich wohler gefühlt. Wir freuen uns, allein zu sein, und inmitten des Waldes die Natur zu erleben. Vor uns sehen wir ein Reh, dann einige Hasen, immer mehr Tiere eilen über den Weg, als würden sie verfolgt. Dann sehe ich einen toten Hasen und dann andere tote Tiere. Plötzlich stürzen große Bäume nieder. Aus dem frischen Grün wird verdorrtes Braun, innerhalb kürzester Zeit gleicht der Wald einem Trümmerfeld, kein Leben mehr darin. Dann sehe ich Schornsteine, die Rauch ausstoßen.

Annette Miltt

- ❑ Welche Wünsche und welche Befürchtungen werden in diesem Traum deutlich?
- ❑ Schreibt eigene Erfahrungen mit Natur auf. Es können auch Träume sein!

Wahrnehmung von Natur früher

Geh aus, mein Herz, und suche Freud
In dieser lieben Sommerszeit
An deines Gottes Gaben:
Schau an der schönen Gärten Zier,
Und siehe, wie sie mir und dir
Sich ausgeschmücket haben.

Die Bäume stehen voller Laub,
Das Erdreich decket seinen Staub
Mit einem grünen Kleide:
Narzissus und die Tulipan,
Die ziehen sich viel schöner an
Als Salomonis Seide.

Die Lerche schwingt sich in die Luft,
Das Täublein fleucht aus seiner Kluft
Und macht sich in die Wälder:
Die hochbegabte Nachtigall
Ergötzt und füllt mit ihrem Schall
Berg, Hügel, Tal und Felder.

Die Glucke führt ihr Völklein aus,
Der Storch baut und bewohnt sein Haus,
Das Schwälblein speist die Jungen;
Der schnelle Hirsch, das leichte Reh
Ist froh und kommt aus seiner Höh
Ins tiefe Gras gesprungen.

Die Bächlein rauschen in dem Sand
Und malen sich und ihren Rand
Mit schattenreichen Myrten:
Die Wiesen liegen hart dabei
Und klingen ganz vom Lustgeschrei
Der Schaf' und ihrer Hirten.

Die unverdroßne Bienenschar
Zeucht hin und her, sucht hier und dar
Ihr' edle Honigspeise:
Des süßen Weinstocks starker Saft
Bringt täglich neue Stärk und Kraft
In seinem schwachen Reise.

Der Weizen wächset mit Gewalt,
Darüber jauchzet jung und alt
Und rühmt die große Güte
des, der so überflüssig labt
Und mit so manchem Gut begabt
Das menschliche Gemüte

Ich selbsten kann und mag nicht ruhn:
Des großen Gottes großes Tun
Erweckt mir alle Sinnen:
Ich singe mit, wenn alles singt,
Und lasse, was dem Höchsten klingt,
Aus meinem Herzen rinnen.

Paul Gerhardt (1607–1676)

❑ Was empfindet der Dichter bei der Betrachtung der Natur? Welche Wahrnehmungen wollte er denen ermöglichen, die dieses Lied singen? Was oder wen erkennt er im Leben der Natur?
❑ Würdet ihr dieses Lied auch heute gerne singen? Begründet eure Meinung.

Das Wechselspiel zwischen Mensch und Natur

Wenn von einem Naturbild der exakten Naturwissenschaft in unserer Zeit gesprochen werden kann, so handelt es sich... eigentlich nicht mehr um ein Bild der Natur, sondern um ein Bild unserer Beziehungen zur Natur. Die alte Einteilung der Welt in einen objektiven Ablauf in Raum und Zeit auf der einen Seite und die Seele, in der sich dieser Ablauf spiegelt, auf der anderen, eignet sich nicht mehr als Ausgangspunkt zum Verständnis der modernen Naturwissenschaft. Im Blickfeld dieser Wissenschaft steht vielmehr vor allem das Netz der Beziehungen zwischen Mensch und Natur, der Zusammenhänge, durch die wir als körperliche Lebewesen abhängige Teile der Natur sind und sie gleichzeitig als Menschen zum Gegenstand

unseres Denkens und Handelns machen. Die Naturwissenschaft steht nicht mehr als Beschauer vor der Natur, sondern erkennt sich selbst als Teil dieses Wechselspiels zwischen Mensch und Natur.
Werner Heisenberg

Natur heute

Zapfstation

Der Techniker hat jene alte Scheu verloren, die den Menschen davon zurückhält, die Erde zu verwunden und die Gestalt ihrer Oberfläche zu verändern. Diese Scheu war in einer frühen Zeit sehr ausgeprägt, man findet ihre Spuren überall in der Geschichte des Ackerbaus, und sie ragt weit in die historische Zeit hinein...

Der Techniker ist, wie schon aus seinen Arbeitsverfahren hervorgeht, ehrfurchtslos. Für ihn ist die Erde der Gegenstand der intelligenten und künstlichen Planung; sie ist eine tote Kugel, die der mechanischen Bewegung unterworfen ist und die vermittels des Studiums dieser Bewegung durch den Menschen, der sich als Maschinist begreift, in Dienst gestellt werden kann... Wir gewinnen eine deutliche Vorstellung von diesem Vorgang, wenn wir ihn als eine Anzapfung auffassen. Der Mensch zapft die elementare Natur an, er zapft ihr Kräfte ab.

Friedrich Georg Jünger (1946)

Pieter Brueghel d. Ä. (um 1520–1569): Der Frühling

❑ Auf dieser und der folgenden Seite finden sich verschiedene Aspekte moderner Naturwahrnehmung. Was haben sie gemeinsam, und worin unterscheiden sie sich? Vergleicht sie mit dem Bild.

Juni

Schön wie niemals sah ich jüngst die Erde.
Einer Insel gleich trieb sie im Winde.
Prangend trug sie durch den reinen Himmel
Ihrer Jugend wunderbaren Glanz.

Funkelnd lagen ihre blauen Seen,
Ihre Ströme zwischen Wiesenufern.
Rauschen ging durch ihre lichten Wälder,
Große Vögel folgten ihrem Flug.

Voll von jungen Tieren war die Erde.
Fohlen jagten auf den grellen Weiden,
Vögel reckten schreiend sich im Neste,
Gurrend rührte sich im Schilf die Brut.

Bei den roten Häusern im Holunder
Trieben Kinder lärmend ihre Kreisel;
Singend flochten sie auf gelben Wiesen
Ketten sich aus Halm und Löwenzahn.

Unaufhörlich trieb die junge Erde
Durch das siebenfache Licht des Himmels;
Flüchtig nur wie einer Wolke Schatten
Lag auf ihrem Angesicht die Nacht.

Marie-Luise Kaschnitz

Zeit als Lebensraum

Ein Rätsel

Drei Brüder wohnen in einem Haus,
die sehen wahrhaftig verschieden aus,
doch willst du sie unterscheiden,
gleicht jeder den anderen beiden.
Der erste ist *nicht* da, er kommt erst nach Haus.
Der zweite ist *nicht* da, er ging schon hinaus.
Nur der dritte ist da, der Kleinste der drei,
denn ohne ihn gäb's nicht die anderen zwei.
Und doch gibt's den dritten, um den es sich handelt,
nur weil sich der erst' in den zweiten verwandelt.
Denn willst du ihn anschaun, so siehst du nur wieder
immer einen der anderen Brüder!
Nun sage mir: Sind die drei vielleicht einer?
Oder sind es nur zwei? Oder ist es gar – keiner?
Und kannst du, mein Kind, ihre Namen mir nennen,
so wirst du drei mächtige Herrscher erkennen.
Sie regieren gemeinsam ein großes Reich –
und sind es auch selbst! Darin sind sie gleich.

Michael Ende

- ❑ Was ist mit den drei Brüdern gemeint? Welches Reich regieren sie?
- ❑ Inwiefern können sie mächtige Herrscher genannt werden?

Einmal nicht verplant werden, ganz frei über mich, über meine Zeit verfügen können. Die ganze Woche bin ich durch die Schule verplant, Stunde für Stunde, und die Nachmittage sind durch Hausaufgaben, Hilfe im Haushalt und Handballtraining bestimmt. Und für den Sonntag gibt es dann auch einen festen „Familienfahrplan“. Ich habe ja nichts gegen ein gemeinsames Familienfrühstück, Kirchgang oder Sonntagswanderung. Vielleicht würde ich allein auch spazierengehen. Aber es sollte nicht so ein starres Programm sein. Wer nicht mitmacht, stößt auf eisige Mienen. Ich würde so gerne den ganzen Sonntag nur mal verträumen, nichts tun, ohne Programm, nur so für mich sein …

Cornelia R., 14 Jahre, Schülerin

- ❑ Bildet Partnergruppen und erzählt euch, wie eure Zeit während der Woche eingeteilt ist.
- ❑ Stellt diese Angaben zu Zeitplänen zusammen. Jede(r) unterscheidet zwischen „wichtig“ und „weniger wichtig“. Überlegt, ob und wie sich am Zeitplan der Partnerin bzw. des Partners etwas verändern läßt.
- ❑ Schreibt euren Traum vom Sonntag oder vom Wochenende auf.

Deutungen von Zeit

Schöpfung und Ruhe

Es scheint wohl mehr als blinder Zufall zu sein, daß das biblische Grundgesetz von der Sabbatheiligung heute weltweit Anklang gefunden hat. Während sich das hebräische Wort „Sabbat“ unübersetzbar als Lehnwort in alle Sprachen Europas eingebürgert hat, ist das Prinzip der Sabbatruhe am 7. Tage überall im Weltkalender, im Brauchtum und im Gesetz der Völkerwelt geheiligt worden – nicht nur im christlichen Abendland und im Bereich des Islam, sondern auch in Sowjetrußland, in Indien und sogar in Rotchina. Vielleicht ist diese Versabbatlichung der ganzen Erde ein erster Schritt hin zur Erfüllung der Prophezeiung des Propheten Sacharia, der uns ansagt, daß „an jenem Tag Gott Einer sein wird und alle Völker ihm in Eintracht dienen werden …“

S.136

Nur wenige Gebote des Judentums werden von Christen so mißverstanden wie das Grundgesetz der Sabbatruhe. Die Ursache liegt darin, daß in einigen Abschnitten der

Wachet und bethet; dann ihr wisset weder den Tag noch die Stunde. Math. 25.

Da wir Zeit haben, laßet uns Gutes thun.
Galat 6.20

Evangelien Jesus als bewußter „Sabbatbrecher“ dargestellt wird. So entsteht der falsche Eindruck, der Sabbat sei eine erbarmungslose Zwangsjacke; Jesus selbst predigte aber gegen die falsche Sabbatvergötzung. Der Sabbat ist die jüdische Antwort auf die Urfrage aller Religionen betreffs des rechten Verhältnisses von Zufriedenheit und Tun als weltverändernder Tätigkeit. In der hebräischen Bibel Jesu heißen die beiden Schlüsselbegriffe „Schöpfung“ und „Ruhe“. Beide gehen von jener höchsten Macht im All aus, die ewig und vollkommen ist. Gott, Welt und Menschheit werden durch den Sabbat in einer fruchtbaren Spannung von Arbeit und Ruhe, von zweckvollem Tun und erholsamem Nichttun verbunden. Da beides zum Herzschlag des Kosmos gehört, spiegelt der Mensch in der rhythmischen Wiederkehr der Werktagsarbeit und der Sabbatruhe die göttliche Wirklichkeit wider.

Pinchas Lapide (jüdischer Theologe)

Das Eisenbahngleichnis

Wir sitzen alle im gleichen Zug
und reisen quer durch die Zeit.
Wir sehen hinaus. Wir sahen genug.
Wir fahren alle im gleichen Zug.
Und keiner weiß, wie weit.

Ein Nachbar schläft, ein andrer klagt,
ein dritter redet viel.
Stationen werden angesagt.
Der Zug, der durch die Jahre jagt,
kommt niemals an sein Ziel.

Wir packen aus. Wir packen ein.
Wir finden keinen Sinn.
Wo werden wir wohl morgen sein?
Der Schaffner schaut zur Tür herein
und lächelt vor sich hin.

Auch er weiß nicht, wohin er will.
Er schweigt und geht hinaus.
Da heult die Zugsirene schrill!
Der Zug fährt langsam und hält still.
Die Toten steigen aus.

Ein Kind steigt aus. Die Mutter schreit.
Die Toten stehen stumm
am Bahnsteig der Vergangenheit.
Der Zug fährt weiter, er jagt durch die Zeit,
und niemand weiß, warum.

Die 1. Klasse ist fast leer.
Ein feister Herr sitzt stolz
im roten Plüsch und atmet schwer.
Er ist allein und spürt das sehr.
Die Mehrheit sitzt auf Holz.

Wir reisen alle im gleichen Zug
Zur Gegenwart in spe.
Wir sehen hinaus. Wir sahen genug.
Wir sitzen alle im gleichen Zug
und viele im falschen Coupé.

Erich Kästner

❑ Das Eisenbahngleichnis gibt eine nicht-religiöse Deutung der Lebenszeit. An welchen Versen läßt sich erkennen, daß der Dichter auf religiöse Deutungen verzichtet?

❑ Haltet ihr den Vergleich zwischen Zugfahrt und Lebenszeit für angemessen? Warum (nicht)?

Alles hat seine Zeit

Aus der biblischen Sicht sollte Gelassenheit im Umgang mit der Zeit, weder Langeweile noch Angst, etwas zu versäumen, erwachsen. Im Buch des Predigers Salomo (3, 1–8) ist die Gelassenheit beschrieben. Die Gruppe „The Byrds“ hat daraus einen bekannten Song gemacht:

Turn! Turn! Turn!

To everything
turn turn turn
there is a season
turn turn turn
and a time to every
purpose under heaven
a time to be born
a time to die
a time to plant
a time to reap
a time to kill
a time to heal
a time to laugh
a time to weep
To everything
turn turn turn
there is a season
turn turn turn
and a time to every
purpose under heaven
a time to build up
a time to break down
a time to dance
a time to mourn
a time to cast away stones
a time to gather stones
together
To everything
turn turn turn
there is a season
turn turn turn
and a time to every
purpose under heaven
a time of love
a time of hate
a time of war
a time of peace
a time you may embrace
a time to refrain from
embracing
To everything
turn turn turn
there is a season
turn turn turn
and a time to every
purpose under heaven
a time to gain
a time to lose
a time to rend
a time to sew
a time to love
a time to hate
a time for peace
I swear it's not too late

Pete Seeger

❑ Ihr könnt den Text in der Bibel nachlesen und herausfinden, in welchem Zusammenhang er steht.

Aus der Welt des Zen-Buddhismus

Unser menschliches Leben ist selten und wunderbar; wenn ich sitze, möchte ich immer sitzen bleiben, aber ich ermutige mich dazu, eine andere Tätigkeit aufzunehmen, zum Beispiel eine Sutra aufzusagen oder mich zu verbeugen. Und wenn ich mich verbeuge, denke ich: „Dies ist wundervoll.“ Doch dann habe ich meine Tätigkeit zu wechseln, um die Sutra aufzusagen. So ist der Zweck meiner Rede, meine Wertschätzung zum Ausdruck zu bringen, nichts weiter. Unser Weg ist es nicht, zu sitzen, um etwas zu erreichen; es geht darum, unsere wahre Natur zum Ausdruck zu bringen. Das ist unsere Praxis.

Wenn Ihr Euch selbst ausdrücken wollt, Eure wahre Natur, dann sollte es natürliche und angemessene Weisen geben, sich zum Ausdruck zu bringen. Selbst das Schweigen nach rechts und links, wenn Ihr niedersitzt oder aufsteht vom Zazen, ist ein Ausdruck Eurer Selbst. Es ist nicht Vorbereitung für die Praxis, es ist Teil der Praxis. So sollten wir es nicht tun, als ob es eine Vorbereitung wäre für etwas anderes. Das sollte auch gelten für Euer tägliches Leben. Kochen oder Essen herzurichten ist, wie Dogen sagte, keine Vorbereitung, sondern Praxis. Kochen ist nicht einfach Vorbereitung von Nahrung für jemand oder für Euch selbst; es ist Ausdruck Eurer Echtheit. Wenn Ihr kocht, sollt Ihr deshalb durch Eure Tätigkeit in der Küche Euch selbst ausdrücken.

Shunryu Suzuki, Zen-Meister in San Francisco

❑ Vergleicht diesen Text mit der vorangehenden Seite. Worin unterscheidet er sich von der biblischen Sicht? Was ist ähnlich?

Auf die Perspektive kommt es an

Ein Spiel

Alle suchen sich einen Platz im Klassenzimmer, aber nicht den üblichen, sondern unter einem Tisch, in einer Ecke, auf einem Schrank oder wo immer ihr wollt. Dann schaut ihr von eurem Platz in eine bestimmte Richtung, ohne den Kopf oder die Augen zu bewegen. Eine(r) von euch ist der Spielleiter. Er (sie) fragt jede(n) einzelne(n), wen er (sie) vom eigenen Platz aus sehen kann. Wenn alle geantwortet haben, beginnt eine neue Fragerunde. Nun soll jede(r) sagen, wen jede(r) einzelne der Mitspieler(innen) vom eigenen Platz aus sehen kann.

Vorurteile

❑ Konntet ihr alle die sehen, die von anderen gesehen wurden? Wenn nicht, warum? Konntet ihr manche andere sehen, die andere nicht sehen konnten? Welche? Warum?

Fortsetzung des Spiels

1. Ihr sucht euch neue Plätze im Klassenzimmer. Jetzt dürft ihr die Augen, aber nicht die Köpfe bewegen. Wieder fragt euch ein Spielleiter zuerst, wen ihr selbst sehen könnt, danach, wen jede(r) andere von euch sehen kann.
2. Ihr bewegt euch alle langsam durch das Zimmer. Wieder werdet ihr gefragt, wen ihr jetzt gerade seht und wen die anderen sehen.

❑ Wen konntest du sehen, bevor du die Augen bewegtest und wen, als du sie bewegtest? Wer mußte sich in welche Richtungen bewegen, damit du ihn (sie) sehen konntest?
❑ Ein Ball wird einer Gruppe von Kindern, die auf einem Spielplatz steht, zugeworfen. Ist für alle Kinder die Ballgeschwindigkeit und der Winkel gleich, wenn sie den Ball auf die Gruppe zufliegen sehen? Für welche Kinder scheint der Ball schneller bzw. langsamer als für andere Kinder zu kommen?
❑ Sehen deine Mitspieler(innen) im Laufe des Tages andere Leute als du? Inwiefern unterscheiden sich deren soziale Kontakte von deinen? Inwiefern könntest du dich und deine Mitspieler(innen) durch eure verschiedenen Kontakte und Tätigkeiten, die einen ganzen Tag über ablaufen, ändern? (Verschiedenes Zuhause, verschiedene Eltern, Lehrer, Spielkameraden usw.)

M. C. Escher: Relativität (1953)

Hassan, der Kameltreiber

Hassan, der Kameltreiber, war ein armer Mann. Er hauste mit seiner Frau und seinen sieben Kindern in einer winzigen Hütte, die nur aus einem Raum bestand. Hassan empfand sie unerträglich eng für so viele Menschen. Da er aber für eine größere Hütte nicht das Geld besaß, geriet er jeden Tag in ärgere Verzweiflung.

Da hörte er von einem Weisen namens Ibrahim, von dem es hieß, er erteile allen Notleidenden wunderbaren Rat. Sogleich machte er sich auf den Weg zu ihm. Der Weise ließ sich sein Anliegen erzählen.

„Blick herab, o Erhabener, auf mein trauriges Los", begann der Kameltreiber seine Rede. „Sieben Kinder hat mir meine Frau geboren, und wir leben in einer so kleinen Hütte, daß der Schatten eines Menschen, der unter der Tür steht, sie schon beinahe ausfüllt. Geld habe ich keines, und doch möchte ich mehr Platz für mich und die Meinen. Weißt du mir einen Rat, Weisester aller Weisen?"

Ibrahim fragte: „Hast du oder hat deine Frau Brüder oder Schwestern?"

Das bejahte der Kameltreiber, aber die hätten selbst Kinder und keinen Platz in ihren Häusern.

„Um so besser", sagte der Weise, „nimm noch vier Kinder deiner Verwandten in deine Hütte. Und wenn eine Woche herum ist, komm wieder zu mir."

Hassans Frau brach in Wehklagen aus, als ihr Mann berichtete, was ihm der Weise befohlen. Dennoch wagten sie beide nicht, sein Gebot zu mißachten, und Hassans Frau ging seufzend zu den Schwägerinnen und Schwestern und brachte vier von deren Kindern mit nach Hause.

Unerträglich lang kam Hassan die Woche vor, bis er den Weisen wieder aufsuchen durfte. Als er endlich vor ihm stand, klagte er: „Gehenna, die Hölle, dünkt mich ein Paradies, o Allweisester, verglichen mit meinem Hause, das überquillt von Kindern wie der Bottich des Fischers Ali von Fischen. Meine Frau und ich wissen nicht mehr, wo wir unser Haupt betten sollen."

Lächelnd fragte der Weise den Kameltreiber, ob er nicht ein paar Hühner und Gänse sein eigen nenne. Hassan bejahte arglos.

„Nimm deine Hühner und Gänse auch mit in deine Hütte", befahl der Weise und schickte den Kameltreiber fort mit dem Auftrag, in einer Woche wiederzukommen.

Bleich und übernächtigt sah der arme Hassan aus, als er sich wieder bei dem Weisen einfand, und mit Tränen in den Augen berichtete er, wie er keine Nacht mehr Schlaf zu finden vermöge.

Der weise Ibrahim aber fragte: „Hat nicht eines von deinen Kamelen ein Junges geworfen?"

Hassan erbleichte noch mehr, als er dies hörte. Zitternd gestand er, daß in der Tat eine seiner Stuten kürzlich ein Füllen geworfen habe. Und schon kam aus dem Munde Ibrahims der Befehl: „Nimm auch das Kameljunge in deine Hütte und komm in einer Woche wieder!"

Als Hassan nach Ablauf der Frist neuerdings bei dem Weisen erschien, brach er statt aller Worte in ein verzweifeltes Schluchzen aus.

„Weine nicht, mein Sohn", sagte der Ehrwürdige, „die Zeit deiner Prüfungen ist zu Ende. Geh heim und wirf die Kinder deiner Verwandten, die Hühner, Gänse und das Kameljunge hinaus. Und morgen komm wieder zu mir!"

Am folgenden Tag, kaum daß die Muezzins die Stunde des Gebets verkündet hatten, stand Hassan, der Kameltreiber, vor dem weisen Ibrahim, küßte den Saum seines Gewandes und sagte: „Wie soll ich dir danken, du größter aller Weisen des Morgen- und Abendlandes! Groß ist unsere Hütte geworden wie der Palast des Kalifen. Glücklich und zufrieden sind wir, Fatime, meine Frau, ich selbst und die sieben Kinder! Ja, Fatime meinte sogar, wir hätten noch Platz für ein achtes!"

Da lächelte der weise Ibrahim, wie nur wahrhaft Weise lächeln können. Zufrieden strich er sich über den silbernen Bart und entließ Hassan, den nunmehr glücklichsten Kameltreiber, mit einem herzlichen Segensspruch.

❑ Wie lernt Hassan, seine Situation neu zu sehen? Erklärt mit Hilfe der Geschichte das Wort Perspektivenwechsel.

❑ Welche Einsichten kann die Geschichte über ein glückliches Leben eröffnen?

S.15f.

Ein Tigerjunges wuchs unter Ziegen auf. Es lernte die Ziegensprache, paßte seine Stimme ihrem sanften Meckern an und zeigte ebensoviel Anhänglichkeit wie die anderen Jungen der Herde. Anfangs fiel es ihm schwer, die dünnen Grashalme mit seinen spitzen Zähnen zu rupfen, aber irgendwie gelang es ihm schließlich. Die Pflanzenkost hielt ihn sehr mager und verlieh seinem Temperament eine beachtliche Sanftmut.

Als der junge Tiger unter den Ziegen das Vernunftalter erreicht hatte, wurde die Herde eines Nachts wieder angefallen; ein starker alter Tiger brach unter sie ein, und wiederum stoben alle auseinander. Nur das Tigerjunge blieb furchtlos stehen und starrte das schreckliche Dschungelwesen verblüfft an. Auch der große Tiger verwunderte sich über den Kleinen, der erst verdutzt dastand, schließlich verlegen einen Grashalm zupfte und meckernd daran kaute, während der alte Tiger ihn immer noch anstarrte.

Plötzlich fragte der mächtige Eindringling: „Was tust du hier unter den Ziegen? Was kaust du da?“ Das sonderbare kleine Wesen meckerte. Der Alte wurde nun wirklich furchterregend. Er brüllte: „Was soll dieser alberne Laut?“ Und ehe der andere antworten konnte, packte er ihn beim Kragen und schüttelte ihn tüchtig, wie um ihn wieder zur Besinnung zu bringen. Danach schleppte der Dschungeltiger das erschrockene Junge zu einem nahen Teich, stellte es an den Rand und ließ es in den monderhellten Spiegel blicken. „Schau dein Bild im Wasser an – bist du nicht ganz wie ich? Du hast genau wie ich das Vollmondgesicht eines Tigers. Warum bildest du dir ein, eine Ziege zu sein? Warum meckerst du? Warum frißt du Grashalme?“ Der Kleine vermochte nicht zu antworten, starrte aber weiter die beiden Spiegelbilder an und verglich sie. Dann fühlte er sich unbehaglich, trat von einer Tatze auf die andere und gab wieder einen bekümmerten zittrigen Schrei von sich. Der grimmige Alte packte ihn erneut und trug ihn bis zu seiner Höhle, wo er ihm von seinem letzten Mahl ein übriggebliebenes Stück blutigen rohen Fleisches vorlegte. Das Tigerjunge schüttelt sich vor Ekel. Aber der Dschungeltiger kümmerte sich nicht weiter um das schwache Protestmeckern, sondern befahl schroff: „Nimm das! Friß! Schluck es hinunter!“ Das Junge sträubte sich, aber der Alte zwang es ihm zwischen die Zähne und wachte darüber, daß es die Nahrung kaute und hinabschlang. Mit kläglichem Meckern würgte es die ersten Bissen der ungewohnten zähen Kost hinunter, bald aber fand es Geschmack am Blut und fraß den Rest mit einer Lust, die seinen Leib wie ein Wunder durchdrang. Es leckte sich die Lefzen, erhob sich und riß das Maul zu einem riesigen Gähnen auf, so als erwache es aus tiefem Schlaf – einem Schlaf, der es jahrelang in seinem Bann gehalten hatte. Es streckte sich, machte einen Buckel, hob die Tatzen und zeigte die Krallen. Sein schweif peitschte den Boden, und plötzlich brach aus seiner Kehle ein furchterregendes triumphierendes Tigerbrüllen.

Währenddessen hatte es der grimmige Lehrer prüfend und mit zunehmender Befriedigung beobachtet. Die Verwandlung war tatsächlich geglückt. Als das Brüllen verstummte, fragte er mürrisch: „Weißt du jetzt, was du wirklich bist? Komm mit mir in den Dschungel, du sollst lernen, der Tiger zu werden, der du schon immer warst.“

Heinrich Zimmer

❑ Diese Geschichte ist eine Fabel, d. h. man kann sie auf Menschen übertragen. Sucht vergleichbare Beispiele.

Von einem überraschenden Sieg eines Kleinen und Schwachen über einen großen Übermächtigen erzählen die Geschichten vieler Völker. Eine sehr berühmte Geschichte dieser Art steht in der Bibel (1. Samual 17). Sie ist hier in einer gekürzten Fassung abgedruckt:

David und Goliath

Die Philister* sammelten ihre Heere zum Kampf bei Socho in Juda. Dort lagerten sie. Auch König Saul und die Männer Israels kamen zusammen und rüsteten sich zum Kampf gegen die Philister. Diese standen auf einem Berg jenseits, die Israeliten auf einem Berg diesseits des Tales.
Da trat aus den Reihen der Philister ein riesiger Kämpfer heraus. Sein Name war Goliath aus Gat, und er war sechs Ellen und eine Handbreit** groß. Und Goliath stellte sich hin und rief dem Heer Israels zu: „Warum seid ihr ausgezogen, um euch zum Kampf zu rüsten? Bin ich nicht ein freier Philister, und ihr seid nur Sauls Knechte? Wählt einen unter euch aus, der zu mir herabkommen soll. Wenn er gegen mich kämpfen kann und mich erschlägt, dann wollen wir eure

* *Nachbarvolk Israels in der Gegend des heutigen Gaza*
** *1 Elle = 46 cm; 1 Handbreit = 8 cm*

Rembrandt (1606–1669): David und Goliath

Knechte sein. Wenn aber ich ihn besiege und erschlage, dann sollt ihr unsere Knechte sein und uns dienen."
Als der König Saul und ganz Israel diese Rede hörten, erschraken sie und fürchteten sich sehr. Vierzig Tage lang kam der riesige Philister frühmorgens und abends heraus, stellte sich hin und verhöhnte so die Männer Israels.
Die drei ältesten Söhne Isais waren mit Saul in den Krieg gezogen. Isai aber sagte zu seinem jüngsten Sohn David: „Nimm für deine Brüder diesen Scheffel*** geröstete Körner und diese zehn Brote und bring sie schnell zu ihnen ins Lager. Diese zehn frischen Käse bring dem Hauptmann. Sieh nach deinen Brüdern, ob es ihnen gutgeht."
David machte sich früh am Morgen auf und lief zum Heer. Er fragte seine Brüder, ob es ihnen gutgehe. Als er noch mit ihnen sprach, kam der riesige Philister von Gat wieder vom Heer der Philister herauf und redete dieselben höhnischen Worte...
Daraufhin ging David zum König und sagte zu ihm: „Keiner soll wegen dieses Philisters den Mut sinken lassen. Ich, dein Knecht, werde hingehen und mit ihm kämpfen." Saul aber entgegnete: „Du kannst nicht mit diesem Philister kämpfen. Du bist zu jung, der aber ist ein Krieger von Jugend auf." David erwiderte: „Ich hütete die Schafe meines Vaters. Wenn ein Löwe oder Bär kam und ein Schaf von der Herde raubte, dann lief ich ihm nach, schlug auf ihn ein und befreite es aus seinem Maul. Wenn er aber auf mich losging, packte ich ihn bei seinem Bart und schlug ihn tot. So hat dein Knecht Löwen und Bären erschlagen. Der Herr, der mich vor Löwen und Bären bewahrt hat, wird mich auch vor diesem Philister retten!"
Darauf gab ihm Saul seine Rüstung. Da David darin aber nicht gehen konnte, legte er sie wieder ab und nahm seinen Stab in die Hand. Er wählte fünf glatte Steine aus dem Bach, legte sie in seine Hirtentasche, nahm die Schleuder in die Hand und ging dem Philister entgegen.
Als nun der Philister aufsah und David erblickte, verachtete er ihn, weil er so braun und schön war. Er rief ihm zu: „Bin ich denn ein Hund, daß du mit einem Stecken zu mir kommst?" Dann fluchte er David bei seinem Gott. David antwortete Goliath: „Du trittst gegen mich an mit Schwert, Spieß und Lanze, ich aber komme mit dem Beistand des allmächtigen Gottes, des Herrn der Heere Israels. Ihn hast du verhöhnt. Dafür gibt er dich heute in meine Gewalt. Ich werde dich töten und dir den Kopf abschlagen, und die Leichen der anderen Philister werde ich den Geiern und Raubtieren zu fressen geben. Dann wird jedermann erkennen, daß das Volk Israel einen Gott hat, der es beschützt. Auch die hier versammelten Israeliten sollen sehen, daß der Herr nicht Schwert und Spieß braucht, um sein Volk zu retten."
Als der Philister sich nun David näherte, lief der ihm schnell entgegen. Er griff in die Hirtentasche, nahm einen Stein heraus, schleuderte ihn und traf den Philister an der Stirn. So drang der Stein in seine Stirn ein, so daß er auf sein Gesicht zu Boden stürzte. So überwand David den Philister mit Schleuder und Stein.

**** Scheffel = Hohlmaß von ca. 39 Liter*

❑ Warum will – nach dieser biblischen Geschichte – David mit dem Riesen kämpfen? Ist der Erfolg auf Davids Klugheit zurückzuführen oder auf etwas anderes?
❑ Was sollen die Leser dieser Geschichte über David und das Geschick des Volkes Israel lernen?

Der Schriftsteller Wolf Wondratschek hat 1976 die Geschichte von David und Goliath neu erzählt und sie dabei verändert. Seine Leser sollen offensichtlich etwas anderes aus der Geschichte lernen:

Der schwarze und der weiße Kieselstein. Neues aus der David-Goliath-Serie

Goliath ist ein reicher Mann, David ein armer Mann geblieben. So entstand die Situation, daß David bei Goliath in Schulden geriet.
Goliath empfängt David im Park seines Hauses, spricht mit ihm über die Rückzahlung der Schulden, weiß selbstverständlich, daß David zu diesem Zeitpunkt unmöglich zahlen kann. Im Gegenteil, er ist – auch durch den hohen Zinssatz – noch mehr verarmt.
Sie stehen auf dem Rasen, eingefaßt von einem Weg, der übersät ist mit schwarzen und weißen Kieseln.
Goliath kommt eine Idee. „Machen wir es so, David", sagte Goliath, „machen wir eine Wette um die Schulden." Er bückt sich, nimmt einige Kieselsteine vom Wege und beginnt zu erklären; dabei wirft er die Steine einzeln auf den Weg zurück. „Hören Sie, ich nehme zwei Kieselsteine, einen schwarzen und einen weißen – ziehen Sie einen schwarzen Kiesel, haben sich Schulden und Zinsen verdoppelt, Sie haben verloren! Ziehen Sie einen weißen Kiesel, sind Ihre Schulden erlassen, einschließlich der Zinsen."
Goliath wartet auf Davids Reaktion.
„Verstanden?"
David bleibt nichts anderes übrig, als die Wette zu akzeptieren. Er fürchtet nicht nur Goliaths Zorn, sondern auch seinen Einfluß in der Gesellschaft.
„Einverstanden!"
Goliath nimmt einen Beutel aus der Tasche und bückt sich, um die beiden Kieselsteine aufzuheben. Aber statt des einen schwarzen und des einen weißen Steins nimmt er, ohne jede Anstrengung, den Tatbestand zu verheimlichen, zwei schwarze Kieselsteine – und legt sie in den Beutel. „Wähle!" fordert er David auf.
Natürlich hat David gesehen, was Goliath getan hat. Der bietet ihm eine Wette an, bei der er nicht die geringste Chance besitzt. Aber wie kann ich, denkt er, diesen mächtigen Mann des Falschspiels beschuldigen, ohne in Schwierigkeiten zu geraten, die für einen einfachen Menschen wie mich einfach unabsehbar sind?
„Was ist?" fragt Goliath und hält ihm den Beutel hin.
Der Gedanke an die zynische Bosheit Goliaths läßt ihn noch mehr zittern als die Verzweiflung, in weniger als einer Minute um das Doppelte aller Schulden und Zinsen ärmer geworden zu sein. Beim Herausnehmen des Steins zittert er so sehr, daß ihm der Stein entgleitet und zu Boden fällt – auf den Weg mit lauter schwarzen und weißen Kieseln. Keiner der beiden Männer hat die Farbe des Steins erkennen können.
„Und jetzt?!" fragt Goliath. „Was jetzt?!" David reagiert rasch. „Wenn in diesem Beutel", sagt er und deutet auf den Beutel in der Hand Goliaths, „wenn da ein schwarzer Stein ist, dann muß ich einen weißen gezogen haben ..." Goliath tut so, als verstünde er nicht, schweigt, versucht etwas zu sagen, aber er spürt auch, daß er die Wette verloren hat. „Schauen wir", sagt David, aber Goliath winkt ab, steckt den Beutel samt Stein in die Jackentasche und nickt. Er läßt den kleinen Menschen David nach draußen begleiten, ohne ihm die Hand gegeben zu haben, ohne jedes weitere Wort. Wieder, denkt David, hat der Ohnmächtige gesiegt. Wenigstens in den Geschichten der Leute.

Wolf Wondratschek

❑ Stellt die wichtigsten Veränderungen zusammen, die der Schriftsteller an der biblischen Geschichte vorgenommen hat. Überlegt, was er mit diesen Veränderungen beabsichtigte. Wem oder was ist der Erfolg Davids hier zu verdanken?
❑ Diskutiert, welche Einsichten die beiden letzten Sätze der Geschichte vermitteln sollen.

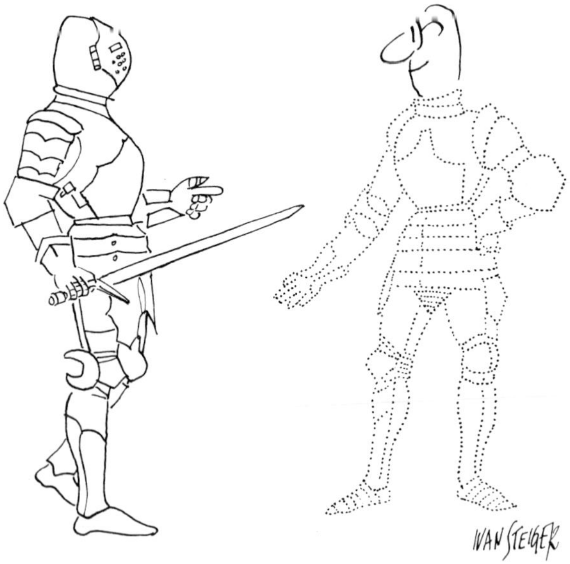

Die Ohnmacht der Mächtigen

Sinn stiften und Mut machen

Erzählungen, Beschreibungen, Gedichte und Berichte stellen Ereignisse in möglichst sinnvolle Zusammenhänge. Sie sollen erklären, was ohne sie unerklärbar bleibt. Menschen, die schreiben und erzählen, benutzen ihre Phantasie, um Bedeutungen zu finden, Sinn zu stiften oder Mut zu machen. Sie erklären manches, aber nicht alles. Sie wollen zu bestimmten Einsichten und Ansichten verhelfen, während sie andere unbeachtet lassen

Die biblische Geschichte von David und Goliath erklärt nicht, warum es Große und Kleine, Mächtige und Ohnmächtige gibt. Sie will aber die Ohnmächtigen ermutigen, mit Gottes Hilfe gegen die Willkür der Mächtigen anzukämpfen. Sie tut dies mit Hilfe einer religiösen Deutung: Gott ist auf der Seite der Schwachen

Wolf Wondratschecks David-und-Goliath-Geschichte führt den Erfolg des Kleinen auf einen Zufall zurück. In der modernen Welt erscheint der Mächtige nicht mehr als kraftstrotzender Krieger, sondern als bösartiger, reicher Ausbeuter. Die Armen und Machtlosen hoffen immer noch, sich wenigstens dank glücklicher Zufälle vor ihm retten zu können. Deshalb erzählen sie sich diese Geschichte. Sie täuschen sich damit aber selbst.

❑ Denkt an das Spiel zurück (S. 177 f.). Was und wen „sehen" die Verfasser der zwei Geschichten, was und wen haben sie nicht im Blick?

❑ Spielt folgende Szenen: 1) Ein General erzählt die Geschichte von David und Goliath seinen Soldaten vor einer großen Schlacht gegen einen übermächtigen Feind. 2) Ihr wollt Ausländerkindern Mut machen, die von gewalttätigen Jugendlichen immer wieder tätlich angegangen werden.

Mit Sprache deuten wir unser Leben und unsere Welt. So entstehen Vorstellungen von Ordnungen und Zielen des Lebens und der Welt. Bei den alten Völkern und Kulturen wurden Geschichten von Göttern und überirdischen Mächten erzählt, die diese Welt mit ihren Ordnungen geschaffen haben sollen und die sie erhalten. Man nennt diese Geschichten Mythen.

Ein *babylonischer Mythos* über die Welt erzählt, daß am Anfang die Tiamat (Meergöttin) und Apsu (Gott des Süßwasserozeans) entstanden seien. Sie zeugten zusammen viele Götter, die sich alsbald gegen ihre Eltern auflehnten. So kam es zu einem furchtbaren Kampf zwischen Tiamat und Marduk, einem ihrer Söhne. Marduk gelang es, Tiamat und andere Götter zu töten. Aus deren Blut machte er das Firmament und die Menschen. Welt und Mensch sind also aus dem Blut böser Götter entstanden. Darum ist die Welt vergänglich und der Mensch sterblich.

Die alten *Griechen* glaubten, die Welt und ihre Gottheiten seien aus dem Chaos, d. h. einem gähnenden, leeren Raum entstanden. Dieses Chaos habe von jeher existiert. Aus ihm sei die Finsternis und die Nacht geworden. Später wurden die Menschen von den Gottheiten ins Leben gerufen. Dem Menschen ist es bestimmt, nach seinem Tod entweder in die Gefilde der Seligen oder in die trostlose Unterwelt einzugehen.

Für die *Germanen* war am Anfang das gähnende Nichts, aus dem der Allvater die Welt hervorgebracht hat. Dann entstanden allmählich urtümliche Riesen, unter ihnen der furchtbare Ymir und die Götter Odin, Wili und We. Diese erschlugen den Riesen Ymir. Aus seinem Blut entstand das Wasser, aus seinem Fleisch die Erde. Seine Haare wurden zu Bäumen, seine Zähne und Knochen zu Bergen und Felsen. Sein Schädel bildete das Himmelsgewölbe, die Wolken entstanden aus seinem Gehirn. Aus einer alten Esche erschuf Odin den Mann, aus einer Ulme die Frau.

Das Weltbild Babylons und der Bibel (1. Jahrtausend v. Chr.)

Es umfaßt wie in drei Stockwerken Himmel, Erde und Unterwelt. Die Erde ist eine flache Scheibe, die auf dem Weltmeer ruht und vom Himmel überwölbt wird. Am Firmament hängen die Gestirne, darüber ist in einem Feuerhimmel der Wohnsitz der Götter. Die Unterwelt ist das Reich des Todes, in dem die Verstorbenen weilen. Die Juden haben ähnliche Vorstellungen von den Babyloniern übernommen. Diese finden sich daher auch in der Bibel.

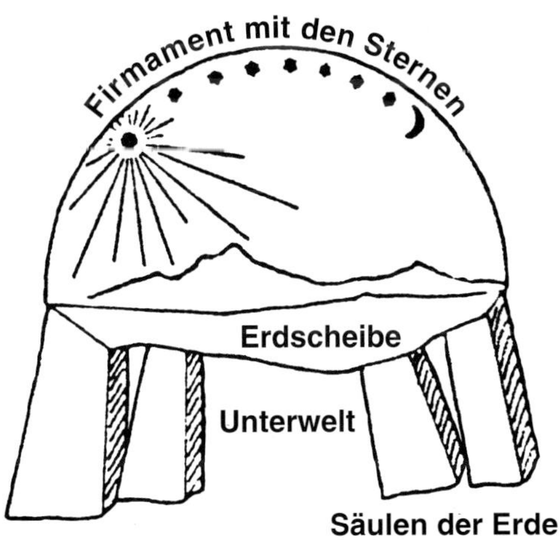

Am Anfang der Bibel stehen zwei Schöpfungsgeschichten (1. Mose 1, 1–2,4 a und 2,4 b–25). Die ältere steht hinter der jüngeren. Sie ist hier abgedruckt:

Es war zu der Zeit, da Gott der Herr Erde und Himmel machte.

Und alle Sträucher auf dem Felde waren noch nicht auf Erden, und all das Kraut auf dem Felde war noch nicht gewachsen; denn Gott der Herr hatte es noch nicht regnen lassen auf Erden, und kein Mensch war da, der das Land bebaute;

aber ein Nebel stieg auf von der Erde und feuchtete alles Land.

Da machte Gott der Herr den Menschen aus Erde und blies ihm den Odem des Lebens in seine Nase. Und so ward der Mensch ein lebendiges Wesen.

Und Gott der Herr pflanzte einen Garten in Eden gegen Osten hin und setzte den Menschen hinein, den er gemacht hatte.

Und Gott der Herr ließ aufwachsen aus der Erde allerlei Bäume, verlockend anzusehen und gut zu essen, und den Baum des Lebens mitten im Garten und den Baum der Erkenntnis des Guten und Bösen.

Und es ging aus von Eden ein Strom, den Garten zu bewässern, und teilte sich von da in vier Hauptarme.

Und Gott der Herr nahm den Menschen und setzte ihn in den Garten Eden, daß er ihn bebaute und bewahrte.

Und Gott der Herr gebot dem Menschen und sprach: Du darfst essen von allen Bäumen

Gott gibt der Welt Maß und Halt. Französische Buchmalerei des Mittelalters

im Garten, aber von dem Baum der Erkenntnis des Guten und Bösen sollst du nicht essen; denn an dem Tage, da du von ihm issest, mußt du des Todes sterben.
Und Gott der Herr sprach: Es ist nicht gut, daß der Mensch allein sei; ich will ihm eine Gehilfin machen, die um ihn sei.
Und Gott der Herr machte aus Erde alle die Tiere auf dem Felde und alle die Vögel unter dem Himmel und brachte sie zu dem Menschen, daß er sähe, wie er sie nennte; denn wie der Mensch jedes Tier nennen würde, so sollte es heißen.
Und der Mensch gab einem jeden Vieh und Vogel unter dem Himmel und Tier auf dem Felde seinen Namen; aber für den Menschen ward keine Gehilfin gefunden, die um ihn wäre.

Da ließ Gott der Herr einen tiefen Schlaf fallen auf den Menschen, und er schlief ein. Und er nahm eine seiner Rippen und schloß die Stelle mit Fleisch.
Und Gott der Herr baute ein Weib aus der Rippe, die er von dem Menschen nahm, und brachte sie zu ihm.
Da sprach der Mensch: Das ist doch Bein von meinem Bein und Fleisch von meinem Fleisch; man wird sie Männin [hebräisch: isch = Mann, ischa = Frau, Männin] nennen, weil sie vom Manne genommen ist.
Darum wird ein Mann seinen Vater und seine Mutter verlassen und seinem Weibe anhangen, und sie werden sein ein Fleisch.
Und sie waren beide nackt, und schämten sich nicht.

1. Mose 2, Verse 4 b–10 und 2, Verse 15–25
(Übersetzung M. Luther)

Eine Schöpfungsgeschichte aus Tibet

Neblig und unfreundlich war es auf der Welt. Gott saß da, in einen Mantel aus Nebel gehüllt, und schlummerte. Als er die Augen aufschlug, war es wie immer: Zu seinen Füßen wogte Nebel, um seine Nase kroch Nebel, überall Nebel. Gott streckte sich, da tauchten auch seine Hände in Nebel und ihm war, als sei auch er aus Nebel. Da wurde Gott mißmutig. Jeder Mensch wird traurig, wenn er allein ist, und Gott geht es nicht anders.
„Ich muß mir etwas einfallen lassen", sagte er schließlich und winkte mit seiner allmächtigen Hand. Da wurde es zu seiner linken Seite hell, und zu seiner rechten dunkel. Er winkte ein zweites Mal, da entstanden Himmel und Erde. Als er das dritte Mal winkte, sprang die Sonne an den Himmel und die Sterne blitzten auf. Dem Himmel gab Gott unendlichen Raum, der Sonne blies er Wärme ein, den Sternen schenkte er kalten Glanz.
Was aber sollte er der Erde geben? Sie lag zu seinen Füßen, traurig und stumm.
„So sollst du nicht bleiben", sagte Gott, ließ sich von seiner Höhe herab und begab sich ans Werk. Hier grub er ein Tal, dort häufte er einen Berg auf. Er setzte den Hügeln grüne Waldmützen auf und goß Wasser in die Flüsse und Bäche. In die Bäume setzte er Vögel und in die Wälder Wild.
Es wurde langsam Abend, und Gott wurde müde, aber noch konnte er sich nicht zur Ruhe begeben.
Ich gehe nicht eher schlafen, als bis ich fertig bin, dachte er, und er häufte auf den Hängen der Berge Steine an und schuf am Fuße der Berge die Menschen. Und weil er Steine und Menschen zuletzt erschaffen hatte, gab er beiden seinen besonderen Segen.
Zu den Steinen sagte er: „Auf euch wird die Erde stehen. Ihr werdet euch vermehren und euch über die ganze Erde zerstreuen."
Und Gott stand da und schaute zu, wie sich die Steine vermehrten. Schließlich waren alle Berge mit Steinen bedeckt.
Dann wandte er sich zu den Menschen und sprach: „Euch gebe ich die Weisheit und Unsterblichkeit. Ihr sollt die Gärtner der Erde sein." Und die Menschen gingen auseinander und bevölkerten die Erde. Sie begannen das Land zu bebauen, und die Erde blühte durch die Arbeit ihrer Hände auf.
Zufrieden zog sich Gott in sein Wolkenheim zurück.

Einst lebte die Menschheit in einem himmlischen Paradies. Unter dem Himmel lag nicht die Erde, sondern so weit man blicken konnte, dehnte sich das Meer aus, in dem Wasservögel und andere Tiere wohnten.
Über dem großen Wasser stand keine Sonne; doch der Himmel war erleuchtet vom Baum des Lichtes, der vor dem Haus des Himmelsherrn wuchs.
Ein Traum riet dem Herrscher über das himmlische Paradies, eine schöne, junge Frau zu heiraten, und er tat, wie ihm im Traum befohlen worden war. Vom Atem des Himmelsherrn wurde die Frau schwanger, doch der Mann begriff nicht das Wunder der Natur, sondern entbrannte in Wut und Zorn. Da träumte ihm abermals, und die Stimme des Traumes riet ihm, den Baum des Lichtes vor der Schwelle seines Palastes auszureißen. Und wieder hörte er auf die Stimme seines Traumes. So entstand draußen vor dem Haus ein großes, klaffendes Loch.
Als der Himmelsherr nun sah, wie sein Weib neugierig durch das Loch hinabblickte,

Der Rabe entdeckt die ersten Menschen in einer Muschel – ein Mythos der Haida-Indianer (Westküste Nordamerikas)

überkam ihn wieder eifersüchtiger Zorn, und er gab ihr von hinten einen Stoß. Da stürzte sie aus dem himmlischen Paradies und fiel hinab, dem großen Wasser entgegen.
Immer noch zornig, warf ihr der Himmelsherr alle Gegenstände und Lebewesen nach, die ihr lieb und wert gewesen waren, einen Maiskolben, Tabakblätter, ein Reh, Wölfe, Bären und Biber, die später alle in der unteren Welt leben sollten. Aber noch gab es diese Welt nicht, die jetzt unsere Welt ist. Das unglückliche Weib des Himmelsherrn stürzte durch die Luft herab, und die weite Wasserfläche, in der sie würde ertrinken müssen, kam immer näher. Das sahen die Tiere, die in dem großen Wasser wohnten, und sie beschlossen, ihr zu helfen. Die Wasservögel breiteten ihre Flügel aus und flogen so dicht nebeneinanderher, daß sich die Spitzen ihrer Federn berührten. Sie wollten die Himmelsfrau auffangen. Die Wassertiere suchten einen Landeplatz. Die große Wasserschildkröte tauchte auf und hob ihren Panzer über den Meeresspiegel, während die anderen Tiere zum Meeresboden hinabtauchten, um dort Schlamm und Sand zu holen.
Die Bisamratte brachte ein paar Steine, und die Kröte schleppte Algen und Tang herbei, und sie warfen Schlamm, Sand, Algen und Steine auf den Panzer der Schildkröte. So entstand eine Insel, die nach und nach größer und größer wurde.
Unterdessen hatten die Vögel die Himmelsfrau in der Luft aufgefangen und trugen sie zur unteren Welt herab. Von Zeit zu Zeit kamen neue Vögel und lösten jene ab, die müde geworden waren von der schweren Last, die auf ihrem Gefieder ruhte.
Endlich landete die Himmelsfrau wohlbehalten auf der Insel der großen Wasserschildkröte. Sie dankte den Vögeln, die ihr und dem Kind in ihrem Leib das Leben gerettet hatten. Sie nahm eine Handvoll Erde und warf die Erde von sich. Da vermehrte sich das Land durch die Zauberkraft, die in den Fingerspitzen der Himmelsfrau sitzt; die Insel wuchs und wuchs und wurde eine Welt,

und die Horizonte rückten in die Ferne. Pflanzen und Bäume begannen zu sprießen, und die Tiere, die der Himmelsherr seinem Weib nachgeworfen hatte, fanden Wohnung und Nahrung und vermehrten sich. So entstand die Erde, und die Himmelsfrau wurde die Große Erdmutter.

❑ Vergleicht die verschiedenen Schöpfungsüberlieferungen und die abgedruckten Darstellungen. Wie ist die Welt nach ihnen aufgebaut?
❑ Was verraten diese Weltbilder über die Lebensverhältnisse (Wohnorte, Ernährungs- und Arbeitsweisen) der Menschen, die sie erzählt haben?
❑ Welche Lebensordnungen (Zeiten, Normen) und Lebensaufgaben bzw. Lebensziele sind erkennbar?

Wissenschaftliches Weltbild und Lebensaufgaben

Die moderne Naturwissenschaft erklärt die Entwicklung und Erhaltung des Lebens nicht mehr mit Hilfe göttlicher Mächte. Nach ihr entwickelt sich das Leben aus einem Zusammenwirken von Zufällen und Gesetzmäßigkeiten. Über die Entstehung der Welt sind sich die Wissenschaftler gegenwärtig nicht einig. Viele vertreten die folgende Ansicht:

– Am Anfang war der „Urknall“ („Big Bäng“). Aus einem Zustand extrem dichter, heißer Strahlung und Energie brach in einer spontanen Explosion („Singularität“) das Universum hervor. Aus den freigesetzten Massen und Energien entstanden Sterne und Milchstraßen, Sonnen und Planeten.
– Das Weltall besteht nicht ewig. Es hat einen zeitlichen Anfang, der nach heute möglichen Schätzungen vor 10 bis 13 Milliarden Jahren anzusetzen ist.
– Die Welt ist unvorstellbar groß, aber trotzdem nicht unendlich. Sie ist ein System, das sich weiter ausdehnt wie ein explodierendes Geschoß, das immer mehr Raum einnimmt.
– Die Erde ist nur ein winziger Teil des Weltalls. Sie gehört zu einem von vielen Planetensystemen. Vor ca. 5 Milliarden Jahren ist sie unter dem Einfluß der Schwerkraft (Gravitation) aus Urnebeln oder aus Weltraummaterie entstanden, die aus der Sonne hervorging.

Im großen und ganzen einig sind sich die Wissenschaftler über die Entstehung des Menschen. Die These des englischen Naturforschers Charles Darwin (1809–1882), nach der sich der Mensch aus dem Tierreich entwickelt hat, kann sich inzwischen auf zahlreiche Funde und Beobachtungen stützen. So gilt heute als gesichert:

– Die ersten Lebewesen, die auf der Welt entstanden, waren ganz einfach. In einer langen Entwicklung (Evolution) bildeten sich die heutigen hochkomplizierten Lebewesen. In diesen Prozeß, der noch weitergeht, ist auch der Mensch einbezogen.
– Der Mensch hat eine auffällige biologische Ähnlichkeit mit dem Menschenaffen. Beide haben einen gemeinsamen Stammbaum und leiten sich von gemeinsamen Vorfahren ab.

Der Mensch als Geist, die Natur als Materie
Die Natur, ihre Schätze und Lebewesen, sind Objekte des Menschen, über die er verfügt und die er verbraucht.

– Der Evolutionsprozeß des Lebens hat viele Millionen Jahre gedauert. Der Übergang vom Tier zum Vormenschen vollzog sich vor ca. 2–10 Millionen Jahren. Die Frühmenschen lebten vor ca. 500 000 Jahren, der Jetztmensch (homo sapiens sapiens) ist erst seit 40 000 Jahren aufgetreten.

Die Entwicklung der Natur und des Menschen gilt als nicht abgeschlossen. Der Mensch kann die Erde zerstören, aber nicht das Universum. Die weitere Entwicklung ist grundsätzlich nicht vorhersehbar. Man nennt deshalb die Natur ein *offenes System.*

Nicht beantworten können Naturwissenschaftler Fragen nach Sinn und Zweck des Lebens und der Entwicklung, die von den alten Mythen (s. o.) beantwortet wurden. Auch über die Lebensaufgaben des Menschen können Naturwissenschaftler nur Vermutungen äußern.

Wo geh ich hin?

Wo geh ich hin, folg ich den Wolken?
Wo ist der Weg, den ich nicht seh?
Wer weiß die Antwort auf meine Frage,
warum ich lebe und vergeh?
Wo geh ich hin?
Folg ich den Kindern?
Sehn sie den Weg, den ich nicht seh?
Gibt mir ihr Lächeln etwa die Antwort,
warum ich lebe und vergeh?
Folg ich dem Winde?
Folg ich dem Donner?
Folg ich dem Neon, das leuchtet
im Blick derer, die lieben?
Tief in der Gosse, hoch unter Sternen
kann Wahrheit sein!
Wo geh ich hin?
Folg ich dem Herzen?
Weiß meine Hand, wohin ich geh?
Warum erst leben,
um dann zu sterben?
Ob ich das je versteh?
Wo komm ich her?
Wo geh ich hin?
Sagt wozu?
Sagt woher?
Sagt wohin?
Sagt, worin liegt der Sinn?

Aus dem Musical „hair“

Auf der Suche nach Erlösung

Hinduismus – Buddhismus

Grundzüge des Hinduismus

Hinduismus – eine Volksreligion

Seit vielen tausend Jahren fragen die Weisen Indiens nach Ursprung und Sinn des Lebens. Sie erzählen und lehren, was die Urbevölkerung Indiens und die Einwanderer aus dem Norden, die „Arier", von Menschen und Göttern zu sagen wußten. Aus der Weisheit der Jahrhunderte erwuchs der Hinduismus – eine Religion, zu der sich mehr als 300 Millionen Menschen in Indien und 15 Millionen in Pakistan, Ceylon, Burma und auf insularen Außenposten wie Bali oder auch Trinidad bekennen.
Hinduismus ist eine gewachsene Volksreligion. Zunächst verehrte man Naturgötter – Sonnengott, Regengott, Feuergott usw. Später erkannten Weise hinter allen Erscheinungen und Göttern das eine Urprinzip, Brahman und Atman – die göttliche Wirklichkeit. Dennoch beten die Hindus bis heute eine Vielzahl von Göttern an. Sie verkörpern jeweils ein Stück der Wirklichkeit, einen Ausschnitt aus der vielfältigen göttlichen Kraft.

Das Rad der Wiedergeburten (Bhawatschakra) symbolisiert in seinem äußeren Ring die zwölf Bedingungen der Entstehung in Abhängigkeit. Die sechs Abteilungen des Rades bedeuten die sechs Sphären, in denen der Mensch wiedergeboren werden kann. Das Rad wird gehalten von den Klauen Maras.

Brahman und Atman

In der sichtbaren Welt verborgen lebt die tiefere Wahrheit – das Brahman; in jedem Menschen verborgen lebt ein innerstes Selbst – das Atman. Brahman und Atman sind getrennt und doch letztlich eins. Wenn der Mensch sich in sich selbst versenkt, erfährt er sein innerstes Wesen im Einklang mit Brahman. Brahman und Atman verschmelzen und sind doch nicht das gleiche:
„Bring eine Feige", sagte der Vater. Svetaketu, der Sohn, brachte sie. „Teile sie. Was siehst du?" – „Feine Samen." – „Teile einen Samen. Was siehst du?" – „Nichts!" – „Dies, mein Lieber, diese ganz feine Wesenheit, die du nicht wahrnehmen kannst, daraus erwächst der Nyagrodha-Baum. Diese feine Substanz ist der Atman der ganzen Welt. Dies ist Wirklichkeit, dies ist Atman. – Dies bist du, Svetaketu!" Und weiter sagte der Vater: „Schütte dies Salz ins Wasser und komme morgen früh wieder zu mir." So tat er. Da befahl der Vater: „Das Salz, das du gestern abend ins Wasser geschüttet hast, bring mir's her." Er griff danach, aber er fand es nicht, da es ganz und gar zergangen war. „Nimm bitte einen Schluck von dieser Seite", sagte jener. „Wie ist es?" – „Salzig." – „Nimm einen Schluck von jener Seite", sagte er. „Wie ist es?" „Salzig." – „Setz es beiseite und komm her zu mir." Er tat so und sagte: „Es ist immer das gleiche." Da sprach jener zu ihm: „Wahrlich, mein Lieber, du siehst kein Salz mehr, und doch ist es darin. Das ist Atman – alles durchdringend, nicht trennbar von den Dingen, doch nicht gleich mit den Dingen. Das ist Atman, das bist du, Svetaketu!"

❑ Erklärt die Begriffe: Brahman und Atman. Warum kann man Atman nicht einfach mit „Seele" übersetzen? In welchem Verhältnis steht Atman zu Brahman?

Lohn der Taten (Karma)

Vom ewigen Kreislauf des Werdens und Vergehens (= Samsara) bleibt das innerste Selbst von Mensch und Tier (= Atman) unberührt. Es verläßt das Gestorbene und wird in einem neuen Lebewesen wiederverkörpert. „Seelenwanderung" nennen Europäer diese Lehre, obwohl der Begriff Seele das Atman nicht genau trifft. Der eigentliche Kern einer Person wandert von Wiederverkörperung zu Wiederverkörperung. Jedoch wird der einzelne nicht einfach so wiedergeboren, wie er gelebt hat – etwa der Vater im Sohn, die Elefantenmutter im Elefantenbaby: Jeder erhält das Los zugeteilt, das er sich mit seinen Taten im vorherigen Leben verdient hat. Es herrscht das Gesetz ewiger Vergeltung, das Gesetz des Karma. Wer seine Pflichten streng erfüllt und nicht vom rechten Weg abweicht, darf hoffen, daß sein nächstes Leben eine Stufe höher sein wird. Es können Tausende von Wiedergeburten sein, bis er schließlich sein Ziel erreicht – die Verschmelzung mit dem All-Einen.

❑ Schaut das „Rad der Wiedergeburten" auf S. 193 genau an. Im äußeren Ring zeigt es 12 Gründe der Abhängigkeit. Die sechs Abteilungen des Rades weisen auf sechs Umwelten, in denen Menschen wiedergeboren werden können. Was könnt ihr erkennen?

Kastenordnung – Ausdruck eines Weltgesetzes

Die Entstehung und Entwicklung der Kastenordnung wird nur aus der Geschichte verständlich. In mehreren Wellen drangen zwischen 2200 und 1200 v. Chr. hellhäutige „Arier“ von Norden her nach Indien ein und unterwarfen die dunkelhäutigen Ureinwohner. Die „Arier“ unterschieden drei Stände: Priester, Krieger und Bauern bzw. Hirten. Um ihre Herrschaft über die Ureinwohner zu sichern, ordnete man die Ureinwohner und später Mischlinge einer unteren Klasse zu. Heiraten über die Kastengrenzen hinweg wurden verboten. Das Kastensystem verband sich mit den religiösen Anschauungen der Karma-Lehre (Vergeltung aufgrund von Taten). Bis heute fühlen sich die Angehörigen einer Kaste füreinander verantwortlich. Ursprünglich gab es vier Kasten:

- *Die Brahmanen:* Priester, denen Studium und Lehre der ältesten heiligen Schriften (= Veden) vorbehalten war sowie der Vollzug von Opfern; für Arbeit als Broterwerb waren sie zu hochstehend; ihre Kastenfarbe ist weiß wie das Licht.
- *Die Kschatrijas:* Fürsten und Krieger, die das Volk schützen und auch die Veden studieren sollten; ihre Kastenfarbe ist rot wie das Blut.
- *Die Vaischjas:* Bauern und Kaufleute, zuständig für Viehzucht, Ackerbau und Handel; auch ihnen waren die Veden noch zugänglich; ihre Kastenfarbe ist gelb wie die Erde.
- *Die Shudras,* die den drei anderen Klassen zu dienen hatten. Sie durften sich nicht mehr mit den Veden befassen, ihre Kastenfarbe ist schwarz. Unter den Shudras standen noch die Parias, die Kastenlosen, die Unberührbaren.

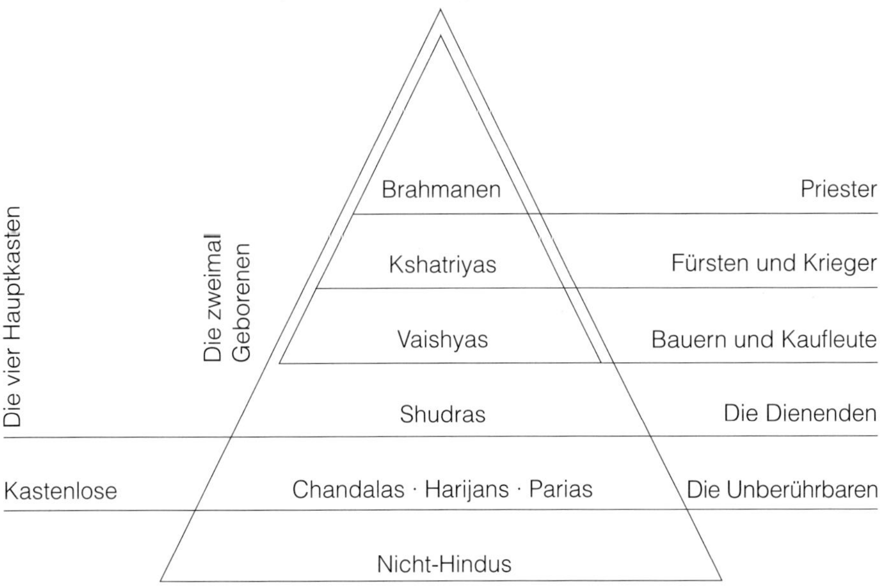

Die anfänglich vier haben sich bis heute in über 3000 Unterkasten aufgesplittert, die von Dorf zu Dorf verschiedene Strukturen haben. Selbst die Kastenlosen schufen sich noch ihre Unter-Klassen:
Parias, die für andere Parias Wäsche waschen, wurden von jenen so verachtet, daß sie ihre Arbeit nur nachts verrichten und sich tagsüber nicht blicken lassen durften.
Für gläubige Hindus ist die Kastenordnung vor allem eine verbindliche Lebensform. Jede Kaste hat ihre eigenen Pflichten und Moralgesetze zu erfüllen. Man sagt: Jede Kaste hat ihr Dharma. Wenn das Dharma zum Töten verpflichtet, ist das nicht unmoralisch, wie eine Begebenheit aus einem indischen Epos zeigt:
Der Prinz Ardschuna klagt bei Krischna, weil er gegen seine Vettern in den Kampf ziehen soll, um sie zu töten. Krischna belehrt ihn, als Angehöriger der Kriegerkaste habe er die Pflicht zu töten. Die Pflichten der Kaste sind stärker als die Liebe zu den Verwandten. Die Kastenpflicht zu töten, erleichtert Krischna noch durch eine weitere Belehrung: Der Gläubige sieht hinter dem Veränderlichen das Ewige. Selbst wenn der Körper getötet wird, bleibt Atman erhalten.

Kastenlos bedeutet ausgestoßen sein

Wer aus der Kaste ausgestoßen wird oder Kind kastenverschiedener Eltern ist, gilt als Paria der Gesellschaft. Ein Inder berichtet, wie der Straßenkehrer Bakha von einem Brahmanen angefahren wird: „An den Straßenrand, du widerwärtiges Ungeziefer. Warum rufst du nicht, du Schwein, warum kündigst du dein Herannahen nicht an! Weißt du, daß du mich gestreift und beschmutzt hast, schielender Sohn eines säbelbeinigen Skorpions! Nun werde ich ein Bad nehmen müssen. Und dabei habe ich heute morgen ein neues Lendentuch und Hemd angezogen.“ Der überrumpelte Bakha schweigt aus Angst. Er zittert am ganzen Leib. „Ich bin ein Unberührbarer“, sagt er zu sich selbst, „ein Unberührbarer.“
Mahatma Gandhi sah in der Unberührbarkeit ein Krebsgeschwulst der indischen Gesellschaft. Er trat für ihre Abschaffung ein und nannte die Parias bewußt Harijans, d. h. Gotteskinder.

Lebensziele der Hindus

In der Hindu-Religion spielen Meditation und Weltabgewandtheit eine große Rolle; doch haben die Inder auch das sinnliche Leben nie gering geachtet. Dies zeigt sich in den vier Lebenszielen der Hindus:
- Leben soll Freude bereiten. Deshalb ist Lust ein Lebensziel.
- Man will es in seinem Leben zu etwas bringen, Reichtum erreichen und erhalten. Daher ist Wohlstand ein weiteres Lebensziel.
- Die Pflichten der Kaste, in der man lebt, sind zu erfüllen.
- Das höchste Lebensziel ist Moksha, die Befreiung vom Kreislauf der Wiedergeburten. Um sie zu erreichen, kehren meist ältere Menschen dem weltlichen Leben den Rücken und suchen durch Meditation mit dem Brahman eins zu werden.

Das Leben Buddhas

Am Anfang des Buddhismus steht der Fürstensohn *Siddharta Gautama (ca. 560–480 v. Chr.)* aus dem Stamm der Shakyas. Er wächst in einer Gesellschaft auf, die streng nach Kasten gegliedert ist und in der neben der herrschenden Religion der Brahmanen eine Vielzahl von Wanderlehrern alternative Vorstellungen zu Gesellschaft und Religion vertritt. Zum religiösen Hintergrund gehört die Vorstellung vom Kreislauf allen Seins (Samsara), der von den Taten (Karma) des Menschen in seinem diesseitigen Leben abhängt und Auswirkungen auf das nächste Leben besitzt.

Die Legende vom „vierfachen Auszug"

Eines Tages begehrte Prinz Siddharta auszufahren. Bisher hatte man vor ihm alles Häßliche und Leidvolle verborgen. Die Götter wollten aber, daß er zur wahren Einsicht komme, und ließen ihn deshalb mit einem Greis zusammentreffen. An allen Gliedern zitternd, ging dieser vornübergebeugt am Stock, und seine Stimme war nur noch ein Krächzen. Der Wagenlenker belehrte den Prinzen, daß jeder Mensch einmal alt werde und es hiervon keine Ausnahme gäbe. Darauf entgegnete dieser: „Oh, wie jämmerlich ist es dann bestellt um die Einsicht der Wesen, der unerleuchteten, törichten, die aufgrund ihrer Jugend übermütig sind und das Alter nicht sehen."

Nach einiger Zeit begab sich der Prinz zu einer zweiten Ausfahrt. Diesmal schickten ihm die Götter einen Kranken auf den Weg, der hilflos dalag und nur noch mit

Mühen atmen konnte. Auch diesmal wurde dem Prinzen klar, daß Gesundheit und Kraft nichts Ewiges sind.
Und zu einer dritten Ausfahrt begab sich der Prinz. Er mußte nun miterleben, wie man einen Toten dahertrug. Von vielen klagenden Verwandten und Freunden wurde der Leichnam geleitet. Den Prinzen überwältigte dieses Erlebnis: „Oh, wenn es doch Alter, Krankheit, Tod und das Leiden nicht gäbe! Ich will umkehren und darüber nachdenken, wie man davon befreit werden kann."
Noch ein viertes Mal mußte Siddharta ausfahren, um reif zu werden für den Weg, der ihn zum Erwachen führen sollte. Diesmal trafen sie einen Bettelmönch. Von edler Gestalt war er und würdevoll, Ruhe und Gelassenheit strahlte er aus. Er trug einen Mantel, die Bettelschale und ein Mönchsgewand. Dem Prinzen wurde klar: So wie dieser Mönch möchte er sein. Ein selbstbeherrschtes Leben, frei von allen Leidenschaften und Haß möchte er führen. Aus der Heimat möchte er in die Heimatlosigkeit gehen, um die Ruhe seines Inneren zu finden, um frei zu werden vom Leiden.

Der mittlere Weg

Nach altindischer Asketentradition rasiert er Bart und Haare ab, legt die gelben Asketengewänder an, verläßt Frau und Kind und begibt sich auf die Wanderung. Er schließt sich verschiedenen Wanderlehrern an, die ihn auf dem spirituellen Pfad leiten sollen.
Doch er muß erkennen, daß die ihm von diesem und einem weiteren Lehrer vermittelte Wahrheit nicht zum Ziel führt. Nachdem er sich sechs Jahre der allerstrengsten Askese unterworfen hat und bis zum Skelett abgemagert ist, sieht er ein, daß dies nicht zum Ziel führt. Darauf beschreitet er den „mittleren Weg". Er vermeidet also Extreme. Er nimmt wieder normale Nahrung zu sich. Während der ersten Vollmondnacht des Monats Vesakha (April/Mai) erlangt er nach Meditationsübungen die wahre Einsicht in das Wesen aller Dinge, die „Erwachung": Bodhi. Er selbst wird dadurch zum Verkörperer dieser Bodhi, zum Buddha. Dies geschieht, als er 35 Jahre alt ist.
In der heiligen „Nacht der Erwachung" wird dem Erwachten ein „dreifaches Wissen" zuteil:
1. Erinnerung an frühere Geburten
2. Karma-Gesetz
3. Aufleuchten der „vier edlen Wahrheiten".

Nach anfänglicher Unschlüssigkeit verkündet Buddha seine Lehre; er setzt – wie Buddhisten dies nennen – das „Rad der Lehre" in Bewegung. Die weiteren 45 Jahre seines Lebens widmet der Buddha seiner erfolgreichen Missionstätigkeit. Er gründet zahlreiche Mönchsgemeinden (Sangha). Im Alter von 80 Jahren stirbt er.

Buddhas letzte Worte

„Darum, seid selbst eure Insel, selbst eure Zuflucht; habt die Lehre als Insel, die Insel als Zuflucht, habt keine andere Zuflucht."

❑ Im Volksglauben ist Buddha vergöttlicht worden. Es hat sich ein Buddha-Kult entwickelt. Überlegt Gründe für diese Entwicklung.
❑ Erklärt, was nach der Lehre des Buddha im Mittelpunkt des Lebens stehen soll.

Das Rad der Lehre

Die erste Edle Wahrheit

„Dies, Mönche, ist die Edle Wahrheit vom dukkha: Geburt ist dukkha, Alter ist dukkha, Krankheit ist dukkha, Tod ist dukkha; Trauer, Jammer, Schmerz, Gram und Verzweiflung sind dukkha; kurz: Die fünf Gruppen sind dukkha."
„Was auch immer empfunden wird, gehört zu dukkha", also auch erfreuliche Erfahrungen. Die übliche Übersetzung mit „Leiden" drückt daher nicht die ganze Reichweite dieses religiösen Begriffes aus. Dukkha ist die religiöse Unheilssituation schlechthin und bezieht sich wesentlich auf den vergänglichen Charakter aller bedingten Erscheinungen. Jedes Glück und jede Liebe z. B. tragen den Keim des nachfolgenden Leidens in sich, weil sie vergänglich und damit wesenlos sind. Aus sich selbst heraus läßt sich der unbefriedigende Zustand nicht ändern. Die Welt ist daher auf Heil angewiesen. Nur durch die Erkenntnis von dukkha läßt sich der Zustand der Entfremdung aufheben.

Die zweite Edle Wahrheit

„Dies, Mönche, ist die Edle Wahrheit von der Leidensentstehung: Es ist die Wiedergeburt bewirkende, wohlgefällige, mit Leidenschaft verbundene Gier, die Gier nach Werden, die Gier nach Vernichtung."
Eine der drei Hauptwurzeln von dukkha – neben Haß (dosa) und Wahn (moha) ist *tanha:* Gier, Durst. Tanha gibt dem endlosen Kreislauf der Wiedergeburten ständige Nahrung. Der Begriff bezeichnet die menschliche Begehrlichkeit, das Streben nach Leistung und Macht im weiteren Sinne, vor allem aber die „mit Leidenschaft verbundene Gier", das heißt zum einen die Sexualität (kama-tanha) aber auch die „Gier nach Werden", den Drang, sich weiterzuverkörpern, und die „Gier nach Entwerden", den Wunsch nach Selbstmord als den Versuch, aus dem samsara zu flüchten.
Alle Formen der Gier führen immer tiefer hinein ins dukkha.

Die dritte Edle Wahrheit

„Dies, Mönche, ist die Edle Wahrheit von der Aufhebung des Leidens: die restlose Aufhebung, Vernichtung, Aufgabe, Verwerfung, das Freigeben und Ablegen ebendieser Gier."

Von Stufe zu Stufe

Einmal brauchst du
nicht mehr aufzustehen,
nicht mehr zuzusehen
dem Morden der Völker,
der nimmer endenwollenden
Qual der Tiere,
der satanischen Zerstörung
der Natur,
dem Wahnwitz der Oberen
und all der Grausamkeit
aus Gier und Haß geboren –
Einmal wirst du
das andere Ufer betreten,
wo keine Haßgedanken
Feuer zünden,
keine Gier dich verwundet
und kein Wille quält. –
Dann fragst du nicht mehr,
woher du gekommen,
weshalb du hier bist
und wohin du gehst –
Dann haben sich
alle Rätsel gelöst,
der innere Helfer
hat dir geholfen –
Dann verströmst du mehr Frieden
über die Welt,
als es dir je als
Haftender und Verkoppelter
gelungen ist.

❑ Sehnsucht nach dem Nirwana – wie wirkt ein solches Gefühl auf dich?

Nirwana darf man keinesfalls mit „das Nichts" übersetzen. Die wörtliche Bedeutung ist: nicht mehr wehen, verlöschen. Damit mag das Auslöschen einer Kerze gemeint sein, deren Licht symbolisch für das Unheil steht und deren Brennstoff der Daseinsdurst (tanha) ist. Verlöscht die Flamme, erkalten die Leidenschaften, dann wird die Flamme nicht einfach zu einem Nichts, sondern sie ist nur in einen anderen Daseinszustand übergegangen. Nirwana ist etwas Positives. Was es genau ist, das können Buddhisten ebensowenig sagen, wie die Gläubigen anderer Religionen ihr Heilsziel beschreiben können.

Gebet und Meditation vor dem Bild des sterbenden Buddha

Die vierte Edle Wahrheit

„Dies, Mönche, ist die Edle Wahrheit von dem zur Leidensaufhebung führenden Wege, nämlich:

1. rechte Ansicht
2. rechter Entschluß
3. rechte Rede
4. rechtes Verhalten
5. rechtes Leben
6. rechte Anstrengung
7. rechte Bewußtheit
8. rechte Meditation.“

Der Buddha legte großes Gewicht auf das praktische Tun der Menschen. Der Buddha-Jünger soll keine Mühe scheuen, um die befreiende Erkenntnis zu erlangen. Zwar kann und soll er selbst viel zu seinem Heil beitragen, doch handelt es sich nicht um reine Selbsterlösung, da doch die Frucht seiner Bemühungen letztlich als Geschenk erfahren wird.

Fünf ethische Verhaltensrichtlinien, die für alle Buddhisten gelten:
„Ich gelobe abzustehen vom:
Töten
Nehmen dessen, was nicht gegeben
Unrechten Wandel in Sinnenlüsten
Lügen
Genuß berauschender Getränke“.
Hinzu kommen fünf ausgesprochene Mönchsgebote:
nicht zu unerlaubter Zeit essen,
nicht an Lustbarkeiten (Tanz, Gesang, Musik, Schauspiel) teilnehmen,
sich keiner Kränze und Schmucksachen bedienen,
nicht in einem hohen und breiten Bett schlafen,
kein Gold oder Silber annehmen.

❑ Welche bekannten jüdischen, christlichen oder islamischen Gebote lassen sich mit den buddhistischen Richtlinien vergleichen?
❑ Welche besonderen Gebote gelten für (römisch-katholische) Mönche in Europa? Vergleicht sie mit den buddhistischen Mönchsgeboten.

Meditation und Ethik

Die Meditation der „vier Unermeßlichkeiten“ enthält das ethische Ideal des Buddhismus: die metta.
„Ein Weiser von großer Einsicht denkt zugleich an das eigene Heil, an das Heil des anderen, an das beiderseitige Heil und an das Heil der ganzen Welt.“
Metta bedeutet Freundlichkeit, Güte, Liebe. Metta meint, negativ, die Beseitigung jeglichen Übelwollens; positiv die Einstellung der Mutter, die den einzigen Sohn mit ihrem eigenen Leben beschützt. Bei der metta-Übung handelt es sich um einen Teil der Meditationsübung der „vier Unermeßlichkeiten“. Hiermit sind vier erstre-

benswerte Haltungen gemeint: metta, karuna (= Mitleiden), mudita (= Mitfreude) und upekkha (= Gleichmut), die Teilaspekte der Grundhaltung des Wohlwollens gegenüber allen Kreaturen darstellen.
Die metta-Meditation beginnt bei der Person des Meditierenden selbst: „Möge ich selbst glücklich und frei von Leiden sein.“ Dann wird dieser Glücklichkeitswunsch schrittweise ausgeweitet: über die eigene Familie, Verwandte, Freunde, bis hin zu Fernerstehenden, ja schließlich Feinden. Metta erstreckt sich nicht allein auf die Mitmenschen, gleich welcher Rasse, Religion oder Nation sie auch angehören, sondern auch auf die Tierwelt, ja letztlich „auf alle Formen des Lebens und auf diese Weise auf das ganze Universum“.

Mönche und Laien

So wie der Buddha einst die Heimatlosigkeit bevorzugte, so verlassen auch die Mönche und Nonnen ihre Familien und Freunde, ihren Besitz und ihre Bequemlichkeit, um sich den Regeln des Ordens (sangha) zu unterwerfen. Mit sieben Jahren kann man frühestens Novize werden. Mit etwa 20 Jahren wird man nach einem Examen als Mönch bzw. als Nonne anerkannt.
Der Tagesablauf ist heute noch so wie zu Buddhas Zeiten: Gegen vier oder fünf Uhr morgens steht man auf und beginnt den Tag mit einer einstündigen Meditation. Danach werden notwendige tägliche Arbeiten im Kloster und Garten verrichtet. In der Regel ist der Vormittag dazu bestimmt, Essen und andere Almosen zu sammeln. Dadurch übt sich der Nehmende in Demut und Bescheidenheit und bricht seinen eigenen Stolz. Der Gebende erwirbt sich durch das gute Werk heilvolles karma. Der Rest des Tages gilt dem Studium der heiligen Schriften, deren Sprachen die Mönche und Nonnen lernen.
Es gibt zwei Gruppen von Mönchen: solche, die die Meditation besonders üben, um Heilige zu werden, und solche, welche die Heiligung auf dem Wege des Dienstes an der Gesellschaft erstreben. Viele Mönche sind in der Sozialarbeit tätig, in Waisenhäusern, Altersheimen und Krankenanstalten.
Die Buddha-Gemeinde besteht nicht nur aus Mönchen und Nonnen, sondern aus der viel größeren Zahl der Laienanhänger. Die Mönche bilden zwar den geistigen Kern und halten die Überlieferung der Lehre lebendig, während die Laienschaft die zum Leben notwendigen Güter herstellt und die Ordensmitglieder versorgt.

Personen- und Sachregister

Textnachweis

Selbständig werden

Seite 8 Der Arbeiter Paul Löbe erzählt: aus: Irene Hardach-Pinke u. a.: Kinderalltag. Rowohlt Verlag, Reinbek 1981, S. 205f.
Seite 11 Egon: Thomas Verske, aus: Wochenschau [5](1993), S. 183.
Seite 15 Die Geschichte vom jungen Krebs: Gianni Rodari, aus: Gutenachtgeschichten am Telefon. K. Thienemanns Verlag, Stuttgart 1964.
Seite 16 Irgendwann: Kurt Demmler, aus: LP „Renft" (Amiga 855396), Berlin 1980.
Seite 16 Die Prinzessin aus einer anderen Welt: Anja Busse, aus: Leipziger Volkszeitung v. 10./11. 9. 1994, S. 11 (gekürzt).
Seite 17 Achim – seit vier Jahren Punk – erzählt: aus: Bielefelder Jugendring 1992 (Dokumentation), Bielefeld 1992, S. 70f.
Seite 19 (Beispiel Kartenlegen) nach: Peter Meier-Husing, Da riß der Faden. Deutsches Allgemeines Sonntagsblatt Nr. 23 v. 8. Juni 1990.
Seite 20 Leserbrief und Antwort: aus: Mädchen, Heft 20 (1989).
Seite 22 (Als Gerichtssachverständiger:) Hans Bender, aus: Hans Bender: Unser sechster Sinn. DVA, Stuttgart 1971, S. 74.
Seite 23 Zärtlichkeit als Angelhaken: Dirk Schubert, in: Stuttgarter Zeitung v. 14. 10. 1978.
Seite 24 Erfolge durch Scientology, aus: Vom Clear zur Ewigkeit – Stationen einer scientologischen Karriere, in: Friederike Valentin/Horand Knaup: Scientology – der Griff nach Macht und Geld (Herder Verlag, Freiburg 1982), zit. nach Loccumer Pelikan 4/1994, S. 20 (gekürzt).
Seite 26 Satanismus – eine Gegenreligion?: aus: Ricarda S.: Satanspriesterin. Meine Erlebnisse bei einer schwarzen Sekte. Eichborn Verlag, Frankfurt a. M. 1989, S. 82f.
Seite 26 (Heavy Metal:) Iron Maiden: Ausgebrütet, aus der Platte „The number of the beast". Text übernommen aus: Religion heute, Heft 1 (März 1989), S. 24 (Auszug).
Seite 28 Wo das Glück zu finden ist: Axel Kühner: Überlebensgeschichten für jeden Tag. Aussaat Verlag, Neukirchen-Vluyn 1994, S. 192.
Seite 28 Missy: aus: Mountain Bike 7/8 1994, S. 151f.
Seite 31 Trink, Brüderlein, trink: Gottfried Moeckl: Flucht nach Irgendwo. Spectrum Verlag, Stuttgart 1991, S. 133 (zit. nach: Wochenschau 6/1993, S. 213).
Seite 32 „Blöde Angewohnheit": Interview von Vera Gaserow, aus: Die Zeit Nr. 3 v. 15. 1. 1993, S. 68 (zit. nach Wochenschau 6/1993, S. 209).
Seite 33 Kriminell: aus: Der Spiegel Nr. 34/17. 8. 1992, S. 104 f.

Ich und die anderen

Seite 37 Schock für Schwarze Perle: aus: Leipziger Volkszeitung v. 17./18. 9. 1994, S. 24.
Seite 39 (Als ein holländischer Professor:) aus: Erich Läufer: Spurensuche im Lande Jesu. Brendow-Verlag, Moers 1983.
Seite 40 Liebe sogar deine Feinde: aus: Willi Hoffsümmer: Kurzgeschichten Bd. 2. Matthias-Grünewald-Verlag, Mainz [8]1992, S. 99 (nach René Lendesdorff).
Seite 41 Die drei Siebe: aus: Willi Hoffsümmer: Kurzgeschichten Bd. 1. Matthias-Grünewald-Verlag, Mainz [13]1992, S. 86 (nach René Leudesdorff).
Seite 42 (Von Behinderung spricht man,:) aus: Ratgeber für Behinderte. Hg. Bundesministerium für Arbeit und Sozialordnung 1995, S. 9.
Seite 43 Eingliederung Behinderter: aus: Ratgeber für Behinderte. Hg. Bundesministerium für Arbeit und Sozialordnung 1995, S. 117, 122f.
Seite 44 (Es ist normal, verschieden zu sein.:) aus: Rede von Richard von Weizsäcker, in: Frankfurter Rundschau v. 20. 7. 1993, S. 10ff.

Seite 45 Lieber Bernd: aus: Briefe an die heile Welt. Behinderte schreiben an (sogenannte) Nichtbehinderte. Eichborn-Verlag, Frankfurt am Main 1981.

Seite 48 „Gib's ihm!“: aus: Was mach' ich nur, hg. v. Ministerium für Bildung und Kultur. Rheinland-Pfalz 11/93, S. 19 ff.

Seite 49 (Dennis:) aus: Jugendwerk der Deutschen Shell: Jugend 91. Bd. 1. Leske + Budrich, Opladen 1992, S. 141 ff. (gekürzt).

Seite 50 Begebenheit: aus: Hans-Eckehard Bahr: Verfluchte Gewalt. Dokumentierte Geschichten. Ev. Verlagsanstalt, Leipzig 1992, S. 118 f. (gekürzt).

Seite 52 Ich muß etwas für die anderen tun: aus: Ernst Kappeler: Es schreit in mir. Briefdokumente junger Menschen. Ex Libris Verlag, Zürich 1979, S. 199 f.

Seite 53 Ein Mädchen schreibt: aus: Ernst Kappeler: Es schreit in mir. Briefdokumente junger Menschen. Ex Libris Verlag, Zürich 1979, S. 68.

Seite 54 (... unsere ehemalige Natur:) aus: Platon: Symposion (Übersetzung von Schleiermacher). Rowohlts Klassiker. Rowohlt Verlag, Reinbek 1967, S. 221 f.

Seite 55 Aufzeichnungen: aus: Jugend vom Umtausch ausgeschlossen. Eine Generation stellt sich vor, hg. v. Jutta Lieck. Leske + Budrich, Leverkusen 1984, S. 292.

Seite 56 Die Verabredung: aus: Jugend vom Umtausch ausgeschlossen. Eine Generation stellt sich vor, hg. v. Jutta Lieck. Leske + Budrich, Leverkusen 1984, S. 294

Seite 57 Lieber Jürgen!: nach: Gerhard Kraft, in: Helmut Hanisch/Dieter Haas: 24 Unterrichtseinheiten für den Religionsunterricht 8./9. Schuljahr Hauptschule, Bd. 1, 3. neubearbeitete Auflage. Calwer Verlag, Stuttgart 1990, S. 157.

Seite 58 Ich bin eine Träumerin: aus: Ernst Kappeler:Es schreit in mir. Briefdokumente junger Menschen. Ex Libris Verlag, Zürich 1979, S. 56.

Seite 58 Mich sperrt man ein!: aus: Ernst Kappeler: Es schreit in mir. Briefdokumente junger Menschen. Ex Libris Verlag, Zürich 1979, S. 241.

Seite 59 Ich habe keine Freiheit: aus: Ernst Kappeler: Es schreit in mir. Briefdokumente junger Menschen. Ex Libris Verlag, Zürich 1979, S. 242.

Seite 61 (Der Wohnkomplex besteht:) aus: Jürgen Roth: Armut in der Bundesrepublik. Fischer-Verlag, Frankfurt am Main 1977, S. 157.

Seite 61 (Ich habe mir kein Vorbild:) aus: Manfred E. Neumann/Willi Schraffenberger: Platte machen. Vom Leben und Sterben auf der Straße. Quell-Verlag, Stuttgart 1992, S. 76.

Seite 66 Gemachte Armut: aus: Willi Hoffsümmer (Hg.): Kurzgeschichten, Bd. 4. Matthias Grünewald-Verlag, Mainz 1991, S. 165 ff.

Seite 67 Der reiche Mann und der Schuster: aus: Willi Hoffsümmer (Hg.): Kurzgeschichten, Bd. 2. Matthias Grünewald-Verlag, Mainz 1992, S. 119 f.

Seite 69 Milch mit Haferflocken: aus: Josef Reding: Gutentagtexte. Georg Bitter Verlag, Recklinghausen 1994, S. 71.

Seite 69 (Heidelberg. Als Ursula:) nach: Thomas Klau, Heidenheimer Neue Presse v. 10. 2. 1992.

Mensch und Natur

Seite 73 (Gehört diese liebe Erde:) nacherzählt und eingeleitet von Peter Lehmann, nach: Valentin Rasputin: Abschied von Matjora. Verlag Volk und Welt, Berlin 1979, S. 161 f. (Übersetzung aus dem Russischen von Elena Panzig).

Seite 74 Wie viele Menschen trägt die Erde?: gekürzt und bearbeitet nach: Wie viele Menschen trägt die Erde? Ethische Überlegungen zum Wachstum der Weltbevölkerung. EKD-Texte 49. Kirchenamt der EKD, Hannover 1994, S. 9, 13, 67. Quelle der statistischen Angaben ebd. Graphiken: Peter Lehmann.

Seite 76 Regenwälder: bearbeitet und gekürzt aus: Florian Siegert/Barbara Veit/Hans-Otto Wiebus: Arrang lebt im Regenwald (Dokumentation, hg. in Zusammenarbeit mit der Deutschen Welthungerhilfe). Peter Hammer Verlag, Wuppertal ²1992, S. 34 f.

Seite 77 Bundesstraße oder Autobahn: gekürzte und bearbeitete Auszüge aus einem Interview in: Landtagsbote. Zeitung der Fraktion Bündnis 90/Die Grünen im Landtag von Sachsen-Anhalt, Heft 9, 1994, S. 8 f.

Seite 79 Graphik: Jahresverbrauch an Nahrungsmitteln: erstellt nach Angaben des Bundesministeriums für Wirtschaft; Wirtschaft in Zahlen '94, S. 31; weitere Angaben aus: Zur Verantwortung des Menschen für das Tier als Mitgeschöpf. EKD-Texte 41. Kirchenamt der EKD, Hannover 1992, S. 14f.

Seite 80 Schlachttiertransporte: frei bearbeitet nach: Bundesarbeitsgemeinschaften Mensch und Tier/Landwirtschaft bei: Bündnis 90/Die Grünen, Postf. 120102, 53043 Bonn.

Seite 81 Woher die Energie nehmen?: bearbeitet nach: Das Zeitbild, Umweltschutz in Deutschland, hg. v. Zeitbild-Verlag, Bonn 1991, S. 6.

Seite 81 Graphik: Energieverbrauch: erstellt nach: Bundesministerium für Wirtschaft, Energiedaten '94.

Seite 82 Ein Beispiel für Energiegewinnung: Christian Garbe, aus: Briefe zur Orientierung im Konflikt Mensch – Erde, Nr. 28, März 1993, hg. v. Kirchlichen Forschungsheim, Friedrichstraße 1 a, 06886 Lutherstadt Wittenberg (bearbeitet und gekürzt).

Seite 85 Problem Abfall: bearbeitet nach: Das Zeitbild, Umweltschutz in Deutschland, hg. v. Zeitbild-Verlag, Bonn 1991, S. 7.

Seite 86 Graphik: Die verschiedenen Anteile im Hausmüll: erstellt nach: Umweltbundesamt Berlin, Jahresbericht 1992.

Seite 89 Widerstand im Dorf: bearbeitet und gekürzt nach: Erhard Domay: Bürgermeister Lindemann, in: Leben in der Gemeinschaft mit der Schöpfung. Ein Vorlesebuch für Schule und Gemeinde. Kaufmann, Lahr 1994, S. 298–300.

Seite 91 Alles muß klein beginnen (gekürzt): Herkunft unbekannt. (Titel: Was kann ich denn für den Frieden tun? Gefunden bei: Ohne Rüstung Leben, Furtbachstraße 10, 70178 Stuttgart)

Regeln und Normen

Seite 94 Modell 1: aus: Robert T. Hall: Unterricht über Werte. Verlag Urban & Schwarzenberg, München 1979, S. 167.

Seite 97 (50–60jährige berichten aus ihrer Jugendzeit:) aus: Jugendliche und Erwachsene 85, Bd. 3 (Shell-Studie). Leske + Budrich, Leverkusen 1985, S. 105.

Seite 98 Nur fahrlässige Seeleute?: aus: Matthias Maring: Verantwortung, Konflikte und Dilemma, in: Ethik & Unterricht 1/1993, S. 34.

Seite 100 (Es ist 9.30 Uhr:) aus: Rita Henley-Jensen: Das Gericht, in: Emma Nr. 4/1995, S. 51 f.

Seite 101 Schuldig oder nicht?: © Ralf Becker.

Seite 103 Freispruch: Peter Weiss, aus: Peter Weiss: Abschied von den Eltern. Suhrkamp Verlag, Frankfurt am Main 1961, S. 49f.

Seite 105 Tommi: aus: H. Zulliger: Die Strafe in der Erziehung, aus: H. Zulliger, Die Angst von Kindern. S. Fischer Verlag, Frankfurt am Main 1952 (© Klett Verlag, Stuttgart).

Seite 106 Tageslauf im Jugendstrafvollzug: Bericht von Gerhard Kraft/Gerald Rieker, aus: Strafe: Tor zur Versöhnung?, in: Ethik & Unterricht 3/1993, S. 29.

Seite 109 (Helmut K..) aus: Bruno Osuch: Die Bearbeitung moralischer Dilemmata als didaktischer Kerngedanke, in: Ethik & Unterricht 1/1995, S. 14.

Seite 111 (Tagebuch eines Zweijährigen:) Hellmut Holthaus: Lohnt es sich?, aus: Die schönsten Geschichten von H. Holthaus. Verlag Josef Knecht, Frankfurt am Main 1968, S. 90 (gekürzt).

Seite 111 Texte über Albert Schweitzer: aus: Reinhard Veit: Lebensbilder für den Religionsunterricht. Kaufmann/Patmos, Lahr/Düsseldorf 1988, S. 100f. (gekürzt).

Seite 112 (Autoritätskonflikt und Gewissen:) Gitti Hentschel: Ich will mich freier bewegen, aus: Emma, Das Magazin von Frauen für Frauen 2/1986, S. 27 (gekürzt).

Seite 113 (Gleiches Recht für alle?:) Josianne Maas: Man hat doch schließlich ein Herz! © Josianne Maas.

Seite 114 Wie kam es zu den Menschenrechten?: aus: Axel Herrmann, Information zur Politischen Bildung Nr. 210/86, Menschenrechte, S. 4f. (gekürzt).

Seite 116 Befehlsnotstand: aus: Robert T. Hall: Unterricht über Werte. Verlag Urban & Schwarzenberg, München 1979, S. 37.

Seite 117 (Wo Menschen aus politischen): aus: Axel Herrmann, Information zur Politischen Bildung Nr. 210/86, S. 18 (gekürzt).

Eine Wurzel – drei Religionen

Seite 120 (Wenn sich alle Menschen vertragen würden:) aus: Rosemarie u. Wolfgang Klein: Der Hoffnung ein Fest. Wege zum eigenen Glauben finden. Quell Verlag, Stuttgart 1993, S. 70.

Seite 124 (Als der Fastenmonat:) aus: Ahmad v. Denffer: Islam für Kinder, hg. v. Islamischen Zentrum Aachen (Rechte beim Autor). Zitiert nach: Monika und Udo Tworuschka (Hg.): Vorlesebuch Fremde Religionen 1: Judentum/Islam. Kaufmann/Patmos, Lahr/Düsseldorf 1993, S. 330 f.

Seite 128 Lichtchen: Max Levy, aus: Jüdischer Kinderkalender, Hg. Emil Bernhard Cohn. 1. Jahrgang für das Jahr 5689–1928/29. Jüdischer Verlag, Berlin 1927.

Seite 130 (Der Vorsitzende…:) aus: Evangelische Kirchenzeitung für Hessen und Nassau 23/1994, S. 7.

Seite 131 (Menschen im Käfig:) aus: C. Währisch-Oblau/G. Oblau: Rundbrief Nr. 22/Weihnachten 1992.

Seite 131 Glücklich – mehr noch: selig sind: aus: Jörg Zink: Womit wir leben können. Das wichtigste aus der Bibel in der Sprache unserer Zeit. Kreuz Verlag, Stuttgart 1963.

Seite 133 Christus hat keine Hände: Vf. unbekannt. Aus: Hubertus u. Ursula Halbfas (Hg.): Das Menschenhaus. Ein Lesebuch für den Religionsunterricht. Patmos Verlag, Düsseldorf 1973, S. 226.

Seite 134 (Ich würde beten…:) aus: Robert Coles: Wird Gott naß, wenn es regnet? Die religiöse Bilderwelt der Kinder. Aus dem Amerikanischen von Almuth Dittmar-Kolb. Hoffmann & Campe, Hamburg 1992, S. 197–200 (gekürzt).

Seite 136 (Mitzwa, die gute Tat…:) aus: Robert Coles: Wird Gott naß, wenn es regnet? Die religiöse Bilderwelt der Kinder. Aus dem Amerikanischen von Almuth Dittmar-Kolb. Hoffmann & Campe, Hamburg 1992, S. 220 f.

Seite 140 (Interview mit Robert Jungk:) aus: Frankfurter Rundschau v. 21. 7. 1994.

Seite 140 (Vor langer Zeit lebte in einem fernen Land ein Mann:) aus: Monika und Udo Tworuschka (Hg.): Vorlesebuch Fremde Religionen. Bd. 1: Judentum-Islam. Kaufmann/Patmos, Lahr/Düsseldorf 1988, S. 204 f.

Menschenbild im Islam

Seite 144 Am Anfang erschuf Allah…: aus: Islamisches Zentrum Hamburg (Hg.): Geschichten der Propheten aus dem Koran, zitiert nach: Monika und Udo Tworuschka (Hg.): Vorlesebuch Fremde Religionen 1: Judentum/Islam. Kaufmann/Patmos, Lahr/Düsseldorf 1988, S. 308–311 (Auszüge).

Seite 145 Als alles vollendet war: aus: Islamisches Zentrum Hamburg (Hg.): Geschichten der Propheten aus dem Koran, zitiert nach: Monika und Udo Tworuschka (Hg.): Vorlesebuch Fremde Religionen 1: Judentum/Islam. Kaufmann/Patmos, Lahr/Düsseldorf 1988, S. 308–311 (Auszüge).

Seite 145 Unter Gottes Anleitung: aus: Islamisches Zentrum Hamburg (Hg.): Geschichten der Propheten aus dem Koran, zitiert nach: Monika und Udo Tworuschka (Hg.): Vorlesebuch Fremde Religionen 1: Judentum/Islam. Kaufmann/Patmos, Lahr/Düsseldorf 1988, S. 308–311 (Auszüge).

Seite 146 Wenn du dich Allah ergibst: aus: Robert Coles: Wird Gott naß, wenn es regnet? Die religiöse Bilderwelt der Kinder. Aus dem Amerikanischen von A. Dittmar-Kolb. Hoffmann &Campe, Hamburg 1992, S. 203–207 (Auszüge).

Seite 149 Sultanhussein Tabaneh und die Menschenrechte: aus: Gerhard Konzelmann: Die islamische Herausforderung. Hoffmann & Campe, Hamburg 1980, S. 369 f.

Seite 150 Es ist nicht so Sitte: Heidi Hansen, aus: Das Leben suchen 5/6, zitiert nach: Monika und Tworuschka (Hg.): Vorlesebuch Fremde Religionen 1: Judentum/Islam. Kaufmann/Patmos, Lahr/Düsseldorf 1988, S. 400 f.

Glück und Leid

Seite 153 Die tägliche Ration Glück: nach: P. K. Wehrli: orte. Schweizer Literaturzeitschrift (Zürich), 8. Jg., Heft 38/Juli 1982, S. 49.
Seite 154 Ich bin glücklich, wenn ich . . .: Text-Collage in Anlehnung an: Peter Schäffer: V. Jahrbuch der Kinderliteratur. Beltz Verlag, Weinheim 1979, S. 46–49, Dieter Birnbacher (Hg.): Glück. Arbeitstexte für den Unterricht für die Sekundarstufe I. Reclam, Stuttgart 1983, S. 6 f.
Seite 156 Zum ersten Male: Manfred Hausmann, aus: Willi Fehse (Hg.): Deutsche Erzähler der Gegenwart. Reclam Verlag, Stuttgart 1959, S. 136–138. © S. Fischer Verlag, Frankfurt a. M.
Seite 157 Vom süßen Brei: aus: Kinder- und Hausmärchen. Gesammelt durch die Brüder Grimm, 2. Band, 1815.
Seite 158 Die andern haben's besser: R. Kirsten, aus: Lesebuch A (Gymnasium), 5. Schuljahr. Klett Verlag, Stuttgart 1966, S. 16.
Seite 158 Glücksgefühl: Nicole Pompetzki, aus: R. Bücher/V. Fabricius/R. Kunkel (Hg.): Sie sagen, das ist Zeitgeist . . . Gedichte, Bilder und Lieder von Jugendlichen. Hessisches Institut für Bildungsplanung und Schulentwicklung, Wiesbaden 1989, S. 16.
Seite 159 Mein Geburtstag auf Station F: Gerd Huß, aus: Michael Klemm u. a. (Hg.): Tränen im Regenbogen, Attempto Verlag, Tübingen 1989, S. 114.
Seite 160 Der Tod des Bruders: nach Thomas Wolfe, aus: Dietrich Steinwede/Sabine Ruprecht (Hg.): Vorlesebuch Religion 1. Kaufmann/Vandenhoeck & Ruprecht, Lahr/Göttingen 1988, S. 311 (nach Hans Schiebelhuth, 1954).
Seite 160 Eine sommerliche Absprache, aus: Robert T. Hall, Unterricht über Werte. Verlag Urban & Schwarzenberg, München 1979, S. 195.
Seite 161 Wer auf Lust setzt, der . . .: aus: Epikur: Von der Überwindung der Furcht. Übersetzt von Olof Gigon. © Artemis, Zürich. dtv Bd. 6124, München ^{2}1985, S. 140–142.
Seite 162 Die unwürdige Greisin: Bertolt Brecht, aus: Bertolt Brecht: Kalendergeschichten. © Suhrkamp Verlag, Frankfurt am Main (gekürzt).

Leben in Raum und Zeit

Seite 166 Unbarmherzig wie Beton: Boris Penth, aus: Boris Penth/Günther Franzen: Last Exit. (panther 4880) Rowohlt Verlag, Reinbek 1982.
Seite 168 Im gläsernen Garten: Peter Glaser, aus: Peter Glaser/Niklas Stiller: Der große Hinriß. Rowohlt Verlag, Reinbek 1983, (gekürzt).
Seite 169 Räume der Zukunft?: Dirk Kellmann, aus: Jugend vom Umtausch ausgeschlossen, hg. v. AG Jugend '83 im Auftrag des Jugendwerks der Deutschen Shell. Rowohlt Verlag, Reinbek 1984, S. 158.
Seite 170 Ein Traum: Annette Miltt, aus: Jugend vom Umtausch ausgeschlossen, hg. v. AG Jugend '83 im Auftrag des Jugendwerks der Deutschen Shell. Rowohlt Verlag, Reinbek 1984, S. 277 (Auszug).
Seite 171 Ein Wechselspiel zwischen Mensch und Natur: Werner Heisenberg, aus: Werner Heisenberg: Das Naturbild der heutigen Physik, in: Die Künste im technischen Zeitalter, hg. v. d. Bayerischen Akademie der Schönen Künste. München 1956, S. 45 f. (gekürzt).
Seite 172 Zapfstation: Friedrich Georg Jünger, aus: Friedrich Georg Jünger: Die Perfektion der Technik. Verlag Vittorio Klostermann, Frankfurt am Main 1946, S. 94.
Seite 173 Juni: Marie-Luise Kaschnitz, aus: Marie-Luise Kaschnitz: Überallnie. Gedichte. Claassen-Verlag, Hamburg 1965 (gekürzt).
Seite 173 Ein Rätsel: Michael Ende, aus: Michael Ende: Momo oder Die seltsame Geschichte von den Zeitdieben. Verlag K. Thienemanns, Stuttgart 1973, S. 154.

Seite 174 Mein Traum vom Sonntag: aus: im Gespräch, hg. v. d. Evangelischen Kirche in Hessen und Nassau, Nr. 1 März/April 1986, Darmstadt, S. 4 f.
Seite 174 Schöpfung und Ruhe: Pinchas Lapide, aus: im Gespräch, hg. v. d. Evangelischen Kirche in Hessen und Nassau, Nr. 1 März/April 1986, Darmstadt, S. 12 (Auszüge).
Seite 175 Das Eisenbahngleichnis: Erich Kästner, aus: Erich Kästner: Kästner für Erwachsene. Atrium Verlag, Zürich 1966, S. 85.
Seite 176 Turn! Turn! Turn!: Pete Seeger,: Rockgruppe The Byrds.
Seite 176 Aus der Welt des Zen-Buddhismus: Shunryu Suzuki, aus: Shunryu Suzuki: Zen Geist, Anfänger-Geist, redigiert von Dixon Trudy. Theseus Verlag, Zürich ^{5}1990, S. 55 f.
Seite 178 Hassan, der Kameltreiber: aus: Buddhistische Schatzkiste, hg. v. Buddhistischen Seminar (Katzeneichen 6, 95463 Bindlach), entnommen aus: Heimat ist überall. Geschichten aus den Weltreligionen, hg. v. Udo Tworuschka. (GTB) Gütersloher Verlagshaus, Gütersloh 1985, S. 131 ff.
Seite 180 Sich selbst entdecken: Heinrich Zimmer, aus: Heinrich Zimmer: Philosophie und Religion Indiens. Suhrkamp Verlag, Frankfurt am Main 1973, S. 21.
Seite 181 David und Goliath: nach: Die Nacht leuchtet wie der Tag. Bibel für junge Leute. Verlag Moritz Diesterweg, Frankfurt am Main 1992, S. 89–92 (gekürzt).
Seite 183 Der schwarze und der weiße Kieselstein: Wolf Wondratschek, aus: Hans Joachim Gelberg (Hg.): Neues vom Rumpelstilzchen und andere Märchen von 43 Autoren. Beltz & Gelberg, Weinheim 1976, S. 32–34.
Seite 187 Eine Schöpfungsgeschichte aus Tibet: aus: Dana u. Milada Stovičkova (Hg.); übersetzt v. Ingrid Kondrkova: Tibetische Märchen. Verlag Werner Dausien, Hanau am Main ^{2}1976.
Seite 188 Ein indianisches Schöpfungsmärchen: Die Himmelsfrau: aus: Indianer-Märchen aus Nordamerika, hg. v. Frederik Hetmann. (Fischer TB 1110) Verlag S. Fischer, Frankfurt am Main 1970.
Seite 191 Wo geh ich hin?: aus: Musical „Hair".

Auf der Suche nach Erlösung: Hinduismus – Buddhismus

Seite 194 (Brahman und Atman:) Klaus Klostermaier: Hinduismus. Bachem Verlag, Köln 1965 (gekürzt).
Seite 200 Von Stufe zu Stufe: aus: Maya Keller-Grimm: Im Reiche des Buddhas, Bd. 2., Utting/Ammersee 1979, S. 70.
Seite 202 Ein Weiser...: Anguttara-Nikaya 4, 1986, 4.

Abbildungsnachweis

© 1995 M. C. Escher/Cordon Art-, Baarn-Holland. All rigths reserved: S. 157, 178; © VG Bild-Kunst, Bonn, 1995; U 1 (Foto: Berlinische Galerie Landesmuseum für Moderne Kunst, Photographie und Architektur), S. 78 (Foto: Sächsische Landesbibliothek, Abteilung Deutsche Fotothek, Dresden), 95, 102, 110, 156, 158; AKG, Berlin: S. 9 o. re.; alphapress, Garching: S. 62 (Langer); argum, München: S. 139; argus, Hamburg: S. 35 o. li. (Frischmuth), 35 u. re. (Schröder, M.), 60 u. re. (Schröder, M.); bpk, Berlin: S. 116; BZgA, Köln: S. 31, 33; CCC, München: S. 29 (Mester), 75 (Mester), 83 (Liebermann); DAS FOTOARCHIV, Essen: S. 56 li. (Christoph, H.), 57 re. (Hollenbach), 60 u. li. (Christoph, H.), 60 o. re. (Turnley, D.), 60 o. li (Christoph, H.), 155 u. (McCoy); dpa, Fankfurt/Main: S. 132 (Düren), 133 (European Press), 149; Dr. Karkosch Archiv, Gilching: S. 153; epd-bild, Frankfurt/Main: S. 10 li. (Neetz); foto-present, Essen: S. 9 u. li. (Herzog), 16 (Grundt), 17, 46 li. (Herzog), 46 re. (Klijn), 49 (Pohl), 52 (Klijn), 55 (Oppenländer), 56 re. (Oppenländer), 57 li. (Klijn), 99 (Vollmer), 119 o. (Kunst), 119 u. li. (Christoph), 119 u. re. (Herzog), 121 (Kunst), 122 (Herzog), 155 o. (Stark), 169 (Oppenländer); Glaser, P., Berlin: S. 124; Hann, S., Berlin: S. 85, KNA-Bild, Frankfurt/ Main: S. 38, 129; Kohn, K. G., Braunschweig: S. 35 u. li., 35 o. re., 58; M. Marcks, Heidelberg: S. 7, 9 u. re.; Mauritius, Mittenwald: S. 39 (Kord); Mehren, G., Freiburg: S. 12; Mühlenberg, E., Prof. Dr., Göttingen: S. 87; Museum Heimathaus Münsterland, Telgte: S. 174; Museum of Anthropology, Vancouver: S. 188 (University of British Columbia); Neumann-Tachilzik, H., Frankfurt/Oder: S. 159; Österr. Nationalbibliothek, Wien: S. 186; Steiger, I., München: S. 184; Süddt. Verlag Bilderdienst, München: S. 9 o. li. (Scherl), 108, 151, 190 (Lehnartz); transit, Leipzig: S. 10 re. (Jehnichen), 130 (Härttrich); Ullstein, Berlin: S. 143 (Mitterbauer, B.); VISUM, Hamburg: S. 26 (Wolf); Wieckhorst, K., Leipzig: S. 47; Xpress, Berlin: S. 72 (Heimann); ZENIT, Berlin: S. 48 (Langrock), 60 Mi. (Langrock), 80 (Gust), 100 (Paczensky).

Aus Büchern entnommen:
S. 23/24 Werner „Tiki" Küstenmacher, Geistliche Höhenflüge, Claudius Verlag, München.
S. 104 e. o. plauen „Vater und Sohn", © Südverlag Konstanz 1982 (ren.). Mit Genehmigung der Gesellschaft für Verlagswerte GmbH, Kreuzlingen/Schweiz.
S. 166/167 „Die Torstraße" von Heinz-Joachim Draeger, © verlag pro juventute, Zürich 1977.

987 654 32